北京市哲学社会科学规划办公室
北京市教育委员会 资助出版

北京旅游发展研究报告 2018

 北京旅游发展研究基地 编

北京·旅游教育出版社

《北京旅游发展研究报告2018》编委会

主　任　计金标

主　编　邹统钎

副主编　王　欣

编　委（按姓氏音序排列）

　　　　　谷慧敏　韩玉灵　计金标　李　彬
　　　　　李　宏　李朋波　厉新建　刘　畅
　　　　　刘大可　刘林艳　秦　宇　王成慧
　　　　　魏　翔　许忠伟　尹美群　邹统钎

总　序

北京旅游发展研究基地是北京市首批省部级哲学社会科学研究基地，成立于2004年。北京第二外国语学院作为主要建设单位，通过四方共建协议与北京市哲学社会科学规划办公室、北京市教育委员会、北京市旅游发展委员会共同建设基地。基地的建设宗旨是：以北京第二外国语学院北京市重点学科——旅游管理为基础，依托本校旅游管理学院、酒店管理学院、会展与经贸学院、国际商学院、中国旅游人才发展研究院、旅游教育出版社，联合校外北京市旅游发展委员会、首都旅游集团、北京高校旅游研究机构等单位，整合旅游及相关研究优势资源，紧紧围绕首都及全国旅游业发展过程中有待研究解决的重大理论和现实问题展开研究工作，推动我国及北京旅游研究领域的拓展、研究方法的创新和研究水平的提高，有效拉升北京旅游教学、研究和旅游业发展在国际上的层次和地位。

在前四个三年建设周期中，基地在北京市哲学社会科学规划办公室等各级领导、部门的关心和指导下，在北京第二外国语学院校领导的大力支持下，通过与北京市旅游发展委员会及各区县旅游局、各旅游企业、高等院校和科研院所的合作，取得了一批高质量的成果，同时举办了具有社会影响并逐步形成品牌的重要学术会议，为北京市及全国旅游研究和旅游行业发展做出了应有的贡献，实现了基地的建设目标，取得了优异的成绩。

从前四个建设周期的经验来看，"狠抓标志性成果建设，打造权威报告，提供观点和理论研究成果"是实现基地建设目标的重要途径。新一轮建设周期（2017—2019），基地将继续秉承"前瞻视野、开放平台、权威报告、理论高地"的建设理念，努力实现"在充分满足北京市各类决策支持需求的前提下，抓住中国和国际旅游发展前沿的重大问题进行研究，做到'北京旅游发展智库'和'中国一流旅游学术研究机构'的统一"的建设目标。为此，基地学术委员会经讨论决定，为更好地发挥"智库"服务北京乃至中国旅游业发展，第五个建设周期重新整合确立了三个研究方向：由首席专家邹统钎教授领衔的研究方向"旅游发展战略与政策研究"，重点研究国家、首都与地方旅游发展战略与产业政策规制、旅游服务国家"一带一路""京津冀协同发展"、北京首都"四个中心"建设等重大战略，结合重大事件、重大项目研究，密切配合政府和有关机构，建设首都旅游专业智库，系统产出重要咨政成果；由基地学术委员厉新建教授领衔的研究方向"现代技术、大数据与旅游改革创新研究"，将基于人工智能、大数据等现代技术，一方面重点关注人工智能对旅游业发展的影响机制，另一方面重点关注旅游大数据与旅游者行为规律与机制研究、目的地营销创新研究、旅游产品及业态创新研究、旅游产业空间优化、旅游企业管理与服务优化、目的地在线声誉管理、旅游市场监管新模式；由学术委员谷慧敏教授牵头的研究方向"旅游企业发展与创新"，以旅游产业运行规律及企业管理为研究特色，重点关注酒店、旅行社、会展、健康服务、旅游分享经济、主题公园、民宿、餐饮等产业演化及标准，相关旅游类企业的投融资、财务会计、市场营销、服务运营、组织行为、人力资源、国际化经营、企业社会责任的前沿理论及实践。

今年乃至今后几年，基地陆续出版的标志性成果主要体现在两个方面：面向北京市政府及其旅游管理部门和企事业单位的《北京旅游发展研究报告》；面向旅游学术研究领域、致力于旅游学科建设和人才队伍培养的《中国旅游企业发展年度报告》《中国旅游目的地发展年度报告》《中国在线旅游年度报告》《中国旅游法评论》等。

《北京旅游发展研究报告》作为北京市哲学社会科学重点规划项目，其目的在于对北京市旅游经济与旅游市场的整体发展、北京旅游各行业运行状况、旅游供需市场、旅游行政管理及年度热点与创新等问题进行充分研究和集中展示，以期对实践具有一定的指导作用。在历年报告的基本框架基础上，新的《北京旅游发展年度报告》包括旅游行业发展趋势运行总报告、旅游业中各细分行业发展报告以及旅游热点。基地专家将尽最大努力，对每年北京旅游产业运行状况以及旅游研究热点和创新点进行全面阐述。

前期建设中,我们出版了《中国旅游法评论》《中国景区发展年度报告》《中国在线旅游研究报告》《中国上市旅游企业社会责任披露与分析研究报告》以及《中国休闲与旅游研究峰会论文集》等,基地依托我校外语、旅游优势,从产业、行业、企业三个方面对我国旅游业进行了充分的研究,展示了基地专家原创和多元视角的研究成果。

新一期建设中,基地继续加强《北京旅游发展研究报告》的研究和出版工作,使其成为反映我国旅游业发展现状、发展趋势、行业热点以及最新学术理论的标志性成果。基地同时计划推出新一期《中国在线旅游研究报告》,结合大数据、电商、线上平台等新兴热点、趋势,为我国旅游业发展提供建议。

作为中国旅游教育和研究的中心和基地之一,北京第二外国语学院始终将旅游学科的发展作为学校的重要战略。北京旅游发展研究基地依托于二外,除了完成作为一个北京市市级研究基地本身应完成的任务外,也直接服务于国家整体发展战略。我们期待通过基地全体研究人员的不懈努力,推动我国旅游教育和旅游学科发展,促进旅游学术界与行业主管部门、旅游业界的密切合作,为国家建设旅游强国、为北京市旅游产业发展提供更优质的研究成果和最直接的智力服务,以承担起时代赋予我们的责任,完成学者的历史使命和责任。

在此,我也代表基地衷心期盼业界同仁对我们的工作提出意见和建议,并且参与到基地及相关工作中来,共同努力,合作发展,为首都和中国旅游事业的发展做出新的贡献。

北京旅游发展研究基地负责人、学术委员会主任
北京第二外国语学院校长、教授、博士生导师

前　言

今年是北京旅游发展研究基地（以下简称"基地"）走过的第14年头。自基地成立以来，围绕北京旅游业过去一年市场发展状况、行业运行中的问题及发展趋势，发布权威的《北京旅游发展年度报告》已经成为一项长期计划。《北京旅游发展年度报告》作为北京市哲学社会科学重点规划项目，通过对北京市旅游经济与旅游市场的整体发展、北京旅游各行业运行状况、旅游供需市场、旅游行政管理及年度热点与创新等问题进行深入研究和集中展示，以期对产业实践提供一定程度的指导。

《北京旅游发展研究报告2018》主要由总报告、行业发展报告和热点与趋势专题三个篇章组成。

第一篇　总报告：2017—2018年世界与中国旅游业发展大趋势。

本篇通过回顾世界旅游业与中国旅游业2017年来的发展状况与未来趋势，从旅游供需关系入手，探究北京现行旅游供给概况、行业细分状况以及北京旅游需求状况。从供给侧分析，旅游产业规模继续扩大，地位持续提高；旅游产业基础不断夯实，发展环境持续优化；旅游产业融合不断推进，区域协同发展成为主流；旅游投资不断增加、发展空间进一步优化。从细分行业情况来看，旅行社规模上升，提质升级趋势明显；酒店数量减少，收入增多，总体经营业绩回升；乡村旅游业态日趋丰富；景区行业基础设施明显改善，但老问题依然存在。从北京旅游需求侧分析，旅行社行业、酒店行业、乡村旅游服务以及景区行业的总体游客口碑评价较好，但存在个别乱象，尤其是景区行业中黄牛和票贩需要加大打击力度。

第二篇 行业发展报告主要由旅游景区篇、酒店篇、旅行社与旅游电商篇和会议与展览业篇四个板块构成。每个板块对各自主题相关的北京市场总体发展情况及基本特征进行深入探究，分别从产品结构、服务质量、业态体系、人才结构、运营现状、发展模式等角度甄别各主题发展中存在的问题，最后指明未来创新转型发展的新路径。

第三篇 热点与趋势专题主要由奥运会的历史及政治影响、北京胡同文化保护与传承、北京住宿业无障碍设施建设三个专题构成。

在奥运会的历史及政治影响专题，主要是针对奥运会与国际政治进行述评。探究如何利用奥运会政治化作用使之服务于国际社会，在对国内外大量相关研究文献归纳的基础上，尝试对奥林匹克运动会的历史和其政治影响进行综述，归纳目前该领取研究成果，指出不足，并提出未来研究的方向。

在北京胡同文化保护与传承专题，主要研究"北京人家"保护与发展，以"北京人家"为研究对象，分析、深入挖掘现有"北京人家"的现状与发展瓶颈，借鉴境内外地区特色民居的经验，为"北京人家"的进一步保护与发展提出建议。

在北京住宿业无障碍设施建设专题，主要是调查北京市饭店业无障碍设施配置与服务水平。通过对北京市范围内41家酒店进行实地调研，并借助线上平台及邮件访问等形式开展了问卷调查，全面和深入地把握了目前北京市饭店业无障碍设施配置与服务水平的整体情况与存在问题，归纳出需要改进的6个方面，并针对以上问题提出了相应的解决对策。以期对饭店业提高无障碍设施配置与服务水平具有启发性和借鉴性作用，有助于改善饭店业无障碍环境建设，从而促进北京市饭店业的健康长远发展。

在过去的一年时间里，北京旅游发展研究基地的专家们通过对旅游业整体发展趋势和北京市旅游发展运行状况进行分析和研究，取得了《北京旅游发展研究报告2018》研究成果。基地携手各个专家，从奥运会的政治影响到北京胡同文化的保护与发展，再到北京市饭店业无障碍设施配置情况与服务水平评价和提升，尽力从不同的角度反映北京旅游的发展现状与存在问题。基地的这本论文集难免有欠缺之处，希望读者不吝赐教，多加指正。

邹统钎

北京旅游发展研究基地首席专家、教授

2018 年 10 月 17 日

目　录

第一篇　总报告
　2017—2018 年世界与中国旅游业发展大趋势 ………… 2

第二篇　行业发展报告
　第一板块——旅游景区篇 …………………… 24
　　2017 年北京旅游景区发展报告 …………………… 24
　第二板块——酒店篇 …………………………… 56
　　2017 年北京市酒店业发展年度报告 ……………… 56
　第三板块——旅行社与旅游电商篇 …………… 83
　　2017 年北京市旅行社行业发展报告 ……………… 83
　　2017 年北京市旅行电商发展情况报告 …………… 95
　第四板块——会议与展览业篇 ………………… 104
　　2017 年北京会议业发展报告 ……………………… 104
　　2017 年北京展览业发展报告 ……………………… 122

第三篇　热点与趋势专题
　第一专题——奥运会的历史及政治影响 ………… 138
　　奥运会与国际政治述评 …………………………… 138
　第二专题——北京胡同文化保护传承 …………… 153
　　"北京人家"保护与发展研究 ……………………… 153
　第三专题——北京住宿业无障碍设施建设 ……… 170
　　北京市饭店业无障碍设施配置与服务水平调研报告 … 170

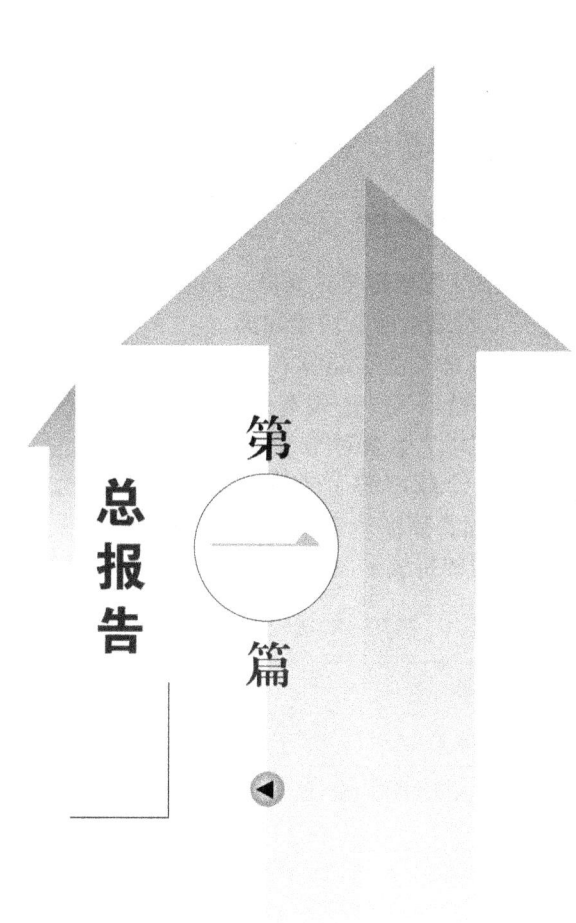

第一篇

总报告

2017—2018年世界与中国旅游业发展大趋势

邹统钎，邓 宁，黄 鑫，吕 敏

1. 世界旅游业发展现状与未来趋势

1.1 世界旅游业发展现状

1.1.1 国际旅游业继续领跑全球经济，推动全球化进程

（1）国际旅游业持续全面、快速增长

2017年全球旅游总人次和总收入增势明显，旅游消费规模持续扩大。据中国社会科学院旅游研究中心发布的《世界旅游经济趋势报告（2018）》统计（见表1-1），2017年全球旅游总人次达118.8亿人次，是全球人口总规模的1.6倍；全球旅游总收入达5.3万亿美元，相当于世界GDP的6.7%。空间形态上，旅游人次及收入集中分布于亚太、欧洲地区（见表1-2）。国际旅游业的持续全面、快速增长也强化了全球经济的增长态势。

表1-1 2016—2018F 全球旅游经济主要指标

指标	2016	2017	2018F
全球旅游总人次（亿人次）	111.2	118.8	126.7
全球旅游人次占人口规模的比重	1.5	1.6	1.7

[作者简介] 邹统钎，男，江西吉安人，博士，教授，博士生导师，现任北京第二外国语校长助理、研究生处处长、中国"一带一路"战略研究院执行副院长、世界旅游城市联合会专家委员会副主任、中国旅游协会旅游教育分会副会长、国家社会科学基金委员会管理科学规划专家、国务院学位委员会全国MTA教育指导委员会委员、国家教育部旅游管理类专业教育指导委员会委员。邓宁，男，湖南湘乡人，博士，副教授，现北京第二外国语学院旅游管理学院电子商务系主任及旅游大数据研究中心执行主任，中国旅游景区学会标准化委员会副秘书长，主要研究领域为旅游大数据及旅游在线营销。黄鑫，男，福建宁德人，现北京第二外国语学院旅游管理专业研究生，主要研究方向为旅游目的地管理与旅游规划。吕敏，女，山东临沂人，现北京第二外国语学院旅游管理专业研究生，主要研究方向为旅游目的地管理与旅游规划。

续表

指标	2016	2017	2018F
全球旅游总收入（万亿美元）	5.0	5.3	5.6
全球旅游总收入占GDP比重（%）	6.7	6.7	6.8
全球GDP增长率（%）	3.1	3.5	3.6
全球GDP增长率（%）	2.4	2.7	2.9
全球旅游总收入增长率（%）	2.6	4.3	5.9

资料来源：中国社会科学院旅游研究中心、IMF、WB。

表1-2　2017年全球旅游总人次及总收入排名前十的国家

排名	国家及其所在区域	旅游总人次（亿人次）	国家及其所在区域	旅游总收入（千亿美元）
1	中国（亚太）	45.3	美国（美洲）	10.3
2	印度（亚太）	15.4	中国（亚太）	6.8
3	美国（美洲）	12.5	德国（欧洲）	3.8
4	日本（亚太）	3.2	英国（欧洲）	2.5
5	法国（欧洲）	2.8	日本（亚太）	2.3
6	印度尼西亚（亚太）	2.6	法国（欧洲）	2.0
7	西班牙（欧洲）	2.0	印度（亚太）	1.9
8	巴西（美洲）	1.8	意大利（欧洲）	1.7
9	德国（欧洲）	1.7	墨西哥（美洲）	1.4
10	英国（欧洲）	1.6	西班牙（欧洲）	1.3

资料来源：WTCF。

（2）旅游业持续改进全球就业和投资状况

2017年全球旅游投资规模达8396.8亿美元，比2016年增长4.1%。根据WTTC（世界旅游及旅行理事会）发布的旅游业对世界经济影响研究报告，2017年全球旅游业的增长速度（4.6%）超过了全球经济平均增速

（3%）是已经连续超过的第七年。旅游行业吸引投资额（约8820亿美元）占世界总投资额的4.5%，贡献了世界经济新岗位数（约700万个）的1/5。

1.1.2 国际旅游业区域不均衡状况加剧

（1）三足鼎立状况越发明显，中国、巴西、印度等新兴经济体增速更快，从空间角度看，亚太地区已成为全球旅游投资规模最大、增速最快的地区（见图1-1）。2017年亚太地区旅游投资额占全球旅游总投资数额的38.1%，同比增长3.6%。从各地区旅游总人次及总收入的全球份额来看：欧洲板块占比持续下降，美洲板块旅游人次份额有所下降，旅游收入份额略有上升；亚太板块份额继续显著上升。

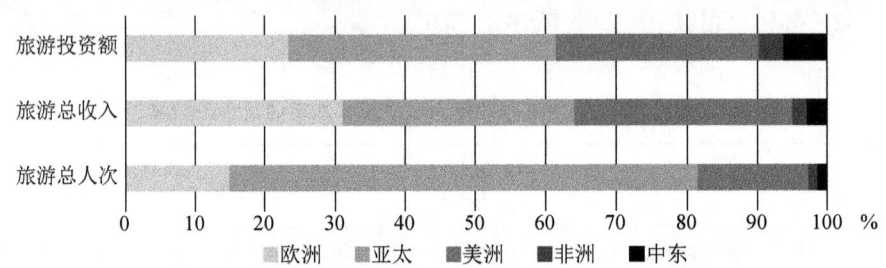

图1-1 2017年全球五大区域旅游人次、收入及投资份额

总体上，欧洲、美洲和亚太三大市场已占据全球旅游总人次的97.3%和全球旅游总收入的95%，处于绝对控制地位。同时，新兴经济体（主要为中国、巴西、印度和俄罗斯、南非等"金砖国家"和墨西哥、韩国、菲律宾、土耳其、印度尼西亚、埃及等"新钻"国家）近十年间所接待的旅游总量份额从49.0%提高到71.4%，收入份额从25.2%提高到38.9%，旅游总收入增速显著高于发达经济体（见图1-2、图1-3）。

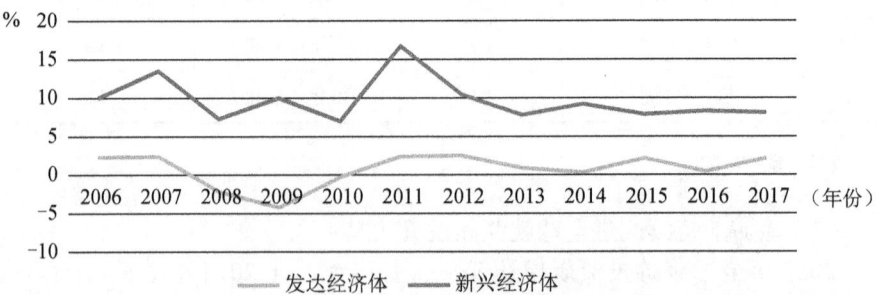

图1-2 2006—2007年不同经济体旅游总人次增长率

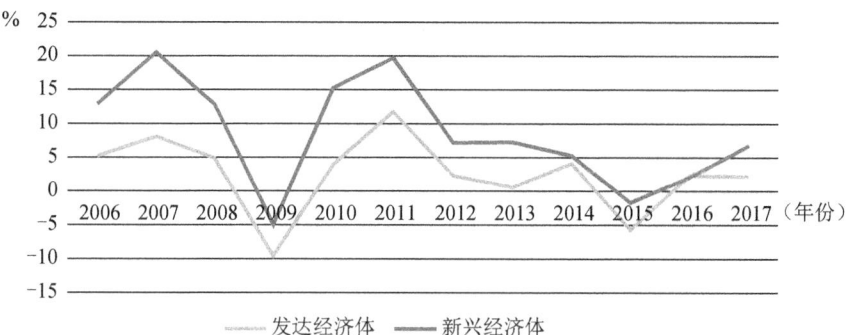

图 1-3 2006—2007 年不同经济体旅游总收入增长率

（2）经济和政治环境深刻影响国际旅游发展进程

经济回暖、政治安全和政策管制仍然是旅游业稳定发展的关键因素。UNWTO 最新发布的世界旅游晴雨表显示，2017 年俄罗斯和北非的旅游业在欧洲经济回暖和恐怖主义影响消退后强劲反弹；中东地区因部分阿拉伯国家封锁卡塔尔，当地旅游业和交通业也随之面临困难，旅客人数骤降；美国总统特朗普因签署鼓励美国和台湾地区派遣高级官员互访的法案及对大多数中东国家的公民实施旅游禁令使其国际游客人数有所减少。

1.2 国际旅游发展热点

1.2.1 ABC 科技催生旅游发展新业态

新科技正在逐步革新传统旅游业，ABC 技术［人工智能（AI）、大数据（Big data）和云计算（Cloud computing）］已成为旅游业智能化转型的窗口。阿里巴巴、途牛等将虚拟现实技术引进在线选房，谷歌、Facebook、三星等科技企业对 VR 进行持续巨额投资；人机交互不断突破人类界限，重构旅游过程，提升旅游体验感；云计算服务快速发展，推动旅游业数字化管理和营销；物联网在全球范围内快速扩张，改变着旅游业的服务流程和话语结构。此外人工智能、区块链等技术也不断深化在旅游业中的应用，不断催生旅游发展新业态。

1.2.2 旅企服务规范修订引发广泛讨论

2017 年，众多旅游企业与游客的服务新规不断受到质疑讨论。由万豪带头的一众酒店对提前取消政策施压进一步压缩了旅客的权益空间；美英两国等发出新规禁止部分国家入境乘客携带电脑和平板设备登机引各方热议；美联航暴打乘客事件引发社会对机票超售的广泛思考。企业和游客仍在利益博弈中试探各自边缘，寻求服务平衡。

1.2.3 可持续旅游遇挑战，"过度旅游"受关注

2017年是联合国确定的国际可持续旅游发展年，然而这一年意大利、西班牙、葡萄牙、希腊和其他南欧国家的多个城市却掀起了针对"过度旅游"的反游客示威游行活动。UNWTO与WTM（世界旅游交易会）部长峰会也围绕"过度旅游：增长并非敌人，问题在于如何对其加以管理"（Overtourism：Growth is not the enemy, it is how we manage it.）的主题展开讨论，寻找旅游的适宜情境。

1.2.4 极地游、定制游等高端旅游市场快速增长

旅游消费的不断深化使深度化、个性化的旅游业态不断凸显，极地游、定制游等高端旅游市场迅速增长，在全球经济回暖的趋势下持续发力。IAATO（国际南极旅业者协会）发布的报告显示，2018年第一季度南极地区的游客人数已增至5.1万人，同比增长17%。同时，数据显示2017年中国在线定制旅游市场交易规模也已增至68.0亿元。

1.2.5 境外敏感投资与"一带一路"战略机遇并存

全球化、全球贸易的经济秩序对旅游业的发展至关重要。2017年，宏观政策与投资战略在风起云涌的国际形势中不断调整。2018年2月，国家发改委研究制定了境外投资敏感行业目录，通过限制房地产、酒店、影城、娱乐业等行业的境外投资来稳定当前国内外经济格局。另外，"一带一路"倡议为区域旅游合作发展注入新动力，为新一轮全球化秩序探索更多发展契机。

1.3 国际旅游发展趋势

1.3.1 国际旅游稳中向好、快速增长

随着新兴市场购买力的增强和世界经济的持续恢复，国际旅游业有望在航空联系更加密切、旅游服务更加便捷等影响下继续保持良好发展态势。WTTC对国际旅游业的长期展望依旧乐观，认为未来10年的平均年增长率仍将保持在3.8%左右，预计2028年旅游业将在全球范围内支持4亿多个就业岗位，每年贡献约25%的新增岗位。

1.3.2 行业细分持续深入、多样化业态越发凸显

未来旅游业的细分化、多样化态势将更加明显，多样化、个性化的发展方向将不断考验和引导着旅游业的重塑。目前，民宿独角兽Airbnb高价收购高端度假租赁供应商Luxury Retreats，在发展个性化品牌同时加持高端

租赁领域；空客公司已与美国投资机构 Indigo Partners 签下总价超 420 亿欧元的航史最大订单，着力深耕廉价航空业务；住宿业、酒店业、旅行社业等也都在持续改革中不断调整定位挖掘精准需求，寻求各自服务群体的最大效益。

1.3.3 新科技日益创造旅游产业新活力

新技术革命为全球旅游业创造了新效率、新标准、新格局。全球旅游产业的人力资源战略将因科技发展发生重大调整。人工智能及相关的大数据、云计算、区块链技术等将改变当前产业运行模式、提速旅游产业运行效率，全面提升服务质量和产品标准，赋活旅游产业新动力，掀起新一轮旅游产业创新浪潮。

2. 中国旅游业发展现状与未来趋势

2.1 中国旅游业发展现状

2.1.1 旅游产业稳步增长，成为人民美好生活重要内容

2017 年，国内旅游市场高速增长，入出境市场稳步发展，供给侧结构性改革取得显著成效。全国出境游客人数为 13 051 万人次，同比增长 7.0%。全年入境过夜游客数量增长 2.5%，其中入境亚洲游客占比 74.6%，观光休闲游客占比 37.1%。全年国际旅游收入为 1234 亿美元，在全球旅游总收入排名中位居第二[1]。出入境消费继续活跃，其中出境游继续保持强劲增长势头，入境游则以亚洲观光休闲游客居多，相比出境游市场略显乏力。

2.1.2 政策红利引资本热流，旅游投资市场热潮涌动

2017 年旅游投资依然以民营资本为主，以政府投资和国有企业为辅，并在整体投资放缓态势下一枝独秀，同比增长 29%。2018 年 4 月印发的《关于在旅游领域推广政府和社会资本合作模式的指导意见》中鼓励以 PPP（Public-Private Partnership）模式改善旅游公共服务供给。同时，受乡村振兴、一带一路、特色小镇、旅游扶贫等政策影响，政府和国有企业对西部地区旅游投入的比重相对较高，投资相对集中于旅游基础设施、公共服务设施以及旅游村镇项目。"大投资、大企业、大项目"的趋势进一步强化，但部分领域、部分地区已经出现投资过度的迹象。

2.1.3 文化部和国家旅游局合并掀起文旅融合浪潮

为适应我国旅游产业融合发展及市场综合治理新形势，相关改革继续

深化，推动旅游发展要素和制度环境的优化。文化和旅游部的成立使旅游的文化活化功能不断凸显。以建立国家公园体制为代表的自然资源管理体制的改革、土地政策及"多规合一"的推进为旅游资源整合和规划铺平道路。

2.1.4 区域合作深入开展，旅游大国形象逐渐彰显

2017年，京津冀、粤港澳、江浙沪区域一体化进程的加快为区域旅游一体化创造有利条件，世界旅游联盟（WTA）在成都宣告成立，"一带一路"旅游合作日渐紧密，中哈、中瑞、中澳旅游年持续推进。一系列事件都表明中国通过世界性组织、活动、倡议等更加深入地参与全球旅游发展，不断彰显中国的旅游大国形象。

2.2 国内旅游发展热点

2.2.1 乡村旅游助力乡村振兴，田园综合体开展有益尝试

在决胜全面建成小康社会的关键阶段，旅游扶贫始终热度不减。在国家"十三五"规划纲要中，旅游扶贫将承担全国17%（约1200万）的贫困人口脱贫任务。党的十九大报告正式提出实施乡村振兴战略，乡村旅游成为增进人们生活的福祉。各地纷纷将乡村旅游作为乡村振兴的重要抓手出台政策，并取得良好成效。

田园综合体建设作为顺应农村供给侧改革，综合化跨越使用农村产业资源的亮点措施被写进2018年中央一号文件，成为贫困农户自主"造血"的新路子。财政部已于2017年下发有关文件，确定在18个省份开展田园综合体试点，并给予国家级试点千万财政补贴。

2.2.2 文化和旅游及国家公园体制改革推动旅游与文化、生态深度融合

2018年3月国务院推行机构改革方案，将文化部和国家旅游局合并，成立文化和旅游部。这使文化旅游业在多元化、多方位、多维度、综合性的产业中进一步整合。据不完全统计，目前全国各类文旅基金项目数量已达百余个，其中十余个项目规模已达上百亿元[2]。

国家公园体制促进了自然资源管理体制和生态文明体制改革，也推动旅游与生态的深度融合。2017年印发的《建立国家公园体制总体方案》提出，在全国12个省份9个试点实施方案，促进保护地破碎化、管理多头化现象的改善。在顶层设计上，2018年新成立的国家林业和草原局加挂国家公园管理局牌子，使得国家公园体制建设取得阶段性进展，为生态旅游的推进指明方向。

2.2.3 海南国际旅游岛建设步伐加快，机遇之下挑战重重

2017年海南省旅游业异军突起，国际化程度大幅提升。全年旅游总收入达到811.99亿元的新高，增长率超20%，其中旅游外汇收入6.81亿美元，涨幅94.6%[3]。2018年，海南迎来建省办特区30周年，同年4月，国务院印发《关于支持海南全面深化改革开放的指导意见》将海南省的旅游业明确定位为"国际旅游消费中心"，着力打造国际旅游消费圣地。

利好政策给海南旅游业带来巨大机遇，但基础建设不完善、服务水平较低等问题也随之暴露。2018年春节期间，海口市出现了罕见的连续大雾天气，导致琼州海峡累计停航12次，海口滞留旅客数量峰值超过4万人，引发的全网讨论信息总量达4.8万条[4]。这说明海南省对于国际旅游岛的快节奏发展尚未完全适应。

2.2.4 共享旅游快速成长，安全隐患危机不断

近两年，共享经济高歌猛进，旅游业也迈进共享时代。共享旅游包括共享旅游资源、共享住宿、共享旅伴、共享出行等内容，能在增强旅游体验同时转化闲置资源，让更多的旅游者通过非标准化的方式获得更为便捷的旅行。

2017年，美国民宿巨头Airbnb首度实现全年盈利并宣布将发力对华投资及本土化进程，同时预计2018年中国短租市场的交易规模将成倍增长至170亿元。同年，携程旅游、8只小猪等在线旅游企业也推出以"当地人带你玩"为特色的旅游向导服务，由当地导游、旅游达人等群体作为向导带领旅游者深度体验当地特色。

此外，共享交通给人们旅游出行带来便利，同时也暗藏诸多安全隐患。2018年5月"空姐搭乘滴滴顺风车遇害"事件引发了全网对旅游出行安全的极大关注[5]。出行安全深刻影响旅游地形象与旅游者的旅游体验，在舆情热议过后，相关负责单位应积极反思、寻求对策以优化服务。

2.3 国内旅游发展趋势

2.3.1 全域旅游进程持续推进，旅游产业融合步伐加快

根据《2017全域旅游发展报告》，截至2017年，国家批准了两批共500家国家全域旅游示范区创建单位，覆盖全国国土面积的19%和总人口的20%[6]。国家文化和旅游部将2018年的旅游主题定位"美丽中国2018全域旅游年"，全域旅游将促进我国旅游业深化改革，不断与"一带一路"的开放格局紧密契合。

2018年国家文化和旅游部的成立加速了我国文化和旅游产业的融合大发展，今后投资领域的文旅融合现象将越来越频繁，旅游商品开发将更注重文化内涵元素的创意转化，主题IP不断推动文旅项目在规划、运营、营销等方面的品牌打造。未来，文化旅游将成为一个具有潜力的智慧产业，由资本、创意和科技驱动，更新人们之前对旅游业的理解。

2.3.2 品质旅游需求增加，优质服务将成主流

2017年国内旅游品质大幅提升，厕所革命"遍地开花"、智慧旅游不断拓展等诸多方面都让旅游越来越成为人们美好生活的重要内容。今后，消费升级背景下的旅游市场将从高速旅游向优质旅游发展转变，更注重高品质供给和旅游产品体系的完善，体育旅游、研学旅游、医美旅游、工业旅游等新兴产品不断推进，旅游与第一、二、三产业的结合将渐趋深入。

2.3.3 科技革新传统架构，优化旅游体验

新科技正在逐步革新传统旅游业，未来旅游产品和服务的智能化发展将是不可抵挡的趋势，如区块链技术有望革新传统旅游业的运营模式，降低企业运营成本；人机交互、VR、AR等技术将优化旅游体验。不过随着新科技的快速崛起，企业也面临着概念与落地的脱节、技术与服务的脱轨、需求与人才的断层等问题，有待在将来的发展中被解决。

2.3.4 社交媒体催生网红旅游地，旅游综艺彰显鲜明旅游形象

短视频营销因具备低投入、使用便捷、接地气等优点为越来越多旅游目的地所青睐，为旅游地营销提供了创新、高效、便捷的平台。2017年，短视频应用用户量实现爆发式增长，并捧红了重庆洪崖洞、西安永兴坊、厦门鼓浪屿等诸多旅游地。2018年，中国国家博物馆等七家博物馆在抖音合作推出"第一届文物戏精大会"活动引全网播放量突破1.18亿[7]。短视频的内容深刻影响了用户的出行决策，营销效果日益卓著，借短视频等互联网社交媒体进行营销已成为旅游目的地形象打造的新途径。

近年来，《魅力中国城》《极限挑战》等旅游综艺节目通过主政者竞技、明星深度体验的方式呈现中国诸多城市的旅游资源和文化特色，促进旅游地的社会经济发展。据《全球旅游目的地分析报告》显示，24.5%的中国游客表示旅游综艺节目会影响其旅游决策，旅游综艺对旅游地的宣传效应更加显著，成为彰显旅游形象的有效手段[8]。

2.3.5 "一带一路"旅游投资日趋活跃，旅游枢纽建设将成热点

"一带一路"区域的国际旅游总量占据全球的70%以上。据文化和旅游部预计，"十三五"期间，中国将为沿线国家输送1.5亿人次中国游客和超

过2000亿美元的旅游消费,同时还将吸引沿线国家8500万人次游客来华旅游,拉动旅游消费约1100亿美元。中国对"一带一路"沿线国家的旅游投资将成为对外开放过程中的重要构成。

在全球加快区域合作的大形势下,强化旅游枢纽功能建设是国际一流旅游城市的必经之路。邹统钎指出,一个世界一流旅游城市应同时是国际旅游枢纽,具有巨大的客流聚集能力与客流发散能力。[9]北京旅游发展的重点是旅游枢纽功能建设而非仅限目的地建设,北京应该致力成为客源的组织中心,而非仅限客源的接待中心[10]。在新经济发展背景下,人们逐渐重视枢纽建设。2018年7月19日,北京、上海、陕西中国入境旅游枢纽全球发布会在西安召开,同时召开陕西(西安)国际旅游枢纽建设全球建言活动暨陕西(西安)国际旅游枢纽建设研讨会。以产业枢纽和地理枢纽为关键要素的国际旅游枢纽将成为未来"一带一路"旅游发展的重点。

3. 北京旅游供给侧分析

3.1 旅游供给概况

2017年,北京市居民可支配收入逐步提高,带薪休假制度持续推进;区域总产值的增加,信息、交通和通信技术的发展等为旅游产业发展提供重要的支持;在一系列政策方针的正确引导下,公共基础设施以及旅游基础设施不断完善,旅游产业的投资潜力也进一步释放。2017年,北京旅游产业总体发展稳定增长,旅游供给侧产业发展呈现出一些新变化。

3.1.1 旅游产业规模继续扩大,地位持续提高

2017年北京市旅游业收入持续稳定增长,产业规模继续扩大。北京市旅游委发布的数据表明,北京2017年实现旅游总收入5468.8亿元,全市旅游产业规模继续壮大,目前星级饭店521家、旅行社2559家。其国内旅游总人数及总收入情况见图3-1。2017年,北京旅游餐饮和购物总额2859亿元,增长7.5%,占全市社会消费品零售总额的比重为24.7%。旅游相关产业完成固定资产投资984.4亿元,增长23.8%,占全社会固定资产投资的比重为11%①。随着旅游产业的逐步扩大,旅游在科技、民生、休闲、娱乐等方面的带动效果也更加明显。

---

① 资料来源:北京市旅游发展和改革委员会。

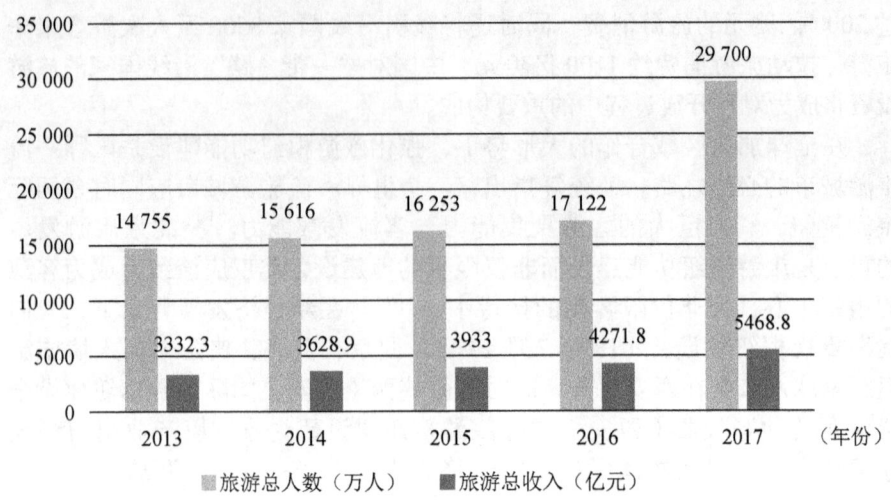

图 3-1　2013—2017 北京市国内旅游人数与收入

3.1.2 旅游产业基础不断夯实，发展环境持续优化

2017 年，北京市大力完善旅游公共信息服务，优化智慧旅游服务系统，加快建设智慧景区、智慧饭店、智慧旅游乡村建设；优化旅游交通服务，通往旅游景区的标志纳入到交通标志范围，完善火车站、机场、旅游专列的旅游服务功能，推广旅游观光巴士，逐步增加线路和站点；提升旅游安全保障水平，完善旅游突发事件等的处置机制制度，细化旅游安全风险提示，推出多样化的旅游安全保险，加强旅游行所安全检查。交通、铁路、航运等基础设施的不断完善和签证、免税、Wi-Fi 覆盖等公共服务设施的不断提升使产业环境日益优化。

3.1.3 旅游产业融合不断推进，区域协同发展成为主流

2017 年多家旅行社相继加入北京旅游联盟。传统旅行社抱团取暖，共同合作、融合发展成为趋势。2017 年旅游产业继续融合，住宿业与文化产业融合打造特色主题民宿，会展业与旅游业形象共融发展，"旅游＋"为主题的多产业及文化融合发展成为主旋律。

北京"十三五"规划中强调，大力拓展区域旅游空间。2017 年北京市继续强化京津冀区域旅游协同引领，与天津、河北共建经济一体化空间平台，"洼地"效应显现，京津冀区域的旅游空间结构优化。

3.1.4 旅游投资不断增加、发展空间进一步优化

北京作为"一带一路"沿线地区，通过加强基础设施建设，鼓励引进民间资本,推广PPP模式等促进旅游投资政策红利的进一步释放。2017年北京旅游投资984.4亿元,增长23.8%。

伴随着北京市确立"政治中心、文化中心、科技创新中心、国际交往中心"和"国际一流的和谐宜居之都"新战略定位,作为与文化创意产业有紧密的联系的旅游业,俨然成为新时期北京的核心功能产业之一。随着北京非首都功能的有序疏解,一般性制造业为代表的四大非首都功能将被疏解,腾退出来的空间为旅游业的发展及二次利用奠定了基础。

3.2 细分行业分析

3.2.1 旅行社规模上升,提质升级趋势明显

2017年旅行社规模上升,经营状况总体平稳发展。2017年北京市旅行社数量增至2600家,持证导游数量41 811人。旅行社业务接待能力总体平稳上升,营业收入增长。同时,北京拥有出境经营许可权的旅行社下降10.5%,公民出境游减少了60万人次,为511.5万人次。

2017年北京政府加大对旅行社行业的监管,在执法监管过程中打击了黑车、黑导等侵害游客权益的行为,在一定程度上规范了旅游市场的秩序。旅游与互联网的融合发展作为不可阻挡的发展趋势,使传统旅行社所占旅游市场份额减少。

同时,旅游者需求日益多样化,以自助游、自驾游和休闲游为主要特征的旅游兴起,旅游者对价格的敏感程度逐渐降低,对服务的要求正在逐步提高。90后成为消费主力,"银发旅游"呈现热态,亲子游日益受到重视,微信传播、休闲度假、养生旅游等新形态不断涌现。

3.2.2 酒店数量减少,收入增多,总体经营业绩回升

2017年北京地区星级饭店共有521家,同比增长1.76%。星级饭店在接待住宿人数方面,2017年全年星级酒店共接待人数近1927万人次,同比下降4.5%,其中各星级酒店接待人数都呈现负增长;在收入方面,2017年北京市星酒店全年收入465亿元,同比增长7.8%(见图3-2)。低星级酒店经营状况下降,北京短租、民宿和农家乐等非标特色业态日趋明显。酒店投资趋于理性化,中高档酒店板块受关注度随新兴品牌的持续出现也不断提升,成为投资新宠。

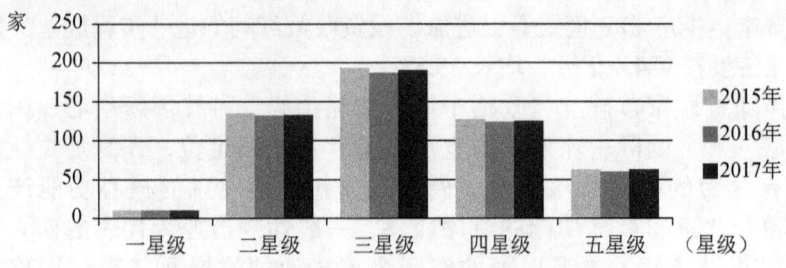

图 3-2　北京近三年星级酒店数量示意图

酒店经历了整顿之后，已经不像以前那样注重星级评定。这在一定程度上使得旅游住宿向主题化、服务型、设计化方向发展，同时也加强了旅游与文化创意产业的融合，强化了住宿业与互联网的结合。未来北京环球主题公园的启动、2019年中国北京世界园艺博览会的举行、2022北京冬奥会的举办将为旅游住宿业带来新机遇。

3.2.3 乡村旅游业态日趋丰富

2017年上半年，北京旅游观光民俗收入17.7亿元，同比增长4.9%，其中观光园园均收入99.5万元，同比增长12.3%，民俗户户均收入3.7万元，同比增长3.4%。《2017年国庆、中秋长假乡村游大数据报告》显示，在国庆、中秋小长假期间，乡村游十大客源地中，重庆、北京、上海、成都四大城市出行规模占据半壁江山，北京乡村旅游的竞争力居全国前列。

休闲农业和乡村旅游已经成为北京各区农民增收的重要途径。会展农业和农业节庆活动是北京乡村旅游吸引游客的重要载体。2017年全市农业会展及农事节庆活动共接待游客450.5万人次，同比增长7.3%，实现收入2.5亿元，同比增长4.2%[①]。在出游需求持续旺盛的背景下，北京近郊旅游火热有一定的必然性。北京乡村旅游仍存在服务以及规范化管理等方面的问题，长远来看，北京市乡村旅游对京味、乡愁的挖掘还不够，乡村旅游仍需提升文化内涵。

3.2.4 景区行业基础设施明显改善，但老问题依然存在

2017年北京景区总体营运和营利能力有所提升，历史文化和自然山水型景区备受青睐。2017年，北京旅游A级及以上景区全年接待30 401.5万人次，同比增长0.2%。北京市景区收入以门票为主，占总收入的60%；商品销售收入占3%，其他收入占37%（见图3-3）。

---

① 资料来源：北京市农业工作委员会。

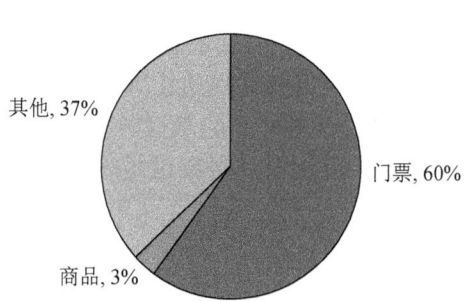

图 3-3　北京市景区收入结构示意图

2017年北京景区在供给端继续不断优化提升,但是仍问题不断。京津冀区域旅游的协同发展已经带动了景区间联合发展,也已经根据互利共赢的原则整合打造出了高等级旅游景区,但部分旅游景区拥挤现象仍然严重,黄牛倒票现象仍存在。

3.3 北京旅游需求侧分析

3.3.1 旅游需求概况

百度指数对北京旅游总体需求情况的监测结果表明,2017年"北京旅游"平均搜索指数[①]是1801次,其中通过PC端进行搜索的平均有587次,通过移动端进行搜索的平均有1213次,可见越来越多的游客倾向于通过移动端来解决自己旅游出行的相关问题。

从2017年各月"北京旅游"平均被搜索的次数来看(见图3-4),在6—10月北京旅游被搜索的次数较多,此阶段是北京旅游的旺季,并且在10月1日当天搜索量为3583次,可见在十一黄金周期间北京旅游需求最旺盛。

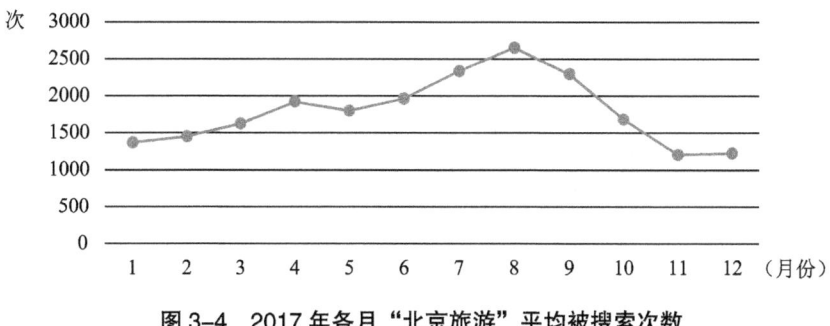

图 3-4　2017年各月"北京旅游"平均被搜索次数

---

① 平均搜索指数是指某一关键词一年中平均每天被搜索的次数。

利用相关性分析得到搜索北京旅游的具体内容（见图3-5），其中排名前五的是景点、攻略、地图、天气和周边，其中景点的搜索量最高，每天平均被搜索1200次，可见游客对北京的景点非常关注，除此之外由于自由行比例逐渐升高，散客已经以绝对优势超过团队游客，因此旅游攻略也获得了游客的足够关注。

图3-5　北京旅游热搜词语TOP5

3.3.2 游客口碑分析

（1）旅行社行业总体较好，但存在个别乱象

众誉大数据平台监控游客对北京旅行社的评价显示，多数游客认为北京的旅行社比较热情，其次是服务非常周到、服务过程非常顺利、服务具有较强的专业性，基本上能够达到游客的要求和期望。

部分游客认为北京的旅行社在提供良好服务的同时还能够针对顾客群的个性化差异给予不同程度的服务和帮助，此外，贴心、实在、耐心等也成为北京旅行社的标签（见图3-6）。

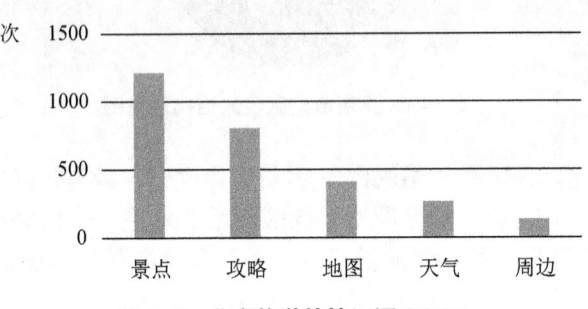

图3-6　北京旅行社正面评价

同时，有游客认为北京旅行社存在推销和黄牛倒票的情况，自己有过被推销其他产品和服务的经历，同时还遇到过涨价等现象，也有部分

旅行社存在服务态度不端正、不耐心的情况，招致游客的不满和抗议（见图3-7）。

图3-7　北京旅行社负面评价

针对以上负面评价，北京需要采取以下几方面措施：第一，加大执法力度，坚决打击黄牛倒票和违法乱涨价的情况，将所有旅游产品的价格控制在合理的范围之内，避免游客在旅行途中被欺客宰客；第二，制定相应的旅行社服务标准，将服务规范细化到具体细节，保障服务质量；第三，及时处理投诉案件，并将处理的结果及时反馈给游客，保证游客的投诉得到回应、得到处理、得到反馈。

（2）酒店行业总体评价较好，有生硬推销现象

与对旅行社的评价相一致，游客对北京酒店赞扬最多的也是热情和周到，同时还赞扬北京酒店的快捷和便利，认为多数酒店在入住和离店过程中手续简易迅速，同时还能够在顾客最需要酒店帮助的时候为顾客解决切实问题，游客对此表示非常感动。

游客对北京酒店的总体评价是比较好的（见图3-8），没有出现设施差、卫生脏乱等严重的问题，并且还能在满足基本需求的前提下提供更加个性化的服务，游客对此给予充分的肯定。

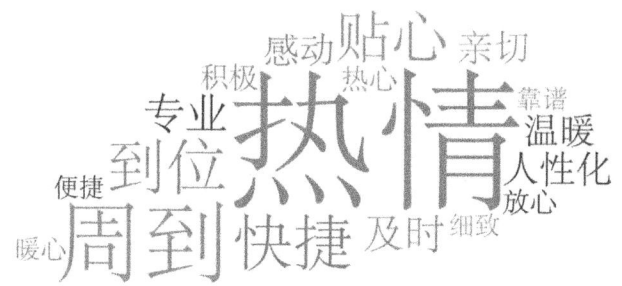

图3-8　北京酒店正面评价

有少数游客认为酒店存在诱导顾客消费的倾向，同时服务中也存在不耐烦、需要等待等情况（见图3-9）。对此北京需要采取以下几方面措施：第一，加强监督，要求各酒店按照相关规定依法办理入住手续，进行系统登记；第二，实行协会自治制度，以协会的名义要求各酒店提高自己的服务质量。

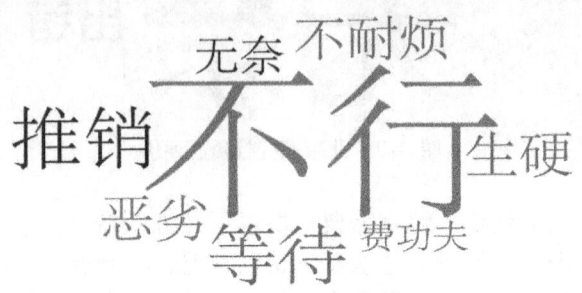

图3-9　北京酒店负面评价

（3）乡村旅游服务热情，基础设施有待提高

热情、周到同样是游客对北京农家乐的评价，多数游客认为北京农家乐的服务态度较好，速度较快，彰显了北京热情好客的传统习俗，古朴民风得到了充分的体现（见图3-10）。部分游客认为北京农家乐能够给其提供贴心放心的服务，并对此给予了很高的评价。总体来看，游客对北京农家乐评价也较高。

图3-10　北京农家乐正面评价

对农家乐的负面评价主要集中在基础设施较差、服务效率低等方面。除此之外，有部分农家乐存在推销和欺客宰客的行为，让游客的经济蒙受损失（见图3-11）。

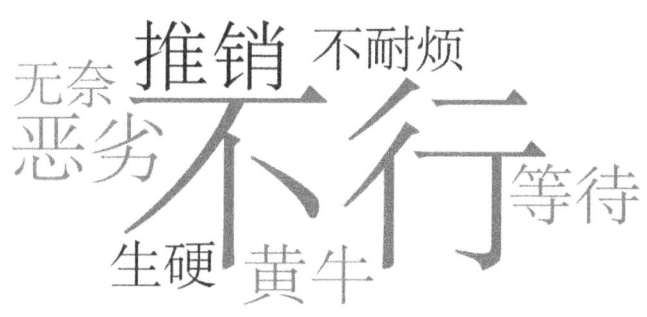

图 3-11 北京农家乐负面评价

针对以上问题，北京需要采取以下几方面措施：第一，加强农家乐基础设施建设，按照相应的标准建立农家乐，借鉴浙江地区农家乐的发展经验，让农家乐更加特色化；第二，加强农家乐从业人员的教育，提高他们的服务水平和服务效率。

（4）景区行业中黄牛和票贩需要加大打击力度

北京景区在游客心中具有较高的地位，对其评价多为正面性的（见图3-12），并且给予了高度的赞扬，这得益于北京多年来景区管理和对客服务方面的不断探索，积累了成功的经验，同时又对各景区提出较高的要求，使得游客在游览过程中得到比较满意的服务。

图 3-12 北京景区正面评价

黄牛和票贩是游客对北京景区不满意的地方，尤其是在节假日期间，会有部分黄牛高价出售景区门票，诱导游客购买，同时也有部分景区存在黑导游的现象，未经许可就私自挂证上岗，欺骗游客报名参加旅游团（见图3-13）。

图 3-13　北京景区负面评价

鉴于此，北京需要采取以下几方面措施：第一，加大打击力度，在景区周边安排相关人员巡查，同时以广播语音、电子屏等形式告知，使游客提高自身的警觉性；第二，分散景区客流量，从根本上改变景区人满为患、一票难求的状态。

3.3.3 交通和距离决定旅游消费行为，亚奥商圈成为新的消费热点

旅游消费行为是指人们支付货币购买旅游产品和服务以满足自身旅游需求的行为。不同的旅游者具有不同的消费特征和偏好，研究他们的消费行为可以针对性地为不同的旅游者提供相应的旅游产品，从而精准地开展营销活动，提高旅游经济收入，促进社会的进步和发展。对北京市旅游者的消费行为进行研究，观察他们的消费特点，可以为北京市旅游业的发展提供有力保障。

对国内旅游者来源进行研究发现，2017年国内游客人均消费排名前十的城市依次是：上海、北京、杭州、温州、沈阳、广州、天津、成都、深圳、拉萨（见图 3-14），北上广作为我国的一线城市，经济高度发达，彼此合作密切，交流频繁。总体来看，北京市的主要客源是长三角、珠三角、周边地区。

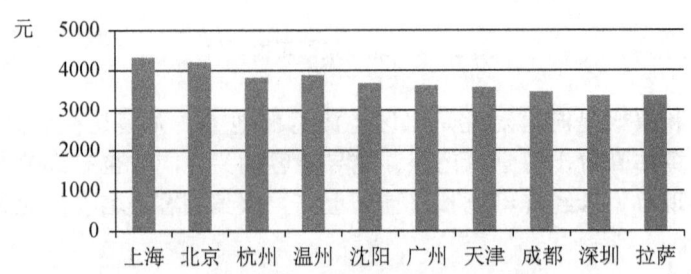

图 3-14　用户来源城市人均消费 TOP10

周围近程省份依旧是北京旅游客源的所在地，珠三角和长三角地区也存在相当大的潜在游客。度假游和商务游是潜在游客来京旅游的主要目的，观光游和修学游的比例相对较低（见图3-15）。北京未来的旅游市场将以度假游和商务游为主，观光游和修学游为辅。

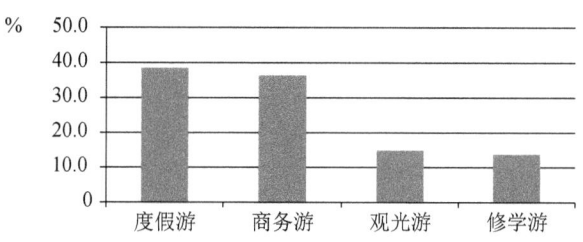

图3-15　潜在游客旅行方式占比

2017年北京市商圈消费前五名依次是：亚奥商圈、国贸泛CBD商圈、西单商圈、王府井商圈和崇文商圈。亚奥商圈受奥运资源带动，已经逐渐成为新兴的消费热点，旅游者在游览奥运体育景点的同时就近到亚奥商圈进行消费。2017年，亚奥商圈已经稳居北京商圈消费第一名，亚奥商圈作为新的消费热点，吸引着广大游客，日后也将成为主要消费的地点之一。

参考文献

［1］国家旅游局数据中心.2017年全年旅游市场及综合贡献数据报告［R］.中国旅游研究院，2018.

［2］鄢光哲.文化旅游将带动行业全新升级［N］.中国青年报，2018-03-15.

［3］中国产业信息网.2018—2024年中国海南旅游行业市场现状分析研究报告［R］.智研咨询集团，2018.

［4］苗玉轩.海南遭遇大雾车辆滞留 马路成停车场机票破万［EB/OL］.https：//news.china.com/socialgd/10000169/20180222/32111642.html，2018-02-22.

［5］蜜蜂舆情.空姐深夜滴滴打车遇害，网约车有多不安全？［EB/OL］.http：//www.sohu.com/a/231154801_100123100，2018-05-10.

［6］国家旅游局规划财务司.2017全域旅游发展报告［R］.国家旅游局，2017.

［7］韩璐.抖音"文物戏精大会"播放量破亿，是大英博物馆全年参观人次184倍［EB/OL］.http：//www.xinhuanet.com/expo/2018-05-21/c_129877468.htm，2018-05-21.

[8] 马蜂窝数据研究中心.全球旅游目的地分析报告[R].中国旅游研究院,马蜂窝,2017.

[9] 邹统钎.强化旅游枢纽功能是北京走向国际一流旅游城市的必由之路[N].中国旅游报,2011-04-11.

[10] 邹统钎.北京市建设国际旅游枢纽的发展模式与协调机制研究[M].中国旅游出版社,2016.

第二篇 行业发展报告

第一板块——旅游景区篇

2017年北京旅游景区发展报告

韩禹文，韩　霄，赵亚茹，吕　宁

前言

随着国民经济的快速发展，大众外出旅游消费的需求也越来越多。面对日益增长的旅游需求，旅游景区进行优化升级既是时代进步的体现，也是社会经济发展的必然要求；既是加快旅游业自身发展的需求，也是各个旅游企业建设旅游精品的条件。由此可见，旅游景区实现创新发展有着重大的意义与影响。当前，国家一直在大力提倡全域旅游，包括旅游活动从单一观光逐步走向复合型旅游活动，从线路旅游拓展成为全域旅游，在这变革过程中，全国旅游景区始终处于旅游消费和旅游供给的核心位置，内涵不断深化，外延不断扩大，是旅游产业中最为活跃、最为关键的组成要素。旅游景区的角色特征也一直处于动态变化中，尤其中国特色社会主义进入了新时代，旅游景区面临新的历史机遇，将得益于生态文明、美丽中国、社会主义文化强国等事业建设的浪潮，会更加注重生态环保和绿色发展；更加注重传统文化保护与传承；更加体现和凝聚中国特色社会主义核心价值观，全国旅游景区正进入新的发展阶段。

近年来，北京市旅游景区的发展上了一个又一个台阶，其成长和蜕变

[作者简介] 韩禹文，北京第二外国语学院旅游管理学院旅游管理专业硕士研究生，研究方向：旅游与休闲经济。韩霄，北京第二外国语学院旅游管理学院旅游管理专业硕士研究生，研究方向：旅游与休闲经济。赵亚茹，北京第二外国语学院旅游管理学院旅游管理专业硕士研究生，研究方向：旅游管理、旅游经济。吕宁，北京第二外国语学院旅游管理学院旅游管理系主任，副教授，博士，硕士生导师；全国休闲标准化技术委员会委员。研究方向：旅游宏观经济研究与产业规划、休闲城市学、休闲经济学。

为人瞩目。故宫、奥林匹克公园、八达岭长城风景名胜区、慕田峪长城等一批景区已进入世界一流行列，旅游景区数量爆发式增长阶段已经结束，正朝着求精、求美、求特的方向继续前行，但全市旅游景区市场客观上也存在发展不平衡、不充分的问题，因此有必要在梳理全国旅游景区发展趋势的基础上，对北京市旅游景区发展的概况、特征、问题进行研究，并提出针对性措施，以此促进北京市旅游景区更好的发展。

1. 新时代北京市旅游景区发展背景

1.1 全国旅游景区发展概况

自原国家旅游局在2015年启动了针对A级景区的动态管理机制，5A景区摘牌的第一记实锤就落在了秦皇岛山海关景区。两年时间内，全国共有14家5A级景区被给予"严重警告"，3家5A景区（长沙橘子洲景区、秦皇岛山海关景区、重庆神龙峡景区）被摘牌，不少依靠A级景区招牌招揽客源，却不注重加强内部监管和基础设施建设的景区经历了一场密集"摘牌期"。2017年，长沙橘子洲景区得以复牌，但"有进有出"的动态管理制度的推进，既遵循了国际文化旅游领域的基本规则，也对所有景区的运营和管理提出了更高的要求，尤其是让老牌A级景区在感受到重重压力的同时，迎来了转型的新机遇，将更加注重景区的细节设计和人性化服务。

同时，随着旅游消费者的日益成熟，旅游者不断以国际旅游景区先进水平来衡量国内旅游景区，对国内旅游景区的产品内容和服务品质提出了更高的要求，并且市场需求也在推动旅游景区不断提升。在此背景下，相对庞大的国内游客基数和巨大的休闲旅游需求，国内高等级、高品质的旅游景区明显供不应求。在前景可观的市场需求、国家部门的考核要求、旅游投资的选择需求等共同推动下，2017年有更多的旅游景区积极主动创4A，也有众多4A级景区在争创5A，5A级旅游景区数量再创新高，截止到2018年6月，国家5A级旅游景区共计249家（见图1-1），其中有22个景区在2017年成功创5A，可以看出A级景区优胜劣汰的动态管理机制虽成为常态，但旅游景区对创建高等级的热情并不受影响。

据携程旅游发布的"2017国内景区人气TOP10"显示，上海迪士尼、故宫、秦始皇兵马俑博物馆、深圳欢乐谷、圆明园、峨眉山、锦绣中华民俗文化村、上海环球金融中心、黄山风景区、合肥万达水乐园10个景区入榜。尽管国家经典的 A 级景区在市场上仍有巨大的品牌效应和市场价值，但更多新类别景区的市场吸引力增长势头不小，尤其是以华侨城、海昌、长隆等为代表的主题公园在 2017 年继续表现强势。在北京，主题乐园已经超越全市传统的人文景区和自然风光景区成为数量最多的景区类型[1]。据世界主题公园权威研究机构美国主题娱乐协会（TEA）与第三方旅游行业研究及咨询机构美国 AECOM 集团联合发布的《2017 年全球主题公园调查报告》（以下简称《报告》），全球十大主题公园运营商 2017 年游客量 4.76 亿人次，同比增长 8.6%，而中国三大主题公园运营商游客量 1.1 亿人次，游客接待量增长了近 20%，且游客总量占全球接近 1/4，《报告》据此认为，中国是全球主题公园行业的增长动力，其前景无论从短期还是中期来看都"相当乐观"。在《报告》内的全球 TOP10 主题公园集团榜单中，中国主题公园有 3 家入围前十强，并且以两位数的增速领跑排行榜，其中，华侨城主题公园游客量达到 4288 万人次，继续蝉联世界主题公园集团四强位置，领跑亚洲同行，其增速也最为强劲，达到 32.9%；紧随其后的分别是华强方特和长隆集团，华强方特全年接待游客人数达 3849.5 万人次，排名与去年持平，增速较去年的 37% 有所放缓，为 21.7%；长隆集团全年接待游客 3103.1 万人次，排名上升 1 名来到了第六，增速为 13.4%（见表 1-1）。

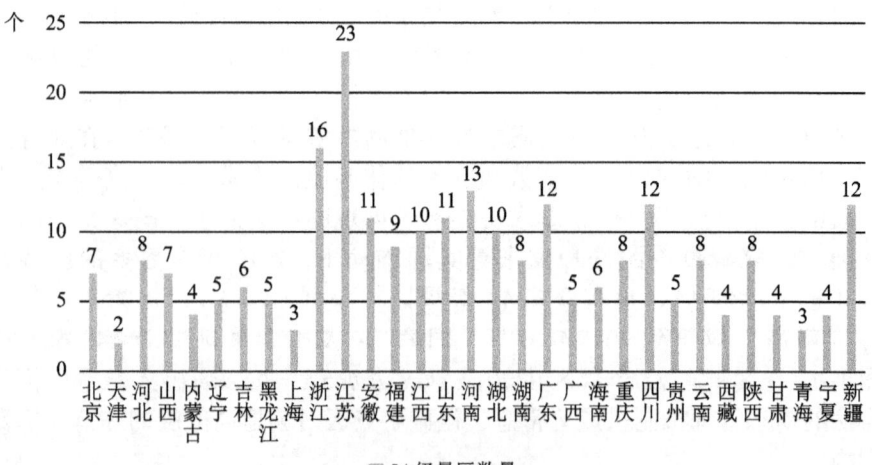

图 1-1　全国各省 5A 级景区数量

表 1-1 2017 年全球主题公园集团游客数量排行榜

排名	公司名称	增长率（%）	2017 入园人次
1	迪士尼公司，美国	6.8	150 014 000
2	默林娱乐集团，英国	7.8	66 000 000
3	环球影城度假区，美国	4.4	49 458 000
4	华侨城集团，中国	32.9	42 880 000
5	华强方特，中国	21.7	38 495 000
6	长隆集团，中国	13.4	31 031 000
7	六旗集团，美国	2	30 789 000
8	雪松会娱乐公司，美国	2	25 700 000
9	海洋世界娱乐集团，美国	-6	20 800 000
10	团圆娱乐集团，西班牙	-1	20 600 000
合计	全球 TOP10 主题公园集团	9	475 767 000

资料来源：2017 年全球主题公园调查报告，http://baijiahao.baidu.com/s?id=1600945464707482547&wfr=spider&for=pc。

1.2 全国旅游景区发展整体趋势

1.2.1 "去门票化"成公共资源类景区发展趋势

2017 年是中国旅游发展的提质之年，中国旅游开始从启蒙期向高速发展期转变，而全国的旅游景区也正在从单一的"门票经济"向深度精品旅游的"泛旅游模式"转变，"去门票化"成为公共资源类景区大势所趋，这有助于开启景区旅游新局面，向产业经济转型。据 2017 年中国国民经济和社会发展统计公报测算，城镇居民人均月可支配收入为 3033 元，农村居民人均月可支配收入为 997 元；城镇居民人均月消费支出为 1516.5 元，农村居民人均月消费支出为 912.9 元，而我国著名的历史或自然景点的门票大多占居民人均月收入的 6%~10%[2]。研究表明，旅游产业链效益约为门票价值的 7 倍，包括食宿、交通、购物及间接创造的社会财富。换言之，如果游客门票消费 1 元，那么用于其他消费的支出则在 7 元左右，这也会倒逼景区增加新景点的投入，带动二次消费。

景区门票价格下降、游客数量增加，景区总收入并不一定会减少，还有可能会增加。在减轻对门票经济的依赖之后，景区将会更主动地打开多元化收入来源渠道，探索文化衍生品开发等更多业态的旅游经营方式，让收入结构变得更加合理、可持续。门票下降或取消后，客观上会促使旅游景区加大门票以外的旅游产品研发和旅游服务提供，如住宿、餐饮、购物、休闲、娱乐等，满足和丰富游客的多元需求。随着重点国有景区门票进入新一轮的降价周期，将会有更多的游客向国有景区流动和聚拢，而这也将在一定程度上倒逼非国有公共资源类型景区降低门票价格，市场格局或将迎来"洗牌期"。

1.2.2 景区产品品质和服务成为核心竞争力

游客的个性化需求带来了最现实的市场冲击，游客需求越来越多样化，对景区的品质、品位要求越来越高。要解决这些问题，景区就必须精耕细作，做出特色、做出品位，用优质的服务在竞争中抢占先机。以迪士尼乐园为例，除了精美的硬件设施外，人性化的软件服务，特别是所有员工由内而外的微笑服务，是迪士尼乐园的核心竞争力之一，使之成为全球主题公园和旅游景区的标杆。目前不少旅游景区以创 4A 或创 5A 为契机，不断改进和提升旅游景区服务品质，即使是已经创建 5A 成功的旅游景区，也在根据市场需求的变化，不断提升景区服务的品质，丰富产品内容。

随着全域旅游和休闲度假概念的提出，游客需求发生了质的变化。大众游客不再止于"吃喝玩乐""游山玩水"基本要素方面的享受，而是更加钟情于那些具有综合特征、高品质的旅游地和旅游项目，希望能在一次旅游过程中获得令人舒适的服务。2017 年，以消费者为中心的体验性旅游消费支出比例明显增大，尤其是"旅游+"等新业态、新要素的发展，进一步拉动了旅游景区的核心产品和衍生产品的消费[3]，文创以及纯服务等要素在旅游景区的项目运作和产品研发中渗透，改变了以往的景区旅游消费结构，景区品质有了显著提升。

1.2.3 景区二次消费成为开发重点

无论是生态资源型还是文化资源类，或者是主题公园类，我国大部分旅游景区景点的娱乐方式相对单一，使得景区在很长一段时间走"门票经济"之路，然而单纯的门票收入难以支持景区的持续健康发展。因此开发二次消费就成为景区升级的重中之重，这就要求景区必须不断策划和开发更多的体验型、参与型、娱乐型旅游项目，增加游客的体验消费。同时，深度开发各类文创旅游商品，增加游客的购物消费。当前，休闲度假、深度体验，特别是个性化消费需求日益增长，景区就需要从自身的资源特质、功能特性和市场定位出发，提升原有产品品质，增加休闲元素，开发体验式的产品，提供差异化、个性化的服务，更要充分利用景区资源开拓旅游休闲的新领域，比如利用优越的生态资源与户外运动、自驾旅游、健康医疗、休闲度假等多业态结合起来，开发顺应不同时节的旅游休闲产品，实现四季度假、全时旅游。

以海南呀诺达热带雨林景区为例，门票收入只占到总营收的25%，75%的收入来源于二次消费，包括雨林高空滑索、踏瀑戏水探险、雨林野战真人等新产品，这些新产品成为"80后""90后""00后"年轻一代旅游消费者的必玩项目。此外，网红景区故宫博物院的文创事业部自2013年起研发的文创产品开始走红网络，收入连年走高，2017年的线下收入达1.4亿元左右，其中线上淘宝网店收入近5000万元。除了文创事业部，故宫博物院也有其他部门在做文创产品。公开数据显示，故宫博物院所有部门的文创产品超9100种，为故宫带来10亿元左右的收入。

1.2.4 从单点式封闭经营转向一体化区域发展

全域旅游的核心在于把一个城市或一个区域，建设成为一个整体的系统性的旅游目的地。对于旅游景区来说，全域旅游更需要发挥景区核心吸引的功能，实现与周边旅游资源协调整合发展。要实现向统筹综合区域发展的转变，就要改变景区的综合模式，推进景区与周边旅游资源的一体化，比如要与周边都市休闲乡村旅游度假酒店等资源协调、有机组合，建立功能完整、特色鲜明的旅游度假区、生活目的地，实现从单一单点向综合统筹、多元统筹的转变，从点状发展走向区域一体化发展，实现从传统旅游走向现代旅游。

2017年以来，各地景区纷纷开启全域旅游的实践，乡村生态、民宿文化、冰雪旅游等领域再度成为吸金洼地。旅游新业态不仅在景区资源整合方面有所体现，在景区的产业转型方面也有所突出。以张家口市为例，由于2022年冬奥会花落中国，冰雪旅游受到青睐，由滑雪运动向滑雪旅游度假城市的转变是张家口市旅游业发生质的变化的突破口。京津地区有着庞大的冬季旅游需求，但却缺少冬季旅游目的地，张家口凭借具有打造冬季热点旅游目的地的条件，将已具有一定知名度的崇礼滑雪旅游，与温泉、民俗、皮货贸易、古商贸文化、葡萄酒养生和口菜美食等资源进行整合，构建起了冬季旅游特色产品体系，使张家口成为"休闲、美食、购物、娱乐"一体化的环京津冀首选冬季旅游目的地。

1.3 北京旅游景区发展的政策利好

1.3.1 "旅游+"首次被写入中央一号文件

2017年2月5日，中央一号文件《中共中央、国务院关于深入推进农业供给侧结构性改革 加快培育农业农村发展新动能的若干意见》正式发布，首次写入"旅游+"概念。文件提出，大力发展乡村休闲旅游业，充分发挥乡村各类物质与非物质资源富集的独特优势，利用"旅游+""生态+"等模式，推进农业、林业与旅游、教育、文化、康养等产业深度融合，丰富乡村旅游业态和产品，打造各类主题乡村旅游目的地和精品线路，发展富有乡村特色的民宿和养生养老基地，鼓励农村集体经济组织创办乡村旅游合作社，或与社会资本联办乡村旅游企业，多渠道筹集建设资金，大力改善休闲农业、乡村旅游、森林康养公共服务设施条件，完善休闲农业、乡村旅游行业标准等。

1.3.2 原国家旅游局发布《全域旅游示范区创建工作导则》

2017年6月，原国家旅游局发布了《全域旅游示范区创建工作导则》（以下简称《导则》），为全域旅游示范区创建工作提供行动指南。《导则》指出，创建工作要实现"五个目标"，并起到相应的示范引领作用：一是实现旅游治理规范化；二是实现旅游发展全域化；三是实现旅游供给品质化；四是实现旅游参与全民化；五是实现旅游效应最大化，成为旅游业惠民生、稳增长、调结构、促协调、扩开放的典范。并坚持"注重实效、突出示范""宽进严选、统一认定""有进有出、动态管理"三大方针，建立相应的管理和退出机制。

北京旅游景区也应该创新体制机制、激发休闲产业活力，大力促进休闲产业融合发展和结构升级转型，积极拓展休闲空间，优化休闲消费环境，从全域旅游走向全域休闲，通过全民参与、各部门配合、各产业相互融合，来为游客提供更好的旅游资源和更好的旅游体验。景区打造全域休闲的目的不仅是为了旅客，还包括当地居民全民获得的休闲体验，通过提高居民休闲质量，进而提高全民的生活品质。

1.3.3 十九大报告指明旅游景区发展新方向

党的十九大报告做出了"中国特色社会主义进入新时代，我国社会主要矛盾已经转化为人民日益增长的美好生活需要和不平衡不充分的发展之间的矛盾"的重大论断。这些重要论断，对我国旅游业发展提出了新要求，带来了新机遇。顺应社会主要矛盾变化，把旅游业培育为最具影响力的幸福产业，实现旅游业高质量发展，是新时代赋予中国旅游业发展的重要使命。

作为旅游业核心组成部分，北京市旅游景区要深刻领悟十九大报告对旅游、文化等产业的指导，紧紧围绕解决人民日益增长的旅游需要与不平衡不充分的旅游发展之间矛盾为根本，以推动全域旅游发展为主线，以推进旅游治理规范化、旅游发展全域化、旅游供给品质化、旅游参与全民化、旅游效应最大化为原则，将旅游供给侧结构性改革、全域旅游、"旅游+"、厕所革命、旅游投资、旅游消费、乡村旅游、旅游扶贫、旅游安全、红色旅游、旅游外交等各项重点工作作为抓手，按照全面建设社会主义现代化国家的新目标要求，加快建设更多的世界知名旅游景区，为努力实现中华民族伟大复兴中国梦做出积极贡献。

1.3.4《景区游客高峰时段应对规范》行业标准发布

在我国，景区高峰基本上都在黄金周，要应对高峰，首先要核定日最大承载量，新景区规划单位核定的承载量因计算方法问题数值偏大，科学性合理性均有偏差，需在运行之后再度调整，而不能仅靠景区自主操作。2017年11月21日，原国家旅游局发布了《景区游客高峰时段应对规范》行业标准，该标准2018年5月1日起实施。行业标准对景区游客高峰时段的基本要求及应对等级要求等方面进行了规范，同时，作为景区游客高峰时段应对规范的行动指南，该标准还规定了其他一些基本的东西。

2. 2017年北京旅游景区发展状况

2.1 景区数量与结构分析

2017年，北京市共有A级景区（点）253家，其中5A级8家，4A级71家，3A级122家，2A级45家，1A级7家。从景区数量上看，2017年北京市A级旅游景区总量上增加了7家，增长动力主要来源于3A级景区的增长，高A级景区数量基本趋于稳定，数量变动不大。北京旅游景区从景区等级结构来看，仍呈现出中间大两头小的特征。

2.1.1 景区数量总体分析

以北京市旅游发展委员会数据为依据，北京市A级景区总量有所增长。如表2-1所示，2017年，北京A级景区数量持续增加，由2016年的244家增加为2017年的253家，增加9家，增长3.7%。自2011—2017年，北京A级景区实现3.07%的年均增长率。

表2-1　2011—2017年北京A级景区数量情况

年份	2011	2012	2013	2014	2015	2016	2017
数量（家）	211	206	213	227	227	244	253
增量（家）	10	-5	7	14	0	17	9
增长（%）	5.0	-2.4	3.4	6.6	0	7.5	3.7

资料来源：北京市旅游发展委员会。

如表2-2、图2-1所示，在等级数量上，自2012年以来，5A级景区数量一直保持在8家，数量稳定；4A级景区的数量变动幅度不大，2013年增加了4家，2014年增加了5家，2017年减少了1家；3A级景区除了在2013年减少1家外，一直保持着较高的增长速度，2017年增加了11家，增长率为9.9%，自2011年实现年均增长7.29%；2A级景区由2016年的48家，减少至2017年的45家，自2011年以来，数量变化幅度较小；1A级景区在2011—2016年逐年减少，但在2017年增加了2家。

表2-2　2011—2017年北京A级景区等级数量情况

单位：家

年份	2011	2012	2013	2014	2015	2016	2017
5A级景区	6	8	8	8	8	8	8
4A级景区	63	63	67	72	72	72	71
3A级景区	80	87	86	95	95	111	122
2A级景区	46	36	42	44	44	48	45
1A级景区	16	12	10	8	8	5	7

资料来源：北京市旅游发展委员会。

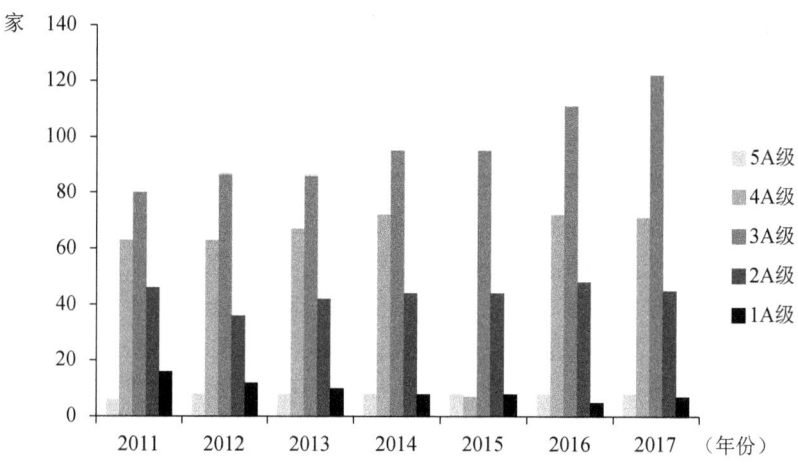

图 2-1　2011—2017 年北京市 A 级旅游景区数量

2.1.2 景区数量等级结构分析

2017 年，北京市 A 级景区中 3A 级景区数量最多，占北京市 A 级景区数量的 48%，4A 和 2A 级景区则分别占北京市 A 级景区数量的 28% 和 18%。而比例相对较少的分别为 5A 和 1A，均占 3%。如图 2-2 所示，北京市 A 级景区等级分布呈明显的中间大两头小的结构特征。

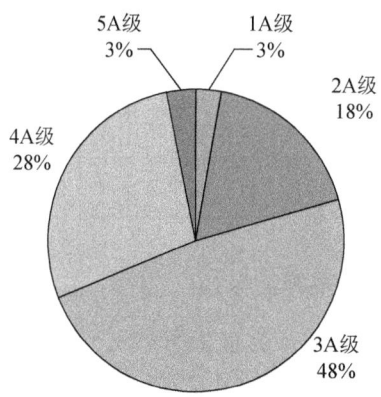

图 2-2　2017 年北京 A 级旅游景区等级结构

2011—2017 年，北京 A 级景区始终具有"橄榄球"的结构特征，3A 级景区一直占较大比重，其次为 4A 级与 2A 级景区，5A 级、1A 级景区占比较少，质量等级结构趋于稳定。

2.1.3 北京各区县景区数量分析

北京市按地域空间划分可以分为核心区、中心区和远郊区县，其中核心区是指东城区和西城区；中心区是指朝阳、丰台、石景山和海淀区；远郊区则是围绕北京市区的10个区。2016年，核心区、中心区和远郊区景区数量分别达到34个、55个和155个，2017年，核心区、中心区和远郊区景区数量分别达到34个、58个和161个。通过对比2017年与2016年北京市A级景区数量分布，如表2-3所示，可以看出，2017年A级景区数量相比2016年增长了9家，增长点在朝阳区、海淀区、东城区、门头沟区、房山区、顺义区、延庆区。从增长的绝对量来看，与2016年相比，核心区景区数量不变，中心区景区数量增加了3个，远郊区增加了6个。随着近几年北京市对京郊旅游业发展的重视，京郊景区在数量与品质上均有较大的提升。远郊区A级景区数量占北京市A级景区数量的63.64%，形成北京市旅游产业发展的重要空间载体，反映了近年来京郊旅游强有力的发展后劲。

表2-3　2016年与2017年各区旅游景区数量分布

单位：个

年份	核心区		中心区				远郊区									合计
	东城区	西城区	朝阳区	丰台区	石景山区	海淀区	门头沟区	房山区	通州区	顺义区	昌平区	大兴区	怀柔区	平谷区	密云区	延庆区	
2016	12	22	20	12	3	20	15	23	4	8	22	8	19	13	24	19	244
2017	13	21	22	12	3	21	17	24	4	9	21	8	19	13	26	20	253

2.2 景区接待人数与客源地分析

如表2-4所示，2017年，北京旅游景区总体接待人数为3.04亿人次，较2016年增长0.2%，增长速度较2016年有所放缓。2011—2017年，北京市旅游景区接待人数一直呈现上升趋势，实现3.84%的年均增长率。

2017年北京市旅游景区入境游客量为731.3万人次，较2016年下降7.5%，降幅有所拉大。2011—2017年，北京市旅游景区入境游客量整体呈下降趋势。从图2-4中可以看出，2017年北京旅游景区客源结构体现出以国内游客为主。境外游客所占比重明显小于国内游客的特点。

表2-4　2011—2017年北京旅游景区接待人数情况

年份	2011	2012	2013	2014	2015	2016	2017
接待人数（万人次）	24 255	24 276	26 726	28 685	29 405	30 351	30 401.5
增长速度（%）	14.2	0.1	10.1	7.3	2.5	3.2	0.2
入境人数（万人次）	1030	1055	947	897	844	791	731.3
增长速度（%）	9.4	2.5	-10.2	-5.3	-5.9	-6.4	-7.5

资料来源：北京统计信息网。

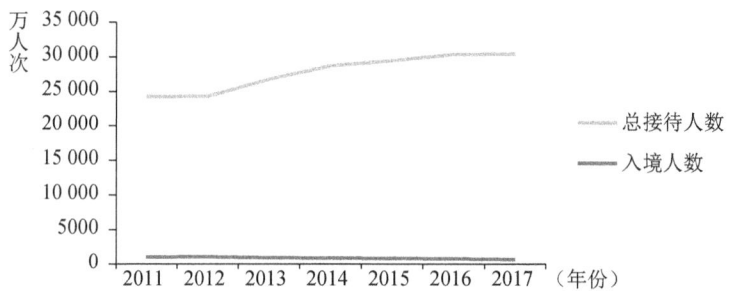

图2-3　2011—2017年北京旅游景区接待人数

资料来源：北京统计信息网。

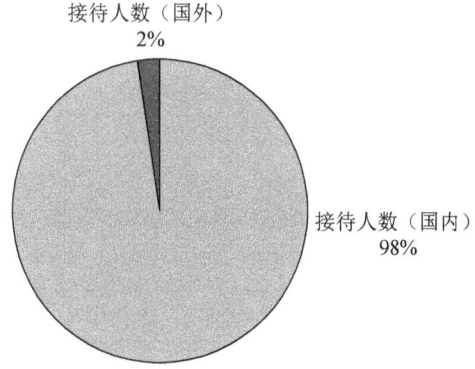

图2-4　2017年北京旅游景区国内、国外游客量结构

资料来源：北京统计信息网。

2017年,北京景区接待的游客构成中,国内游客占98%,国外游客仅占2%。国内游客中,外省市来京旅游人数17 924万人次,增长4.7%;北京市民在京游人数11 430万人次,增长4%。

2017年,北京市景区接待入境游客731.3万人次,下降7.5%,韩国游客的减少是入境量下降的主要原因。从表2-5各大洲来京旅游人数以及表2-6不同地区和国家来京旅游人数可知亚洲、欧洲、美洲一直是北京入境旅游的主要客源地,美国、日本和韩国是北京的前三大客源国,来自德国的游客逐年减少,而来自马来西亚的游客逐年增长,且增速较快。

表2-5 各大洲来京旅游人数

单位:人次

各大洲	2015年		2016年		2017年	
	来京人数(人)	同比增长(%)	来京人数(人)	同比增长(%)	来京人数(人)	同比增长(%)
亚洲(含港澳台地区)	1 954 713	1.6	1 881 225	-3.8	1 725 346	-8.3
欧洲	1 069 377	-5.2	1 058 884	-1.0	1 009 286	-4.7
美洲	916 489	-3.3	955 795	4.3	919 436	-3.8
大洋洲	162 820	-7.0	175 769	8.0	169 805	-3.4
非洲	88 934	-3.5	88 111	-0.9	89 828	1.9
其他	7293	1.4	5548	-23.9	11 875	114.0
总计	4 199 625	-1.8	4 165 332	-0.8	3 925 573	-5.8

资料来源:北京市旅游发展委员会官网。

表2-6 不同地区和国家来京旅游人数

单位:人次

	2015年	同比增长	2016年	同比增长	2017年	同比增长
港澳台	624 043	0.7	617 713	-1.0	605 548	-2.0
日本	258 473	3.9	248 261	-4.0	242 139	-2.5

续表

	2015 年	同比增长	2016 年	同比增长	2017 年	同比增长
韩国	415 887	7.5	379 410	-8.8	235 365	-38.0
马来西亚	78 024	-4.2	80 773	3.5	89 663	11.0
新加坡	110 214	-5.4	119 199	8.2	111 522	-6.4
英国	172 008	1.7	183 287	6.6	164 714	-10.0
法国	152 769	14.2	131 740	-13.8	122 645	-6.9
德国	211 627	-6.3	205 575	-2.9	193 730	-5.8
俄罗斯	102 682	-24.9	94 878	-7.6	93 076	-1.9
美国	694 138	-2.9	703 381	1.3	672 800	-4.3
加拿大	130 240	-6.9	152 901	17.4	153 018	0.1
澳大利亚	135 762	-7.0	146 019	7.6	144 324	-1.2
其他国家	1 113 758	-3.5	1 102 195	-1.0	1 097 030	-0.5
总计	4 199 625	-1.8	4 165 332	-0.8	3 925 573	-5.8

资料来源：北京市旅游发展委员会官网。

如表 2-7 与图 2-5、图 2-6 所示，2017 年，北京旅游景区月度接待总人数在 4 月出现高峰，7 月、8 月、10 月形成次高峰，1 月、12 月接待游客量较低，淡旺季较明显。与 2016 年同期相比，1 月接待人数有较高的增长，增长了 29.4%，而 6 月、9 月和 10 月接待人数分别下降了 11.1%、9.6% 和 8.2%。此外，北京旅游景区接待境外人数月度变化相对较小，10 月、4 月接待境外游客较多，1 月、12 月较少。与 2016 年同期相比，接待境外人数除 1 月、4 月、11 月有所增长，其余月度均呈下降趋势，尤以 7 月、6 月、12 月下降较明显。

总体来看，2017 年北京旅游景区月度接待量具有较明显的淡旺季，4 月、8 月、10 月为旺季，1 月、12 月为淡季。

表 2-7 2017 年北京旅游景区月度接待人数情况

	1月	2月	3月	4月	5月	6月	7月	8月	9月	10月	11月	12月
接待人数（万人次）	1607.5	2131.3	2337.1	3681.5	2991.4	2407.4	3069.1	3464.8	2380.5	3000.4	1973.3	1356.8
同比增长（%）	29.4	2.9	4.7	10.2	1.3	-11.1	-2.3	-2.2	-9.6	-8.2	5.9	0.4
境外人数（万人次）	35.6	43.4	52.2	79.5	69.3	57.8	67.2	76.0	61.9	94.4	58.4	35.6
同比增长（%）	1.1	-8.2	-8.1	4.5	-8.8	-13.4	-16.9	-5.9	-13.0	-7.0	0.4	-10.7

资料来源：北京市旅游发展委员会官网。

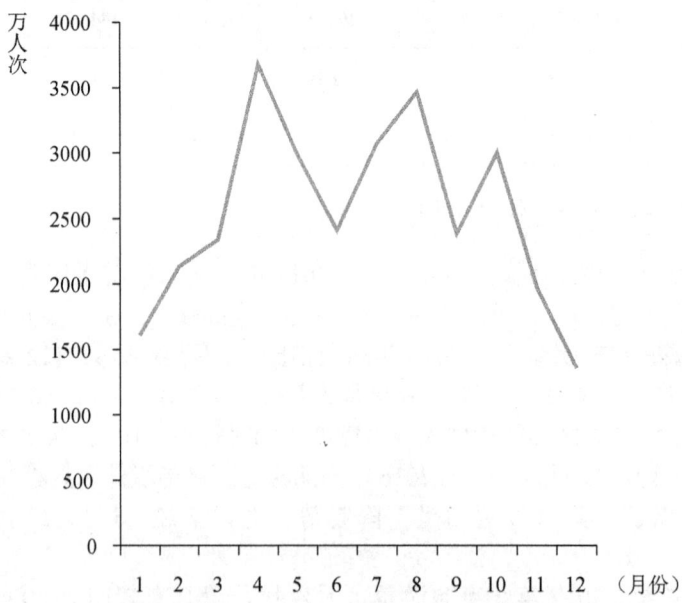

图 2-5 2017 年北京旅游景区月度总接待人数

资料来源：北京市旅游发展委员会官网。

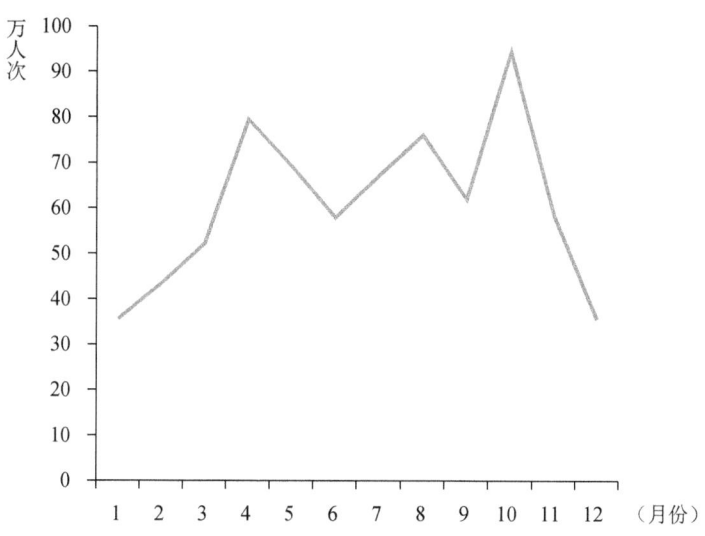

图 2-6　2017 年北京旅游景区月度境外人数

资料来源：北京市旅游发展委员会官网。

2.3 景区属性分析

参照《2012 年北京市 A 级旅游景区接待和经营状况分析研究报告》对景区的分类，根据北京地区（点）的特点，将 A 级主要划分为人文类景区（点）、自然类景区（点）和游憩娱乐类景区（点）三种类型，具体分类方案如下。

表 2-8　北京地区 A 级旅游景区（点）分类方案

分类	景区（点）类别
人文类景区（点）	遗址遗迹、皇家园林、博物（展览）馆、纪念碑（馆）、民俗文化、名人故居、历史街区、寺庙观堂等
自然类景区（点）	地质地貌、森林公园、地质公园、自然风景区、野生动（植）物园等
游憩娱乐类景区（点）	游乐园、城市公园、水族馆、动（植）物园、滑雪场、温泉、高尔夫球场、农业观光（采摘）园、戏楼影院等

资料来源：《2012 年北京市 A 级旅游景区接待和经营状况分析研究报告》。

2017 年，北京 79 家高 A 级景区中，人文景区（点）占 51%，游憩娱乐景区（点）占比30%，自然景区（点）占19%。即高A级景区中，人文景区（点）占据景区总数的一半左右。

北京作为首批国家历史文化名城和世界上拥有世界文化遗产数最多的城市，其中人文类景区（点）数量居多，自然类景区（点）较少，在北京8家5A级景区中，人文类景区高达7家，占87.5%，游憩娱乐类景区（点）1家，缺少自然类景区（点）。

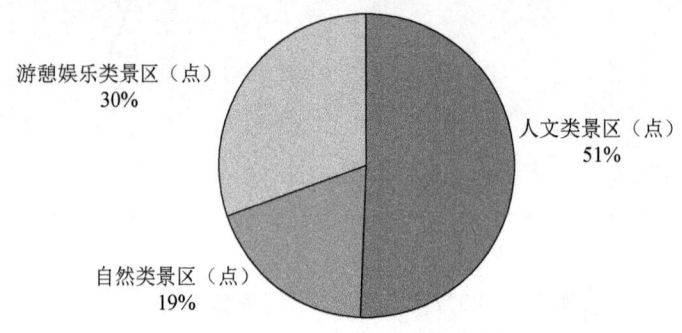

图2-7　2017年北京高A级旅游景区类型结构

资料来源：北京市旅游发展委员会官网。

表2-9　北京地区5A级旅游景区（点）分类

序号	等级	景区名称	景区（点）类别
1	5A	故宫博物院	人文类景区（点）
2	5A	天坛公园	人文类景区（点）
3	5A	恭王府	人文类景区（点）
4	5A	颐和园	人文类景区（点）
5	5A	十三陵	人文类景区（点）
6	5A	慕田峪长城	人文类景区（点）
7	5A	八达岭长城风景名胜区	人文类景区（点）
8	5A	北京奥林匹克公园	游憩娱乐类景区（点）

2.4 景区收入分析

如表2-10、图2-8所示,2017年,北京旅游景区收入达82.72亿元,同比增长7.2%,增长速度较2016年有所提升。其中,门票收入达49.52亿元,占59.9%,为景区最主要的收入来源,景区收入仍存在门票依赖;其次为其他收入,其他收入指旅游区(点)各项经营业务的收入中扣除门票收入、商品销售收入以外的场租、娱乐等项收入,占景区收入36%;商品销售收入为3.00亿元,仅占4%。与2016年相比,商品销售收入增长13.5%,比重有所提高;其他收入增长11.9%,门票收入虽有所增长,但增长幅度较小。2011—2017年,景区总收入及各项收入整体均呈增长趋势,门票收入始终占据主导地位,非门票收入增量显著,占比有所提升。

表2-10 2011—2017年北京旅游景区收入情况

	2011年	2012年	2013年	2014年	2015年	2016年	2017年
收入（万元）	552 330	586 395	621 561	656 909	728 568	771 493	827 228.5
增长速度（%）	15.4	6.2	6.0	5.7	10.9	5.9	7.2
门票收入（万元）	367 641	380 993	398 495	417 698	462 318	475 262	495 242.2
增长速度（%）	12.1	3.6	4.6	5.7	10.7	2.8	4.2
商品销售收入（万元）	14 136	15 454	13 445	16 750	19 299	26 456	30 019.6
增长速度（%）	18.4	9.3	−13.0	4.8	15.2	37.1	13.5
其他收入（万元）	170 553	189 948	209 621	22 462	246 951	269 775	301 966.7
增长速度（%）	22.9	11.4	10.4	6.1	11.0	9.2	11.9

资料来源:北京市统计局。

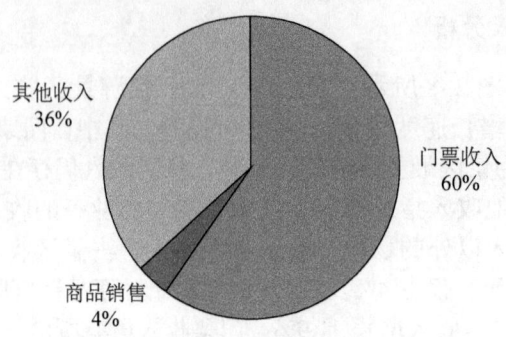

图2-8　2017年北京旅游景区收入结构

景区的收入构成中，包括了游客出游以后的食、住、行、游、娱、购、体、疗等各方面收入。除去门票收入以及商品销售收入，景区的其他收入来源于游览交通收入（包括索道、电瓶车、观光大巴、游船、滑翔伞、热气球、飞艇、直升机、水上飞机等）；讲解伴游收入；住宿餐饮收入；停车费；文化娱乐收入（包括影视、音乐、戏剧、多维数码全空间电影、情景剧等）；活动收入（包括会议、展览、婚庆等活动主办收入）；宗教收入（包括香火、祈福、卜卦、募捐等）。

2.5 旅游景区投资分析

2017年，北京市旅游相关产业完成固定资产投资984.4亿元，增长23.8%。占全社会固定资产投资的比重为11%，同比提高1.6个百分点。

根据《2017中国旅游投资研究报告》，2017年，全国旅游投资依然延续了以民营资本为主、政府投资和国有企业为辅的多元主体投资格局。在投资总额中，民营企业投资额占比最高，主要投资大型综合类文化旅游项目；政府和国有企业对西部地区旅游投入的比重相对较高，投资相对集中于旅游基础设施、公共服务设施以及旅游村镇类项目。在目的地资源端，景区类投资占比最高，为28%。

2018年1月，原国家旅游局局长李金早在《全国旅游工作会议》上提出，要着力引导旅游投资，创新金融支持方式，建立金融机构与旅游企业协作新机制，与中国农业银行、国家开发银行、中国建设银行等联合推出680个全国旅游优选项目。推动设立中国旅游产业基金，总规模为300亿～500亿元，撬动更多社会资本投入旅游业。截至2017年年底，全国已有144支旅游产业投资基金，总规模超过8000亿元。预计2017年全国旅游投资达1.5万亿元，同比增长16%，其中民间资本投资占60%，形成了民营为主、国有企业和政府投资共同参与的多元主体投资格局。

旅游投融资不仅只是旅游本身的投融资，而且还是农业、文化、体育、健康、养老、教育、生态、水利、交通等诸多方面的投融资。"旅游+"也形成了旅游资金来源的多样化，以及旅游投资规模的扩张和旅游投资模式的转变。

在北京旅游景区投资中，跨界投资趋势明显，地产、煤炭等传统行业巨头纷纷投资建设文化旅游城、主题公园、旅游度假区等项目，BAT等互联网企业也纷纷以多种方式介入旅游业。PPP（公私合营）、ABS（资产证券化）、IIF（产业投资基金）是旅游产业投资的新模式。我国关于旅游景区的旅游PPP项目发展迅速，各类社会资本进入景区建设，在旅游投资中的比重不断在增加。但从北京旅游景区的投资结构来看，北京旅游景区尚无旅游PPP项目，投资方式仍以独自投资、单体投资为主。

2.6 乡村旅游与休闲农业的发展状况

休闲农业和乡村旅游是北京都市型现代农业、现代旅游的重要组成部分，在推动农业供给侧结构性改革、建设美丽乡村、带动农民就业增收、传承农耕文明等方面发挥着重要作用。2016年，北京休闲农业和乡村旅游经营收入达150.7亿元，接待游客2亿人次。未来北京将不断扩大休闲农业和乡村旅游产业规模，实现接待人次、经营收入年均增长5%和8%以上，到2020年，有望实现5000万人次和60亿元，形成京津冀休闲农业协同发展新格局。

北京市尤其重视休闲农业和乡村旅游的发展，成立了北京休闲农业协会以及北京乡村旅游网，发布了一系列促进休闲农业和乡村旅游发展的文件。北京市在2017年印发《关于加快休闲农业和乡村旅游发展的意见》，坚持生态优先、持续发展，以农为本、促进增收，市场导向、突出特色，多方参与、政策集成的原则，提出要改善休闲旅游环境、优化休闲农业结构，创新休闲农业组织形式、体制机制和发展模式等一系列任务。还提出了要推动京津冀休闲农业协同发展，建立京津冀休闲农业公众服务平台，加强休闲农业品牌合作，开展休闲农业人才培养，策划休闲农业大型推介活动，以沟域景观建设为契合点，联合推进京津冀沟域发展。

北京市通过农旅结合、农科结合、农文结合等发展模式，大力发展了乡村酒店、养生山吧、休闲农庄、生态渔家、山水人家、采摘篱园、民族风苑、国际驿站、葡萄酒庄、汽车旅游营地等特色业态。挖掘北京地方民俗文化资源和农业文化遗产，开展重要农业文化遗产认定，做好开发、利用、保护、传承工作，支持发展"乡村非遗旅游"，传承北京地方乡土文化。

北京休闲农业协会开展了北京市休闲农业园区（企业）星级评定工作，评出五星级休闲农业园区16家：泉怡园农庄、北京御林农耕观光采摘园、天毓山庄、中粮智慧农场、莱恩堡酒庄、花仙子万花园、北京野谷生态科技园、北京兰泊湾休闲农业园区等；四星级30家：玉府山庄、草根堂、聚隆樱桃生态园、运河怡水文化园、北京吸引力多肉植物园等；三星级41家：朴乐朴儿童农场、玉泉采摘园、觉仕田园、北京仙栖水岸休闲园、北京七彩庄园休闲园、北京通鼎种植园等；二星级3家：大胡子采摘园、太和源、五福兴农种植科普基地。

从2013年到2018年5月，在昌平草莓园已经成功举办了六届"北京农业嘉年华"，按照三馆：国际特色农产品馆、多彩农业馆、科技生活馆；两园：农事体验乐园、主题狂欢乐园；一带：草莓休闲体验带；一谷：延寿生态观光谷；一线：京北黄金旅游线五大板块设置，将农业与旅游、科技等相结合，成为全国休闲农业类活动的标杆。

北京市的市级观光农业园共有56家，其中第一批市级观光农业园26家，第二批市级观光农业园30家，全部分布在远郊区县。延庆区的市级观光农业园数量最多，有11家，占比20%；房山区和怀柔区的市级观光农业园数量皆为10家，占比18%；密云区的市级观光农业园数量为8家，占比14%；门头沟区的市级观光农业园数量为7家，占比12.5%；昌平区的市级观光农业园数量为5家，占比9%；大兴区的市级观光农业园数量为3家，占比5%；通州区和顺义区的市级观光农业园数量仅为1家，占比2%。

表2-11 2017年北京各区市级观光农业园数量分布

单位：家

	核心区		中心区				远郊区									合计
	东城区	西城区	朝阳区	丰台区	石景山区	海淀区	门头沟区	房山区	通州区	顺义区	昌平区	大兴区	怀柔区	平谷区	密云区	延庆区	
第一批	0	0	0	0	0	0	3	5	1	1	2	1	4	0	3	6	26
第二批	0	0	0	0	0	0	4	5	0	0	3	2	6	0	5	5	30
合计	0	0	0	0	0	0	7	10	1	1	5	3	10	0	8	11	56

资料来源：北京乡村旅游网。

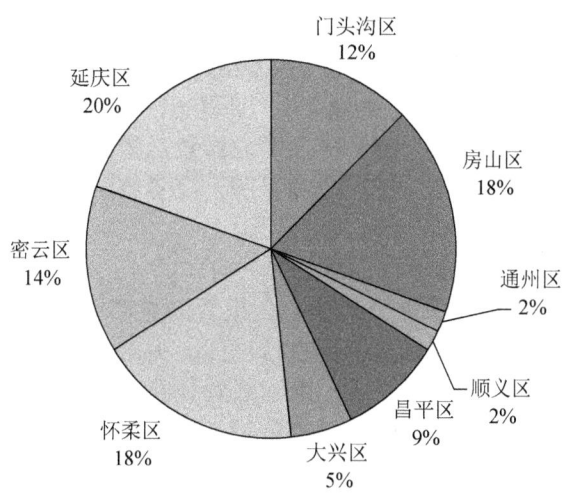

图 2-9 北京市市级观光农业园数量分布

2.7 景区服务质量分析

2.7.1 厕所建设与布置更加人性化

北京市各景区一直注重提高景区的服务质量，使来京旅游的游客有着更加愉快的旅游体验。北京作为首善之区，一向重视厕所工作。如平谷区对旅游景区、民俗村旅游厕所进行提升改造，同时，在重大节日、大型活动期间，设置移动厕所，满足游客量大时如厕需求。平谷区改造提升旅游厕所 82 座，累计投入改造资金 2191.36 万元，为游客到平谷休闲旅游提供更加舒适便利如厕环境；顺义区共投入市级专项资金 622 万元，改造旅游固定厕所 30 个、购置移动厕所 47，区级资金 507 万元，为 15 个樱桃园购置 64 个移动厕所、提升改造 14 个民俗村和 4 个景区的 25 个旅游固定厕所；昌平区共投入市区专项资金 657.22 万元，完成 43 座旅游厕所的改造提升，全区 21 家 A 级景区已有旅游厕所 125 座，涉及面积 7166.8 平方米，其中第三空间旅游厕所 6 座，5A 级景区实现了第三空间全覆盖。北京市各景区的厕所革命让游客"方便"更加方便。

2.7.2 内外交通更加注重快捷通畅

近年来，北京市一直致力于改善景区的交通服务，使景区交通更加便捷。《北京市旅游条例》中提出要在主要景区周边的高速公路、城市道路、人行道路上设置景区指引标识，引导旅游者出行。旅游行政部门应当会同交通、公安交通管理等有关部门，在主要景区合理设置团队旅游车辆上下客站点或者临时停车点。北京市旅游委发布关于《关于进一步加强旅游景区道路交通标识建设管理工作的通知》，部署全区A级旅游景区道路交通标志建设管理工作，进一步完善全区主要旅游景区道路交通指引系统化、规范化和一体化，提升城市旅游形象和品牌，完善旅游服务功能。北京市在各景区内投放公共自行车，方便游客游玩。

2.7.3 服务更加关注游客本质需求

北京各景区的游客服务更加贴心，设置的旅游咨询站具备问询功能、展示功能、代理服务功能以及投诉接待功能，为旅游者免费提供有关北京主要旅游资源、景区、旅游产品、交通线路信息，北京的旅馆、饭店及餐饮场所的介绍，旅游行业政策法规查询等。服务站内设有展示架、电子触摸屏、电视录像等展示设备，为旅游者免费提供北京各驰名的文化古迹和风景名胜介绍、北京新推出的旅游新产品、新线路、新景点介绍材料、餐饮娱乐设施的介绍、旅游纪念品展示等。代理酒店、旅馆、旅行社部分相关业务，代理飞机、火车、旅游专线车票务，代售景点门票，旅游纪念品代销等。游客服务点在接待旅游者的各类投诉时，更加耐心、及时，投诉流程的设置更加合理，对投诉事件的解决更加高效。此外，北京市开通了在线留言—咨询投诉举报服务，游客可以在线对景点景区进行投诉。

3. 2017年北京旅游景区发展问题

3.1 多数景区面临游客"超载"问题

目前故宫已全面实名制购票，严格按照最大承载量限额售票，并实时发布景区的在园人数，并根据在园人数的异常变动及时调整应急策略并对外发布，然而一旦到小长假，故宫还是免不了游客摩肩接踵。此外，南锣鼓巷也由于日均接待客流量严重超出了景区承载能力，主动申请取消国家3A级景区资质，并暂停接待旅游团队，但一到节假日依然出现人满为患的情况。当前，北京仍有部分5A级景区和部分优质的4A级景区没有明确核定景区的承载力，或者也仅仅是凭经验定了一个承载力，实时在园人数更是有待考证，由于预警系统不成熟，节假日超量接待现象严重，导致景点拥堵不堪。一些景区接待量虽未超载，却因预警分流措施和配套服务不到位，导致游客旅游体验不高。

北京景区容量管理尚处于初级阶段，具体表现为旅游旺季景区容量管理尚未系统化，各景区关于容量的界定标准没有统一，大多数景区均自主测定容量，确定容量标准，各自为政，很难进行统一系统的管理。同时，大多数景区确定最大容量的方法比较落后，计算时通常采用静态模型，难以紧跟实际情况，对解决现实问题的指导意义不强，在实际实施过程中，根据其所测量的景区最大容量并不能在景区容量管理过程中发挥太大作用。

3.2 旅游项目较缺乏特色和吸引力

北京仍有很多景区的娱乐项目千篇一律，毫无自身特色，既减少了对游客的吸引力，也降低了景区的市场竞争力。缺乏个性的低端旅游项目既浪费资源，又损害项目开发者利益，从而扰乱了旅游景区市场的正常秩序。随着旅游市场竞争的日趋激烈，开发个性化的旅游项目是增强景区竞争力的重要途径。目前大多数景区面临的同样问题，就是受到资金、技术、资源等因素的制约，尤其是对于大型旅游项目的开发很难做到价廉质优，这也在一定程度上促使旅游项目粗制滥造现象出现，只重数量不重质量在旅游项目建设过程中普遍存在，同类的旅游项目和不同类的旅游项目间都缺乏创意和个性化，大众化的内容形式很难吸引游客的选择欲望。

旅游项目的争相复制使产品大众化缺乏吸引力，同时也造成为某些旅游项目既没有文化内涵，又没有教育意义，对游客而言只是一时的吸引而已，并不能给游客留下深刻的印象。甚至有些旅游景区还停留在简单的观光游览中，降低了景区与游客之间的互动，严重影响了游客体验效果。

3.3 景区投诉数量较多且相对集中

人民网旅游315投诉平台整理出了2017年旅游投诉信息，数据显示，该平台2017年全年共收到有效投诉1477条，较2016年增长了0.68%，全年回复率为47.94%，较2017年下降10个百分点。其中，有797条涉及全国各省份的投诉，云南以316条居全国首位，其投诉量较2016年增长35.6%；其次为北京，共有88条投诉，与2015持平，广东和上海以55条投诉并列第三。此外，旅游投诉集中在旅行社（38.6%）、景区（20.2%）、航空（15.8%）、酒店（15.1%）、和导游（7.4%）等五个领域，旅游合同与行程不符、导游强迫购物、服务态度差仍是投诉的重灾区[4]。

从表3-1得知，2017年全年，北京市旅游发展委员会受理旅游者对全市旅游景区有效投诉共267件，被投诉景区主要处于八达岭和京东区域，其中故宫博物院、奥林匹克公园、司马台长城景区被投诉也较多；景区投诉主要集中在人员服务问题、设施设备问题、景区内乱收费问题等方面。尽管北京市旅游发展委员会不断提高投诉事件处理率，但整体看，投诉总量仍较高，尤其是关于旅游景区服务质量问题的投诉相对较多，反映了各景区的服务质量还存在一定的提升空间。

表3-1 2017年北京旅游景区投诉信息

时间	有效投诉数量	涉及景区
2017年第一季度	47	八达岭滑雪俱乐部、八达岭、奥林匹克、八达岭残长城、故宫博物院、莲花山滑雪场、龙潭公园、明十三陵、司马台长城景区
2017年第二季度	84	故宫博物院、金海湖风景区、京东大峡谷旅游区、十渡风景区、北京奥林匹克公园、北京海洋馆、古北水镇、圆明园遗址公园
2017年第三季度	71	司马台长城景区、八达岭长城风景名胜区、慕田峪长城、颐和园、雁栖湖旅游区、孔庙/国子监、京东大峡谷旅游区、故宫博物院、恭王府、圆明园遗址公园、蟹岛绿色生态农庄、北京市劳动人民文化宫、北京动物园
2017年第四季度	65	八达岭长城风景名胜区、故宫博物院、司马台长城景区、颐和园、八达岭野生动物世界、北京奥林匹克公园、红螺寺、京东大峡谷旅游区、京东石林峡风景区、南宫旅游景区。

资料来源：根据北京市旅游发展委员会官网2017年1—4季度旅游服务质量投诉工作情况进行汇总。http://www.bjta.gov.cn/xxgk/tzgg/index.htm。

3.4 同质低劣旅游纪念品充斥景区

在北京各大景区景点公开销售的是众多雷同、低劣的旅游纪念品，尤其是在开放式景区南锣鼓巷、前门、王府井、什刹海等，不断重复出现毫无"特色"的纪念品，它们多数缺乏特色，质量低劣，没有标识和品牌名称，并且很难代表北京。尽管南锣鼓巷确实有一些申请了正规商标的品牌创意店，销售有创意文化衫和鞋帽等，质量较高，特色鲜明，但是很多"什么都卖"的小店，也号称创意产品，同质化产品居多，街头能看见的景泰蓝手镯，巷尾还是有，左手边店里卖的刺绣钱包，右手边也卖，至于手串、脸谱、簪子、牛角梳、桃木剑等小纪念品，更是高频次出现，甚至不止一家店在销售同一种"老上海雪花膏"。类似的，前门大栅栏售卖商品的大多数风格是"云南特色"，王府井美食街售卖的大多是无商标、无厂家、无品牌的景泰蓝手镯、刺绣钱包（10~50元不等）、发簪、梳子、脸谱等，每一家售卖的纪念品至少有一半是相同的。

在封闭式景区中，除故宫的旅游纪念品独具特色，绝大多数景区还在"复制"其他景点的纪念品。以天坛和颐和园为例，分布在天坛公园各处的商店大约有十几个，每个商店销售的纪念品种类基本一致，只要在北京其他景点能看到的各种饰品、摆件、挂件、印刷品，天坛无一例外地都复制了一遍；颐和园苏州街里售卖小纪念品的商户里都有金属化妆镜、景泰蓝手镯、仿古金属发簪、过滤烟嘴、折扇、钥匙扣、冰箱贴、鼻烟壶、手工刺绣大小包、宫女头饰发箍、小香囊、套娃、小泥人摆件等，只不过每家标价会相差5~10元，整条苏州街里高度同质化的纪念品商铺有10多家。

3.5 门票仍然为景区创收主导模式

在北京目前所有的旅游景区运作中，"门票经济"仍然是其主导经济模式。从全国来看，在旅游30多年的发展历程中，门票收入是拉动旅游景区经济发展的基础，但长期依靠门票收入也反过来成为不少传统景区面临困境的重要原因。北京绝大多数景区仍是观光型旅游产品占据主要地位，景区与游客之间的互动性相对不足，未形成食、住、行、游、购、娱的完整旅游产业链，缺乏新的旅游兴奋点与产业增长点，主体旅游产业的拳头产品有待增强实力，整体运营机制和完整的产业链尚未形成。2017年，北京所有旅游区（点）的收入达到827 228.5万元，其中门票收入为495 242.2万元，门票收入占总收入的比例高达59.87%，占到总收入的半壁江山。因此，北京有不少景区其实对门票收入的依赖程度十分高，旅游经济与门票经济形成捆绑关系。

南锣鼓巷、什刹海等免费的开放式景区以及门票价格极低的景山公园等，并没有影响北京旅游业整体收入，反而整体收入近年来有大幅度增加。据统计，北京2017年旅游区（点）的商品销售收入以及其他收入（包括场租、娱乐活动等）占了总收入40%，并且商品销售收入增长率为13.5%，其他收入增长率为11.9%，两者都远高于门票收入4.2%的增长率。实践证明，门票仅仅只是旅游景区盈利方式的一种，酒店、餐饮、游乐、演艺、地产、养生、健康等要素都可以成为景区的盈利点，所以打造全产业链的旅游经济是景区的转型方向。

4. 新时代北京旅游景区发展方向

4.1 优质旅游景区满足新时代市场需求

新时代我国社会主要矛盾已经转化为人民日益增长的美好生活需要和不平衡不充分的发展之间的矛盾，旅游发展也到了从高速旅游增长阶段到优质旅游发展的关键节点，优质旅游发展是满足人们美好生活需要的重要体现，是大势所趋。对于优质旅游，文化和旅游部党组副部长李金早认为优质旅游是能够很好满足人民日益增长的美好生活的旅游，是充分体现新发展理念的旅游，是能够推动旅游业发展方式转变，产品结构优化、增长动力转化的旅游[5]。优质旅游景区的发展就是提升人民生活的幸福感、安全感和获得感的重要体现。如今，优质旅游景区建设要解决的不是"有没有"，而是旅游体验"好不好"的问题。

北京市为改善游客的旅游体验，提升旅游景区的品质，高度重视旅游公共设施建设，并大力推进厕所革命建设，推广故宫服务模式。自2015年国家旅游局发起全国厕所革命建设管理大行动以来，北京市旅游委投资资金7130.78万元，共改造旅游厕所615座，每年均超出既定数量目标；此外，北京市旅游委加强了游客管理，并积极受理游客的投诉事件。2017年，旅游委投诉公示594件，涉及10家旅游景区，65件投诉[6]。

4.2 科技平台建设与升级造就智能景区

随着"80后""90后""00后"的互联网一代消费者成为主流游客，免费Wi-Fi、手机支付、网络购票等成为他们衡量景区质量的重要方面，这对旅游景区的互联网普及率提出了全新的要求。此外，互联网尤其是移动互联网的发展，使得"互联网+"智慧旅游平台得以广泛应用，互联网对景区运营的渗透和未来发展的影响不断加深，同时，智慧景区概念的提出，也促使国内许多景区管理部门纷纷投入到智慧景区的建设中。

2015年9月，原国家旅游局发布了《"旅游+互联网"行动计划》，明确到2018年，将推动全国所有5A级景区建设成为"智慧旅游景区"，到2020年推动全国所有4A级景区实现免费Wi-Fi、智能导游、电子讲解、在线预订、信息推送等功能全覆盖。智慧旅游将改变人们的旅游消费习惯与旅游体验，整合更多的旅游资源，强化景区智能管理，提高游客满意度，提升旅游体验和品牌形象。

目前北京智慧旅游景区建设主要是通过运用互联网技术，开发高科技产品，对景区进行智能化管理；通过旅游大数据分析，为游客实时提供景区的情况，实现智能化服务；运用新兴媒体，进行景区智慧营销等方面。此外，AR（增强现实）、VR（虚拟现实）、MR（混合现实）、人工智能等将在高等级景区的逐步应用。

2012年，北京市发布了《智慧旅游景区建设规范》，通过此规范性文件，来推进智慧景区建设，优化旅游景区的接待环境，提升旅游景区智能服务质量。2013年9月，北京市旅游发展委员会发布"i游北京"手机应用软件，通过该软件可以为游客提供北京22家景区导游导览服务、40家重点景区实时流量查询、旅游资讯查询、672家北京景区数据查询以及景区门票购买等全面而及时的服务[7]。"十二五"期间，北京A级景区全部实现了自助导游和虚拟旅游。近年来，微博、微信、微电影，逐渐成为景区网络营销的基础渠道，并且，越来越多的景区门票上了OTA平台，实现"24×7×365"的实时销售，故宫在2017年也实现全网售票。

4.3 网络口碑甄选助力景区品质化发展

现如今，人们更多地通过互联网查询旅游景区资讯、订购旅游产品和评价旅游景区。一个景区的网络口碑将影响旅游者的决策，因此，网络口碑已经成为旅游景区评定的重要指标，将会推动旅游景区品质和服务的提升。

在2017年北京第二外国语学院第三届智慧旅游与营销年会暨中国AAAAA景区网络口碑指数发布会上发布的全国AAAAA景区网络口碑十强景区中北京天坛公园居于首位，八达岭—慕田峪景区位于第六位。此外恭王府景区获得"2017年全国5A景区网络口碑之信息化优胜奖"、八达岭—慕田峪景区获得"2017年全国5A景区网络口碑之人气优胜奖"和"2017年全国5A景区网络口碑之服务优胜奖"。

对于居于首位的北京市天坛公园景区，北二外旅游大数据中心众誉口碑大数据平台抓取了共1040条评价数据，其中有关于景区环境的评价最多，占比62.01%，其次旅游者对于景区服务和价格也较为关心。北京天坛公园之所以赢得如此好的口碑，首先这与天坛公园始终坚持"旅游文化建园"目标，全力打造公园文化特色，创新旅游品牌密不可分。天坛公园从2002年就开始按照古籍，整理再现了天坛祭天乐舞和祭天仪仗展演，还举办以"北京坛庙文化"为主题的展览，让游客领略中国古代祭天文化的博大精深。其次，天坛的3000多棵古树以及缤纷夺目的花卉，为天坛公园创造了优质的旅游环境，红墙绿瓦，参天古树，缤纷花卉，不断提升着游客的"幸福指数"和旅游品质。最后,天坛公园不断将最新科技应用于景区管理中,依靠科技手段提升公园服务质量。公园的智能服务系统,实现了游人与管理者面对面的交流,游客不仅从中可以直接获取游览相关信息,得到及时有效的帮助,且通过系统提供的视频、语音、图文资料,对景区历史文化也有了更全面、更生动、更细致的了解[8]。因此,突出旅游景区的文化特色,优化景区的旅游环境,提供优质的旅游服务,赢得游客的好口碑是北京市旅游景区未来的发展方向。

5. 北京旅游景区创新发展措施探讨

5.1 景区承载量标准化,完善景区管理制度

旅游景区应根据《景区游客高峰时段应对规范》行业标准,制定科学合理的景区游客日承载量,完善高峰期的应对对策。要建立健全景区客流量预警系统和客流量控制机制,做好游客接待容量的管理,防止超出景区最大承载量。同时,利用各种渠道实时向社会发布景区承载量提示,要在景区游客接待量接近最大承载量时,及时采取游客分流措施,以增强游客的体验性。在景区高峰期时段,景区工作人员要能够了解景区各个区域客流量情况,对客流量大的区域及时采取人工干预方式,及时对拥挤人群进行有效的疏导,以确保游客的安全。

政府要根据实际尽快统一景区流量界定标准,对景区进行系统化的管理,同时树立现代管理理念,制定高层次的统筹协调和管理机制。首先旅游职能部门应结合旅游专家意见,制定出景区客流量的界定标准,使得依照标准各景区确定自身的景区承载量,完善景区的游客管理机制。同时以旅游职能部门为主导,建立景区、酒店、客运公司、旅行社以及其他旅游企业共享的客流量系统,建立大数据平台,使得景区能够有效地进行流量的预警和游客的管理。其次政府应转变角色,要从景区的管理者、主导者转化为景区发展的引导者、监督者,重视景区的发展规划、资源保护、监督执法、整合资源等方面;建立更加完善的、灵活的市场机制。以市场为导向,让景区管理更加有活力,更加高效率。

5.2 强化旅游项目特色,加大景区吸引力度

新时代国内旅游者对高品质旅游产品的需求日益增长,北京市作为我国重要的旅游目的地,旅游市场潜力巨大。对此,北京市旅游景区应努力开发

一系列高质量的特色旅游项目,增加旅游产品的附加价值,策划各类型的主题活动,造就"独一无二"的旅游精品。加强体验式旅游产品的开发。近年来,越来越多的游客不满足于走马观花、急行军式的团队游,而倾向于选择慢享放松的自由行,这其实是消费升级背后的一种旅游观念的升级,这种观念的转变催生新的旅游形态,体验式旅游正是在这种背景下悄然升温[9]。作为首批国家历史文化名城和世界上拥有世界文化遗产数最多的城市,北京市拥有丰富的历史文化资源,悠久的历史孕育了故宫、天坛、八达岭长城、颐和园等众多名胜古迹。北京市的体验式旅游产品要充分展现其景区的主题和北京的文化特征,避免同质化、低品位现象。做好旅游景区对旅游产品文化特性的挖掘,要从历史文化、科技文化、宗教文化等方面着手,找出景区独特的文化内涵,充分挖掘后开发的旅游产品,才能避免与周边地区体验式旅游产品的雷同,从而增加景区的吸引力和竞争力。

5.3 完善基础配套设施,提升景区服务质量

旅游景区是旅游活动的重要载体,其服务质量的优劣直接影响旅游目的地的整体形象。随着国内旅游的快速发展,旅游景区在实际经营过程中暴露出越来越多的服务质量问题,已成为游客的主要投诉对象,影响了景区的可持续发展[10]。来自于游客的投诉可能是由于景区的产品质量、服务态度或者旅游环境等存在问题而导致,因此景区首先应妥善处理游客的投诉事件,同时提升自身"硬件"与"软件"的实力。景区的服务质量,是硬件与软件的综合载体,是展现和宣传地方文化、增强景区景点吸引力的最有效的方式。因此,一方面景区要提高景区服务人员的服务水平,坚持"以人为本"的服务理念,紧扣游客满意度标准,全面推进服务规范化、制度化建设。旅游产业服务即产品,为游客提供优质服务,是提高游客体验性和培养游客忠诚度的制胜法宝,是建设优质旅游景区的不二法则。另一方面,景区要完善基础配套设施,推进智慧旅游景区和厕所革命建设,促进信息技术、物联网技术在景区管理与服务中的应用,健全景区自助服务系统,完善景区旅游网站,建设智慧景区环境监测和智能安防救援系统等。

5.4 强化旅游商品特色,创新景区营销方式

首先,北京市旅游主管部门应建立市场调研数据库,了解游客对于旅游商品的需求,为特色旅游商品研发提供相关数据;其次,要强化文化与旅游商品的融合,根据各景区的核心文化特色,打造独特的旅游商品,这样既可以与景区的宣传紧密结合,又能省去游客的思考成本,逐渐在游客

心中形成来了这里就买这种产品的观念。此外,要加强与大型旅游商品制造企业的合作,借助外部的力量,降低旅游商品的制造成本,使商品的生产加工向基地化、协作化方向发展。

北京市旅游景区应从景区相对突出的资源特色入手,与政府旅游主管部门合作,联合区域内的其他景区,进行资源整合营销,并在此基础上,善于运用体育、节庆、会展等重要事件进行营销。此外,北京市应注重景区的口碑营销。提前获取旅游产品的信息,对旅游者的购买决策十分重要。景区口碑是减少旅游者感知风险的重要信息渠道,并且对旅游者的购买行为产生重要影响。并且口碑在提高的景区知名度与美誉度,为企业带来品牌价值等方面比大众传媒更显低成本优势。

5.5 逐步摆脱门票经济,推进区域旅游合作

门票经济反映出北京市景区旅游产品结构的单一。首先,北京市应根据各区的旅游资源特色,将旅游景区进行差异化开发与规划,为游客提供多元化、个性化的旅游产品,实现北京景区从传统的观光游向现代都市游、休闲度假游、商务会展游等产品的升级;其次,北京市积极推进旅游与其他产业的融合发展,加大旅游业与文化、农业、航空、医疗、养老、工业、影视等产业的融合力度,延长产业链,通过价值复合化、产品多元化、资源创新化,发展北京市的旅游新业态。

以雄安新区建立和 2022 年冬奥会为契机,加大京津冀区域旅游合作力度,实现区域内省市旅游共赢。首先,促进旅游资源的共享,实行差异化和互补性开发,突出区域资源的特色,通过资源互补、功能互补、优势互补来实现多赢。其次,推动京津冀旅游业均衡发展及产业升级,共同打造区域旅游品牌,对外联合宣传营销,降低成本,营造全面促销网络。同时进行有针对性的目标市场营销,尤其是针对周边地区及国际市场,采用合理的营销策略和手段,提高京津冀三地旅游资源整体知名度。最后,建立共同的旅游信息平台,促进信息共享;共同优化京津冀旅游环境和公共服务,建立综合交通体系,强化旅游市场的合作治理,制定统一旅游服务标准等,推动一体化发展。

参考文献

[1] 北京旅游服务设施现状如何?游客的需求又到底是什么? [EB/OL]. http://www.sohu.com/a/154747685_654573.

［2］部分景区门票已降三成 旅游业由门票经济向产业经济转型［EB/OL］.https：//new.qq.com/omn/20180709/20180709A0VF8C.html.

［3］2017年旅游业的发展前景分析：旅游业发展全域化［EB/OL］.http：//www.sohu.com/a/132471469_372052.

［4］2017全国旅游投诉排行榜出炉 谁被"吐槽"最多［EB/OL］.http：//www.mayi.com/all_sengl/t_72224/.

［5］杨宏生."优质旅游"跃升旅游业转型关键词［N］.中国商报，2018-01-26（A01）.

［6］肖玮，许伟.八达岭野生动物世界登北京旅游投诉黑榜［N］.北京商报，2018-01-11（4）.

［7］李云鹏，黄超.北京智慧旅游公共管理与服务建设现状与对策分析［J］.城市管理与科技，2015，5（21）：66.

［8］耿闻，邢启新，符振彦.天坛公园强化"四大特色"，打造旅游文化品牌［N］.中国旅游报，2010-07-19（7）.

［9］虞降降，王玲俐.通道皇都侗寨体验式旅游产品的开发研究［J］.现代商贸工业，2018，39（16）：33-35.

［10］王薇，马少春，杨丽娟.昆明AAAA及以上旅游景区服务质量实证研究［J］.昆明大学学报，2008，19（4）：56-60.

第二板块——酒店篇

2017年北京市酒店业发展年度报告

李 彬,杨露鹭,姜姗姗,张 壮

前言

2017年是北京市全面实施"十三五"旅游规划的开局之年,《北京市"十三五"时期旅游业发展规划》发展目标指出:围绕建设"国际一流旅游城市"的宏伟目标,"十三五"期间进一步发挥旅游业作为首都核心功能产业的重要作用,巩固提升旅游业支柱产业的地位,将旅游业发展成为城市与区域转型发展的引领产业、创业增收的富民产业、提升城乡居民生活品质的幸福产业,努力将北京建设成为海外游客最喜爱的旅游目的地城市、国家旅游首善之地和宜游之都。2018年的北京市政府工作报告也指出:北京市要全面实施城市总体规划,优化提升"四个中心"功能;深入推进京津冀协同发展,提高城乡区域协调发展水平。涉及到旅游板块内容时,报告则进一步指出:围绕行政办公、商务服务、文化旅游三大主导功能,发展新产业新业态,推进运河商务区、环球主题公园等建设,促进产城融合。办好国际冬季运动(北京)博览会,打造京张体育文化旅游带,促进冰雪产业发展。扎实推进2019年北京世园会筹办工作,完成园区场馆及配套设施建设和国内外招展任务,细化会期综合服务保障方案,带动旅游、园艺等相关产业发展。

在这一规划和报告的支持引导下,北京市酒店行业积极转变旅游发展模式,推动旅游从高速增长向优质旅游发展转变,以创新、协调、绿色、

[作者简介] 李彬,北京第二外国语学院酒店管理学院副教授,管理学博士,研究方向为酒店管理。杨露鹭,北京第二外国语学院酒店管理学院硕士研究生。姜姗姗,北京第二外国语学院酒店管理学院硕士研究生。张壮,北京第二外国语学院酒店管理学院硕士研究生。

共享、品质为发展理念，以改革创新、整合升级、价值效益、融合协同为发展主线，充分调动行业内外部各项优质资源，推动行业创新与变革，不断提升北京市酒店行业的综合效益，实现全行业的健康稳步发展。据相关统计数据表明，2017年北京市星级酒店业整体经营状况良好，全市星级酒店接待住宿者总人次进一步提升，总体经营收入也呈现稳步上升趋势。具体而言，2017年北京市星级酒店业的平均房价和平均出租率较2016年相比保持平稳增长，增幅效果比较明显。伴随着消费升级趋势的显著化发展以及大众旅游时代的来临，国内居民消费模式日益呈现出个性化、特色化特征。在这些新型消费需求的刺激之下，北京市酒店行业从业者积极探索住宿新业态和商业发展新模式，在一定程度上推动了整个住宿业态的蓬勃发展。

为了确保"十三五"旅游规划的顺利实施，服务好2019年世界园艺博览会和2020年世界休闲大会等重大活动赛事，酒店行业需要积极响应北京市政府的相关政策规划，从全局视角出发统筹考虑全行业各个利益相关主体，构建一个和谐稳定的酒店行业生态系统。简言之，为了推动北京市酒店行业健康可持续发展，政府相关主管部门、行业协会和酒店企业需要齐心协力共同维护好行业秩序，构建一个健康和谐的经营环境，助力北京建设国际一流旅游城市的发展目标早日实现。

本报告共分为五部分。第一部分主要概括了北京市星级酒店市场的总体情况；第二部分主要说明了北京市星级酒店业发展的基本特征；第三部分则主要介绍北京市酒店业新业态的拓展情况；第四部分又运用网评数据对北京市星级酒店的服务质量进行深入分析；第五部分针对北京市酒店行业出现的痛点，从政府、协会和酒店企业三方面提供解决方案。

1. 北京市星级酒店市场的总体情况

2017年，我国国内旅游市场保持稳定增长态势，北京市旅游市场继续保持平稳发展，入境旅游人数下降，外汇收入小幅增长，出境旅游市场大幅下降。北京市接待游客总人数29 746万人次，较上年同比增长4.3%。其中，国内旅游总人数29 354万人次，较2016年同比增长4.4%。2017年北京接待入境游客392.6万人次，比去年同比下降5.8%，韩国游客减少14.4万人次是入境量下降的主要原因。北京市全年旅游总收入5469亿元，同比增长8.9%；其中，国内旅游总收入5122亿元，与去年相比增长9.4%；旅游外汇收入 51.3 亿美元，增长 1.2%（折合人民币 346.4 亿元，增长 2.8%）。

2017 年北京市星级酒店业呈现稳中求进的态势。根据北京市旅游发展委员会公布的统计数据，截至 2017 年 8 月，全市共有星级酒店 503 家，其中五星级 61 家，四星级 122 家，三星级 186 家，二星级 124 家，一星级 10 家。同去年北京市星级酒店相比，各档次星级酒店数量变化不大，共减少 9 家。2017 年北京市星级酒店平均出租率为 67.9%，同比增长 2.8%；平均房价为 505.4 元/间天，同比增长 6.9%。2017 年，全市星级酒店接待住宿者 1926.8 万人次，同比增长下降 4.5 个百分点；全年共实现营业收入 4 650 377 万元，比去年增长 7.8%。

2. 北京市星级酒店业发展的基本特征

2.1 销售量负向增长，国内市场为主要客源，入境市场降幅明显

2017 年北京市星级酒店共接待住宿人数 1926.80 万人次，较去年同比下降 4.48 个百分点。其中，国内住宿者 1710.5 万人次，同比下降 3.9 个百分点，占接待住宿总人次的 88.8%；入境住宿者 216.3 万人次，较去年同比下降 8.7 个百分点，占接待住宿总人次的 11.2%。2017 年北京市星级酒店共接待住宿天数 3.5 千万人天，比去年同比下降 3.3 个百分点（详见表 2-1）。2017 年，国内旅游市场保持稳定增长态势，较之入境住宿者，国内住宿者仍是北京市星级酒店接待的主要客源，相较于去年入境住宿者增长的情况，今年北京市的入境住宿者有所下降。北京市接待入境住宿者人次为 216.3 万；接待住宿人天数为 450.6 万，同比下降 7.3%，相比去年下降幅度较大。

表 2-1　2017 年北京市星级酒店接待住宿者情况比较（按住宿者类别划分）

项　目	接待量	同比增长（%）
星级酒店接待住宿人数（人次）	19 268 006	-4.5
国内住宿者	17 104 728	-3.9
入境住宿者	2 163 278	-8.7
台湾同胞	120 560	-6.2
澳门同胞	7309	-11.0
香港同胞	174 922	-7.4

续表

项 目	接待量	同比增长（%）
外国人	1 860 487	-8.9
星级酒店接待住宿人天数（人天）	35 805 929	-3.3
国内住宿者	31 300 125	-2.7
入境住宿者	4 505 804	-7.3
台湾同胞	253 877	-9.2
澳门同胞	16 840	-10.5
香港同胞	363 929	-4.7
外国人	3 871 158	-7.3

资料来源：根据北京市旅游发展委员会网站（http://www.bjta.gov.cn）2017 年统计信息整理。

按月份分析北京市星级酒店市场客源情况（不考虑 1—2 月累计统计量）（如图 2-1 和图 2-2 所示），从接待住宿人数来看，2017 年北京市星级酒店的接待住宿者数量随月份变动变动特征显著。2017 年北京市星级酒店销售量最低值出现在冬季 12 月，7 月和 8 月仍为住宿旺季，销售量处于较高值。2017 年北京市星级酒店销售量层波浪式发展，与 2016 年相比，整体略有下滑，为负向增长。其中，只有 11 月和 12 月为正向增长，同比增长率分别

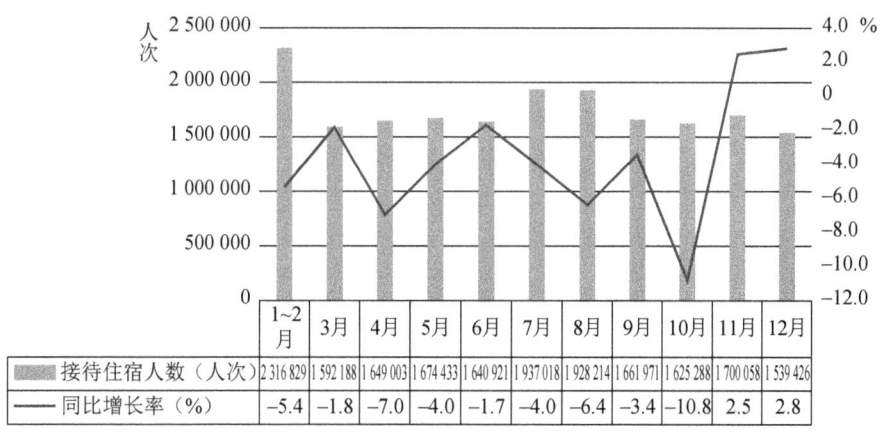

图 2-1　2017 年北京市星级酒店接待住宿人数及同比增长率

资料来源：根据北京市旅游发展委员会网站（http://www.bjta.gov.cn）2017 年统计信息整理。

为 2.5% 和 2.8%，其他月份均为负向增长，降幅最大的为 10 月，同比下降 10.8 个百分点。从接待住宿人天数来看，2017 年北京全市星级酒店市场总体呈下滑趋势，同比增长呈为负向趋势，其中降幅最大的为 6 月，同比下降 51.6 个百分点；3 月同比增幅最大，同比增长了 111.4%，接待住宿人天数为 661.8 万，远远高于其他月份。2017 年北京市星级酒店接待住宿人天数最低值仍出现在淡季 12 月，为 282.7 万。

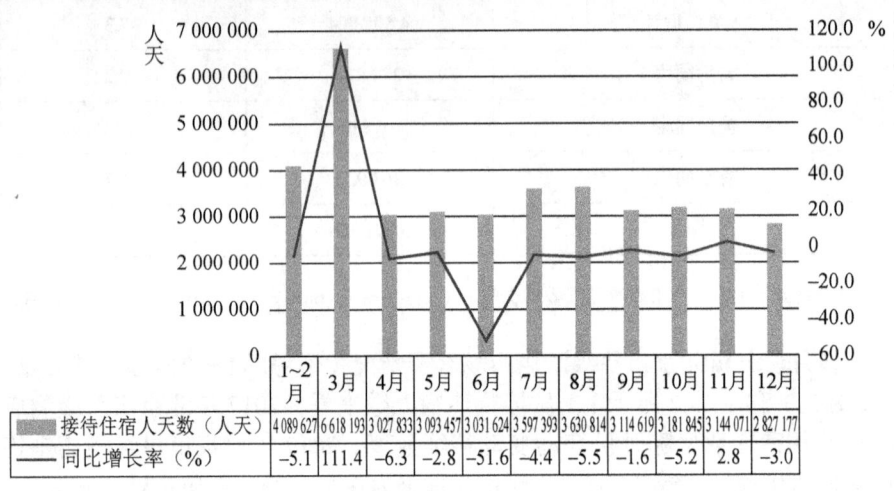

图 2-2　2017 年北京市星级酒店接待住宿人天数及同比增长率
资料来源：根据北京市旅游发展委员会网站（http://www.bjta.gov.cn）2017年统计信息整理。

按照北京市不同星级酒店接待住宿者的情况来比较，2017 年星级酒店总体接待住宿人次为 4347.1 万，较 2016 年同比增长 3.5 个百分比，从五星级到二星级及以上各档次星级酒店接待住宿人数整体较去年呈现下降趋势，同比增长幅度为负增长。五星级酒店的全年接待量共计 619.3 万人次，同比增长 -3.2%，占总接待量的 14.25%。四星级酒店全年接待量位列第二，为 659.1 万人次，占总接待量的 15.16%，同比增长为 -2.3%。三星级酒店全年接待总量为 485.8 万人次，在接待数量上占总接待量的 11.18%，与去年相比下降了 3.6%。二星级及以下档次酒店全年接待量降幅最大，与 2016 年相比下降了 18.4%，全年接待总量为 162.6 万人次，在全年总接待量中所占比例最小，为 3.74%。需要注意的是，除星级酒店外，其他类型的住宿场所全年接待量位列第一，为 2420.3 万人次，占总接待量的 55.68%，同比增长幅度最大，为 11%。从以上数据可以看出，星级酒店的接待住宿人数呈现下滑趋势，三星级以上的星级酒店影响相对较小，二星级及以下的星级酒店影响较大，接待住宿人数较去年下降了18.4%，说明随着消费升级，消费者的要求不断升级、需求趋向多元，民宿等新兴的住宿类型受到大众青睐。从接待入境旅游市场的情况来看，入境旅行者更愿意选择五星级酒店和其他类型的住宿场所，这两种类型的酒店接待入境住宿人数分别占到了总市场的39.31%和33.6%。同时，与2016年的接待入境住宿人数相比，五星级酒店同比下降了5.7%，而其他类型的酒店同比增长了2.4%（见表2-2）。

表2-2 2017年北京市星级酒店接待量及同比增长率（按星级划分）

项　目	接待量	同比增长（%）
接待住宿人数（人次）	43 471 145	3.5
五星级	6 193 213	-3.2
四星级	6 590 770	-2.3
三星级	4 858 042	-3.6
二星级及以下	1 625 981	-18.4
其他	24 203 139	11.0
接待入境住宿人数（人次）	3 258 102	-5.2
五星级	1 280 905	-5.7
四星级	744 356	-11.6
三星级	103 271	-23.1
二星级及以下	34 746	4.0
其他	1 094 824	2.4

资料来源：根据北京市旅游发展委员会网站（http://www.bjta.gov.cn）2017年统计信息整理。

比较各月份北京市星级酒店接待住宿者情况（不考虑1—2月累计统计量）。纵观全年，北京市各星级酒店销售量仍有明显的淡旺季差异之分，五星级酒店、二星级及以下酒店和其他住宿类型的全年最高值出现均在8月，四星级和三星级酒店销售量最高则出现在7月。在星级酒店接待住宿人数中，其他类型的住宿场所全年接待住宿者人数最多且发展稳定，总接待量高达2420.3万人次，平均每月接待量为201.7万人次，其全年接待住宿人数的最高值出现在 7 月和 8 月，这两个月的接待量分别为 231.5 万人次和 233.3 万人次，同比增长分别为 8.7% 和 10.7%。其次为五星级和四星级酒店，且四星级酒店销售量高于五星级，其全年接待住宿人数的最高值出现在 7 月，接待量达 66.5 万人次，与 2016 年同期相比，下降 0.8 个百分比。2017 年星级酒店接待住宿者情况与 2016 年同期相比，从五星级酒店到二星级及以下酒店整体呈现下降趋势。其中五星级、四星级和三星级酒店个别月份同比增长率呈现上涨情况，二星级及以下酒店的接待住宿者情况较去年有明显下滑，每个月份均呈现较大的负增长，4 月同比下降幅度最大，为 23.9%，如图 2-3 所示。

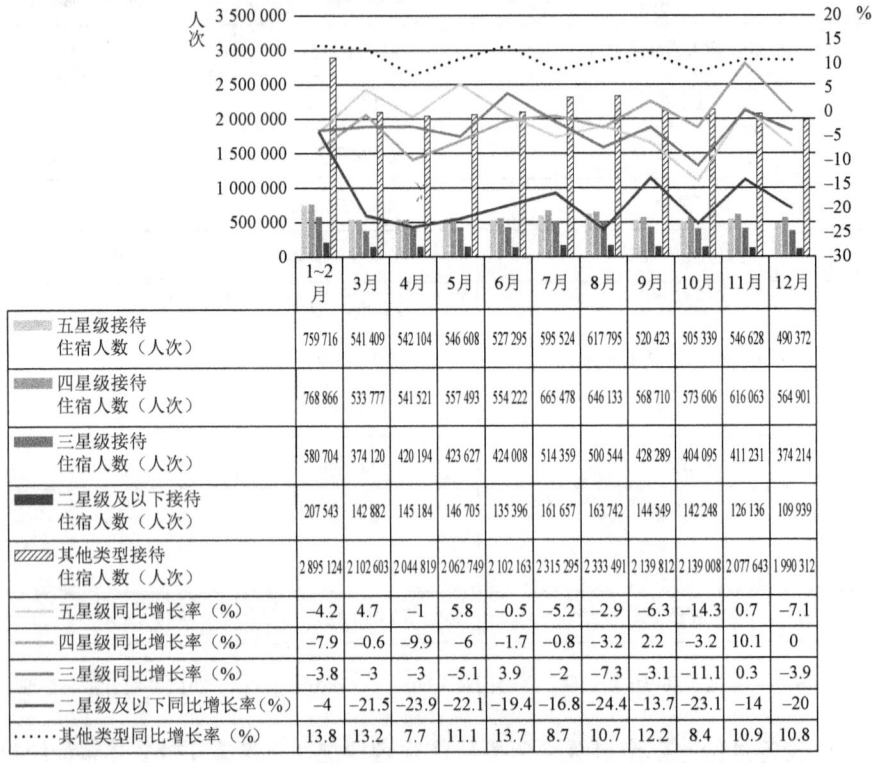

	1~2月	3月	4月	5月	6月	7月	8月	9月	10月	11月	12月
五星级接待住宿人数（人次）	759 716	541 409	542 104	546 608	527 295	595 524	617 795	520 423	505 339	546 628	490 372
四星级接待住宿人数（人次）	768 866	533 777	541 521	557 493	554 222	665 478	646 133	568 710	573 606	616 063	564 901
三星级接待住宿人数（人次）	580 704	374 120	420 194	423 627	424 008	514 359	500 544	428 289	404 095	411 231	374 214
二星级及以下接待住宿人数（人次）	207 543	142 882	145 184	146 705	135 396	161 657	163 742	144 549	142 248	126 136	109 939
其他类型接待住宿人数（人次）	2 895 124	2 102 603	2 044 819	2 062 749	2 102 163	2 315 295	2 333 491	2 139 812	2 139 008	2 077 643	1 990 312
五星级同比增长率（%）	−4.2	4.7	−1	5.8	−0.5	−5.2	−2.9	−6.3	−14.3	0.7	−7.1
四星级同比增长率（%）	−7.9	−0.6	−9.9	−6	−1.7	−0.8	−3.2	2.2	−3.2	10.1	0
三星级同比增长率（%）	−3.8	−3	−3	−5.1	3.9	−2	−7.3	−3.1	−11.1	0.3	−3.9
二星级及以下同比增长率（%）	−4	−21.5	−23.9	−22.1	−19.4	−16.8	−24.4	−13.7	−23.1	−14	−20
其他类型同比增长率（%）	13.8	13.2	7.7	11.1	13.7	8.7	10.7	12.2	8.4	10.9	10.8

图 2-3　2017 年北京市星级酒店接待量及同比增长率（按星级划分）

资料来源：根据北京市旅游发展委员会网站（http://www.bjta.gov.cn）2017年统计信息整理。

从接待入境住宿者人数的情况看，入境旅行者更倾向于选择五星级酒店和其他类型的住宿场所，五星级酒店的接待量位居榜首，第二为其他类型的酒店，排名第三的为四星级酒店，明显优于三星级及以下档次的星级酒店。五星级酒店接待量最大的月份为 5 月，为 13.3 万人次，其他类型的酒店接待量最大的月份为 9 月，为 10.5 万人次。与 2016 年同期相比，四星级和三星级酒店接待入境住宿人数均呈现明显的下滑趋势，如图 2-4 所示。

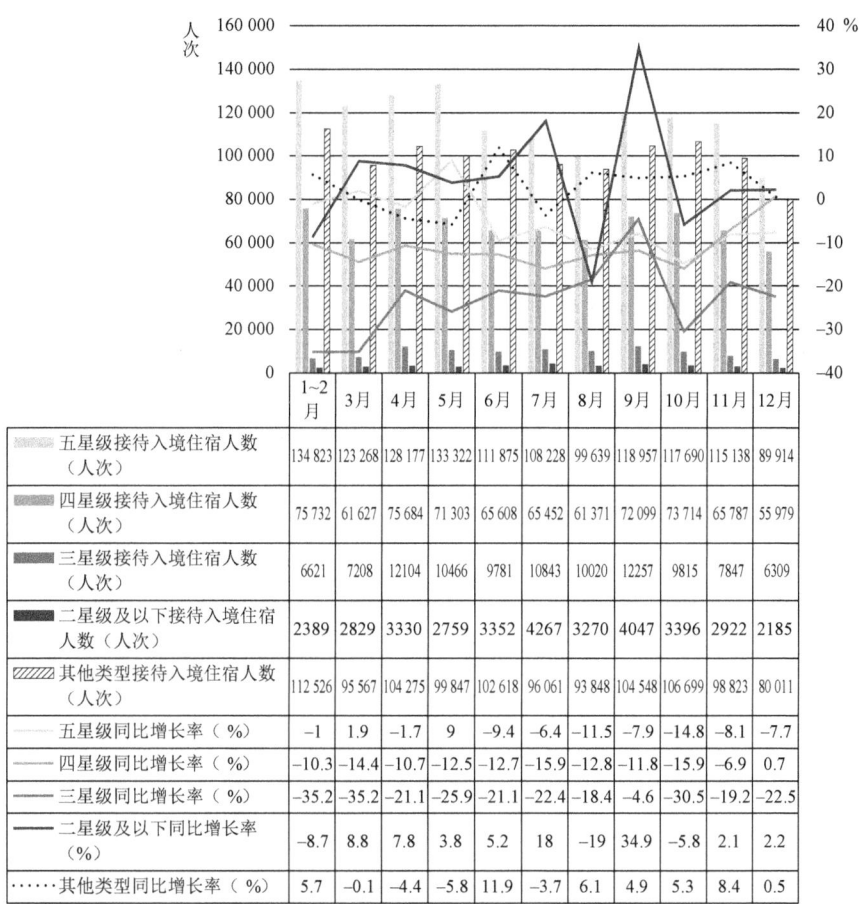

	1~2月	3月	4月	5月	6月	7月	8月	9月	10月	11月	12月
五星级接待入境住宿人数（人次）	134 823	123 268	128 177	133 322	111 875	108 228	99 639	118 957	117 690	115 138	89 914
四星级接待入境住宿人数（人次）	75 732	61 627	75 684	71 303	65 608	65 452	61 371	72 099	73 714	65 787	55 979
三星级接待入境住宿人数（人次）	6621	7208	12104	10466	9781	10843	10020	12257	9815	7847	6309
二星级及以下接待入境住宿人数（人次）	2389	2829	3330	2759	3352	4267	3270	4047	3396	2922	2185
其他类型接待入境住宿人数（人次）	112 526	95 567	104 275	99 847	102 618	96 061	93 848	104 548	106 699	98 823	80 011
五星级同比增长率（%）	−1	1.9	−1.7	9	−9.4	−6.4	−11.5	−7.9	−14.8	−8.1	−7.7
四星级同比增长率（%）	−10.3	−14.4	−10.7	−12.5	−12.7	−15.9	−12.8	−11.8	−15.9	−6.9	0.7
三星级同比增长率（%）	−35.2	−35.2	−21.1	−25.9	−21.1	−22.4	−18.4	−4.6	−30.5	−19.2	−22.5
二星级及以下同比增长率（%）	−8.7	8.8	7.8	3.8	5.2	18	−19	34.9	−5.8	2.1	2.2
其他类型同比增长率（%）	5.7	−0.1	−4.4	−5.8	11.9	−3.7	6.1	4.9	5.3	8.4	0.5

图 2-4　2017 年北京市星级酒店接待入境住宿接待量及同比增长率（按星级划分）
资料来源：根据北京市旅游发展委员会网站（http://www.bjta.gov.cn）2017年统计信息整理。

2.2 平均房价平稳增长，出租率稳步提高

2017 年北京市限额以上住宿业的平均房价为 505.4 元/间，较上年同比增长 6.9%。其中二星级及以下酒店平均房价增长 12.2%，增幅最大；三

星级酒店平均房价的增长率为8.3%；四星级酒店和五星级酒店的平均房价增长率均为6.4%；其他类型的住宿业平均房价增长率为7.9%。整体来看，2017年北京市限额以上住宿业平均房价处于增长趋势，其他类型的住宿业评价房价介于三星级酒店和四星级酒店，处于中高档消费水平。

2017年北京市限额以上住宿业的出租率与2016年相比呈上升趋势，限额以上住宿业平均出租率为67.9%，同比增长2.8%。其中，二星级及以下酒店平均出租率为56.8%，与上年同期增长持平；三星级酒店的平均出租率同比增长幅度最大，为3.1%，平均出租率为60.6%；四星级、五星级酒店的平均出租率分别为66.9%和68.7%，同比增长分别为2.3%和1.4%，四星级的同比增长率高于五星级酒店。其他类型的住宿业平均出租率最高为70.7%，同比增长幅度为3.0%（见表2-3）。

表2-3　2017年北京市限额以上住宿业平均房价及出租率

项目	绝对值	同比增长（%）
限额以上住宿业平均房价（元/间）	505.4	6.9
二星级及以下	295.7	12.2
三星级	409.7	8.3
四星级	519.5	6.4
五星级	834.7	6.4
其他	449.5	7.9
限额以上住宿业平均出租率（%）	67.9	2.8
二星级及以下	56.8	0.0
三星级	60.6	3.1
四星级	66.9	2.3
五星级	68.7	1.4
其他	70.7	3.0

资料来源：根据北京市旅游发展委员会网站（http：//www.bjta.gov.cn）2017年统计信息整理。

从每个月的具体情况来看，五星级酒店的平均房价明显高于其他星级酒店的平均房价，全年平均房价为834.3元/间。总体而言，2017年北京市限额以上住宿业平均房价呈现波浪式发展状态，各类型各档次酒店在一定价格区间内变动，变动的频率和幅度都比较大。7—8月北京旅游旺季时，五星级酒店平均房间不是最高阶段，9月和11月这两个月的平均房间比较高，同比增长幅度最大的为5月和6月，同比增长分别为11.2%和12.9%，如图2-5所示。

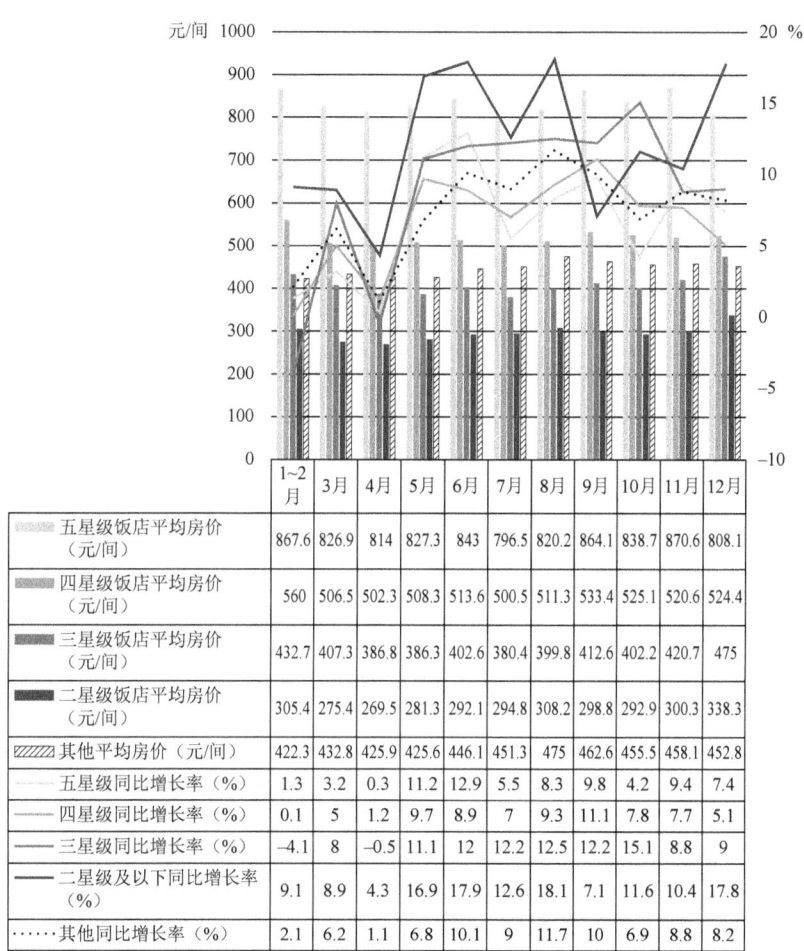

	1~2月	3月	4月	5月	6月	7月	8月	9月	10月	11月	12月
五星级饭店平均房价（元/间）	867.6	826.9	814	827.3	843	796.5	820.2	864.1	838.7	870.6	808.1
四星级饭店平均房价（元/间）	560	506.5	502.3	508.3	513.6	500.5	511.3	533.4	525.1	520.6	524.4
三星级饭店平均房价（元/间）	432.7	407.3	386.8	386.3	402.6	380.4	399.8	412.6	402.2	420.7	475
二星级饭店平均房价（元/间）	305.4	275.4	269.5	281.3	292.1	294.8	308.2	298.8	292.9	300.3	338.3
其他平均房价（元/间）	422.3	432.8	425.9	425.6	446.1	451.3	475	462.6	455.5	458.1	452.8
五星级同比增长率（%）	1.3	3.2	0.3	11.2	12.9	5.5	8.3	9.8	4.2	9.4	7.4
四星级同比增长率（%）	0.1	5	1.2	9.7	8.9	7	9.3	11.1	7.8	7.7	5.1
三星级同比增长率（%）	−4.1	8	−0.5	11.1	12	12.2	12.5	12.2	15.1	8.8	9
二星级及以下同比增长率（%）	9.1	8.9	4.3	16.9	17.9	12.6	18.1	7.1	11.6	10.4	17.8
其他同比增长率（%）	2.1	6.2	1.1	6.8	10.1	9	11.7	10	6.9	8.8	8.2

图2-5　2017年北京市星级酒店平均房价及同比增长率（按星级划分）

资料来源：根据北京市旅游发展委员会网站（http://www.bjta.gov.cn）2017年统计信息整理。

从各月份星级酒店的客房平均出租情况来看，五星级、四星级酒店和其他住宿类型的客房平均出租率差异较小，且客房出租高峰集中在7月和8

月，与旅游旺季时间相吻合。总体而言，2017年北京市限额以上住宿业平均出租率呈现波浪式发展态势，每个月出租率都有小幅度波动，其他住宿类型和五星级酒店平均出租率差距较小，且其他住宿类型的平均出租率整体水平略高于五星级酒店，全年同比增长率为2.84%，如图2-6所示。

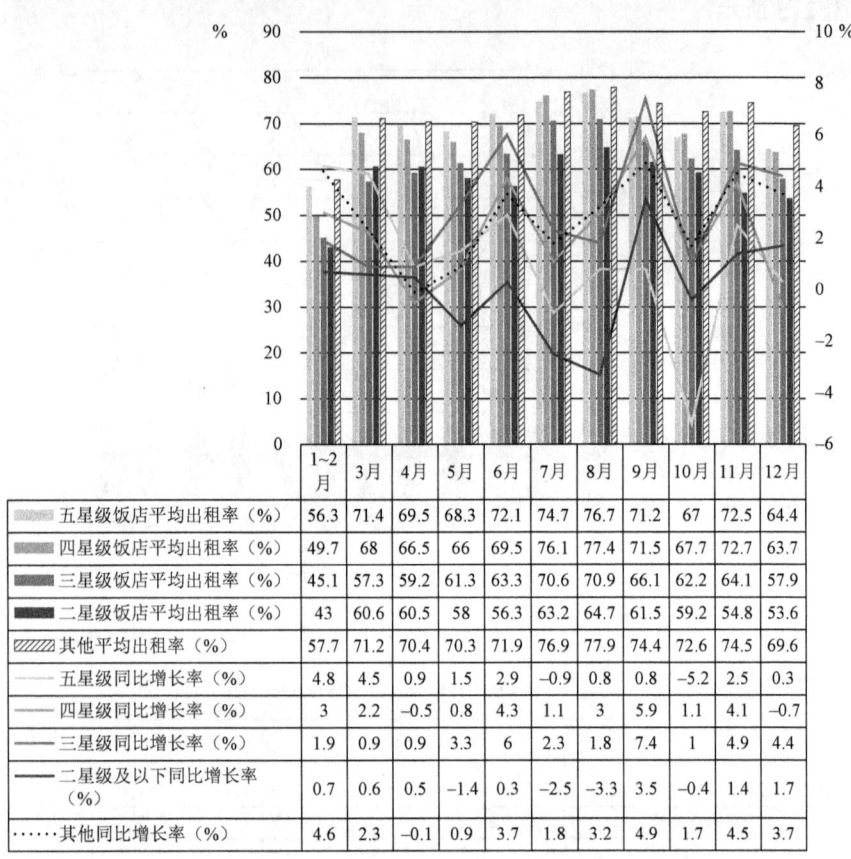

	1~2月	3月	4月	5月	6月	7月	8月	9月	10月	11月	12月
五星饭店平均出租率（%）	56.3	71.4	69.5	68.3	72.1	74.7	76.7	71.2	67	72.5	64.4
四星饭店平均出租率（%）	49.7	68	66.5	66	69.5	76.1	77.4	71.5	67.7	72.7	63.7
三星饭店平均出租率（%）	45.1	57.3	59.2	61.3	63.3	70.6	70.9	66.1	62.2	64.1	57.9
二星饭店平均出租率（%）	43	60.6	60.5	58	56.3	63.2	64.7	61.5	59.2	54.8	53.6
其他平均出租率（%）	57.7	71.2	70.4	70.3	71.9	76.9	77.9	74.4	72.6	74.5	69.6
五星级同比增长率（%）	4.8	4.5	0.9	1.5	2.9	−0.9	0.8	0.8	−5.2	2.5	0.3
四星级同比增长率（%）	3	2.2	−0.5	0.8	4.3	1.1	3	5.9	1.1	4.1	−0.7
三星级同比增长率（%）	1.9	0.9	0.9	3.3	6	2.3	1.8	7.4	1	4.9	4.4
二星级及以下同比增长率（%）	0.7	0.6	0.5	−1.4	0.3	−2.5	−3.3	3.5	−0.4	1.4	1.7
其他同比增长率（%）	4.6	2.3	−0.1	0.9	3.7	1.8	3.2	4.9	1.7	4.5	3.7

图2-6 2017年各月份北京市星级酒店平均出租率情况比较

资料来源：根据北京市旅游发展委员会网站（http://www.bjta.gov.cn）2017年统计信息整理。

2.3 经营情况良好，经营收入整体提升，新住宿业态快速发展

2017年，北京市星级酒店共实现了465亿元的收入，与2016年的261.4亿元相比，增长了78.9个百分点。2017年客房收入是星级酒店收入的主要来源，实现256.7亿元的收入，占总收入的55.21%，较2016年同

比增长9.8%，增幅最大。2017年餐饮收入也实现良好创收，占总收入的25.73%，同比增长了4.2个百分点。商品销售呈现负增长，降幅最大，与去年同比下降了6.2个百分点。比较各档次星级酒店的收入，其他住宿类型占比最大，为42.27%，同比增长15.7%，增幅最大。其次为五星级酒店，占总收入的比重为26.77%，同比增长2.5%。四星级酒店和三星级酒店的收入也出现增长，增长率分别为4.1%和1.6%。二星级及以下酒店的收入呈负增长趋势，较去年同比下降了1.5%（见表2-4）。

表2-4 2017年北京市星级酒店经营情况比较

项 目	收入（万元）	同比增长（%）
收入合计	4 650 377	7.8
客房收入	2 567 393	9.8
餐费收入	1 196 372	4.2
商品销售收入	43 004	−6.2
其他收入	843 608	7.9
按酒店星级划分	—	—
五星级	1 244 732	2.5
四星级	850 645	4.1
三星级	488 431	1.6
二星级及以下	100 696	−1.5
其他	1 965 873	15.7

资料来源：根据北京市旅游发展委员会网站（http://www.bjta.gov.cn）2017年统计信息整理。

从各月的情况来分析（不考虑1—2月累计统计量），五星级酒店经营情况最差的月份为7月，收入为10亿元，经营情况最好的月份为9月和11月，均约为11亿元。四星级酒店从6月开始，实现各月收入均超过7亿元。三星级酒店在12月出现明显增长，突破5亿元，降幅最大为4月，同比增长下降10.7个百分点。二星级及以下酒店在7月、8月和10月实现9亿元的收入，3—4月、8—9月、11—12月，这6个月与2016年相比呈负增长，下降幅度最大的为4月，同比下降7.8%。其他住宿类型经营情况最好的为12月，收入为19亿元，除4月为负增长外，其他月份与上年相比，均实现大幅度增长，其中增长幅度最大的为9月，同比增长20.5%，如图2-7所示。

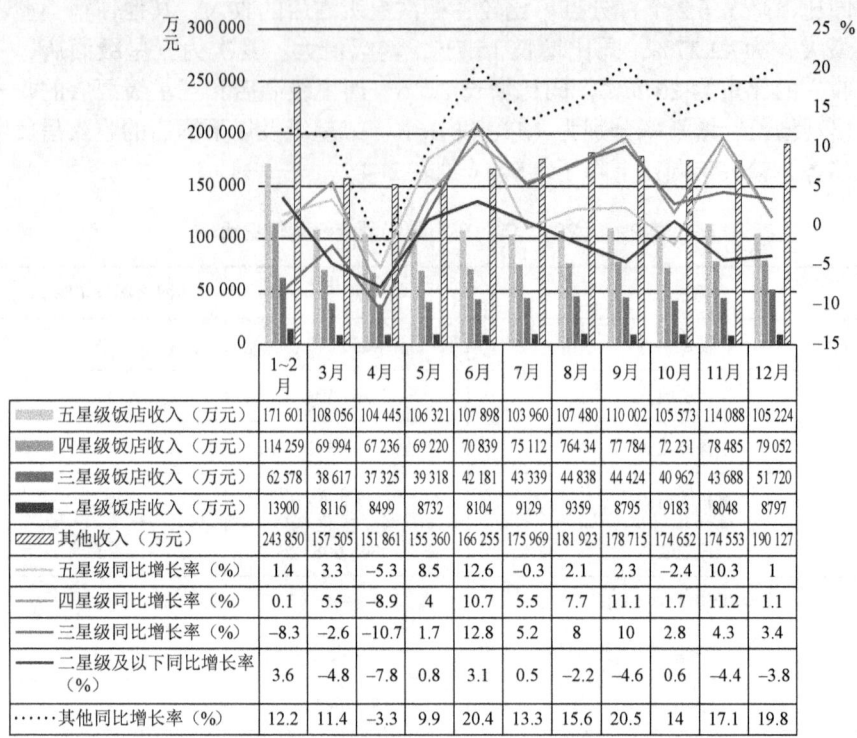

	1~2月	3月	4月	5月	6月	7月	8月	9月	10月	11月	12月
五星级饭店收入（万元）	171 601	108 056	104 445	106 321	107 898	103 960	107 480	110 002	105 573	114 088	105 224
四星级饭店收入（万元）	114 259	69 994	67 236	69 220	70 839	75 112	764 34	77 784	72 231	78 485	79 052
三星级饭店收入（万元）	62 578	38 617	37 325	39 318	42 181	43 339	44 838	44 424	40 962	43 688	51 720
二星级饭店收入（万元）	13900	8116	8499	8732	8104	9129	9359	8795	9183	8048	8797
其他收入（万元）	243 850	157 505	151 861	155 360	166 255	175 969	181 923	178 715	174 652	174 553	190 127
五星级同比增长率（%）	1.4	3.3	-5.3	8.5	12.6	-0.3	2.1	2.3	-2.4	10.3	1
四星级同比增长率（%）	0.1	5.5	-8.9	4	10.7	5.5	7.7	11.1	1.7	11.2	1.1
三星级同比增长率（%）	-8.3	-2.6	-10.7	1.7	12.8	5.2	8	10	2.8	4.3	3.4
二星级及以下同比增长率（%）	3.6	-4.8	-7.8	0.8	3.1	0.5	-2.2	-4.6	0.6	-4.4	-3.8
其他同比增长率（%）	12.2	11.4	-3.3	9.9	20.4	13.3	15.6	20.5	14	17.1	19.8

图2-7 2017年各月份北京市星级酒店经营情况比较

资料来源：根据北京市旅游发展委员会网站（http://www.bjta.gov.cn）2017年统计信息整理。

分析各分项的收入情况（不考虑1—2月累计统计量），客房收入、餐费收入和其他收入构成了北京市酒店的主要收入来源，商品销售收入所占份额较小，在总收入中仅占0.92%。2017年北京市星级酒店的客房收入取得良好的收益，各月份的销售总额均突破20亿元。与2016年各月份的客房收入相比，其收入除4月出现负增长外，其余各月均为正增长，增长幅度最大为6月，同比增长16.5%。全年来看，餐费收入呈波浪式发展态势，4月、5月和10月这三个月同比增长下降，其余月份均为正向增长，各月份收入保持在9亿元以上，全年收入同比增长了4.2个百分点。商品销售各月份收入不稳定，波动较大，9月最高为6858万元，6月最低为2675万元，同比增长出现大幅度波动。其他收入在总收入中所占比重为18.14%，各月份收入均实现 6 亿元以上的收益额。从各分项的收入情况来看，在酒店住宿过程中，顾客消费仍集中在住宿和餐饮者这两个方面上，如图 2-8 所示。

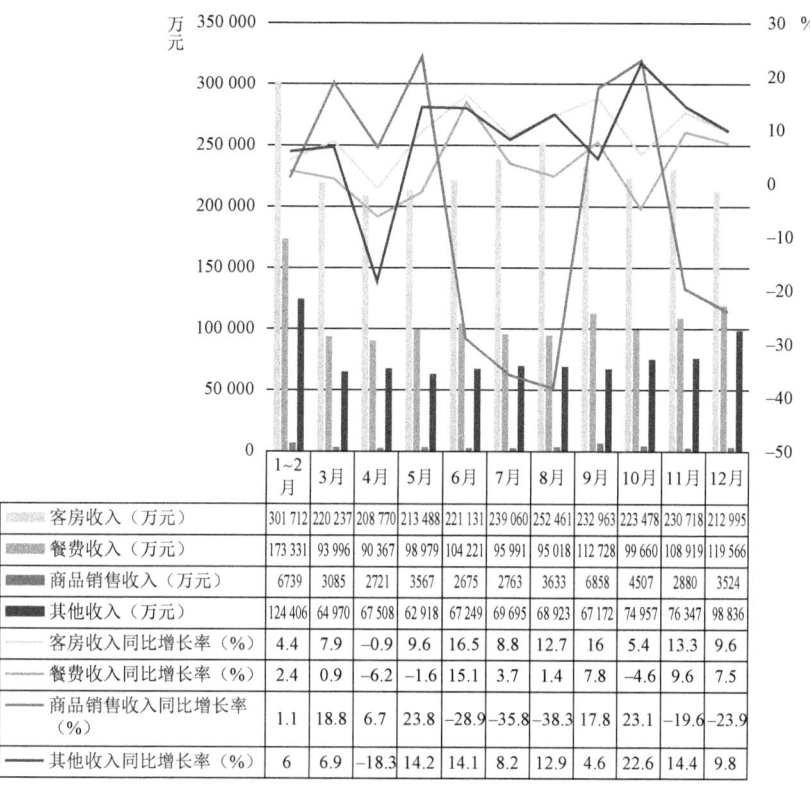

图 2-8　2017 年各月份北京市星级酒店分项经营情况比较

资料来源：根据北京市旅游发展委员会网站（http://www.bjta.gov.cn）2017年统计信息整理。

总体而言，2017 年北京市酒店业接待国内外住宿者的人数和天数总体稳定，与去年相比有较大幅度下滑。各层级星级酒店的客房总体平均房价与平均出租率与 2016 年相比均呈现增长，除传统星级酒店之外，出现民宿、客栈等新兴住宿类型，且平均出租率高于各层次的星级酒店。北京市酒店业的总体收入较去年增长了 7.8 个百分点，实现较大幅度发展，其中，客房收入和餐饮收入仍然是主要的收入来源；各层级星级酒店的收入情况与 2016 年相比，出现变化，其他类型的住宿业态总收入超过五星级酒店，在总收入中占比为 42.27%，说明消费者的偏好出现变化，新兴的住宿业态迎来良好发展的阶段。

3. 北京市大住宿业结构分析

对北京市大住宿业市场的结构分析有利于我们了解北京市住宿业到底发展到了多大的规模、体现出什么样的结构。上海盈蝶企业管理咨询有限公司和北京第二外国语学院酒店管理学院联合发布的《2018中国大住宿业发展报告》数据显示，截止到2017年年底，以城市为单位分析酒店类住宿设施的总数[①]，排名前10位的分别是重庆、西安、广州、北京、上海、成都、深圳、武汉、杭州和南京，设施数都超过了29 000家。从客房总数来看，排名前十位的分别是北京、上海、广州、重庆、成都、西安、深圳、杭州、武汉和南京，客房总数都超过了17.5万间。其中，北京、上海和广州的客房总数都超过了44万间。这10个城市的客房数总数加起来超过了350万间，占全国客房总数的22.7%。从十大城市住宿设施的平均规模来看，广州和北京的设施最大，平均拥有123和75间客房。重庆和西安的设施最小，平均只有47和41间客房，如图3-1所示。

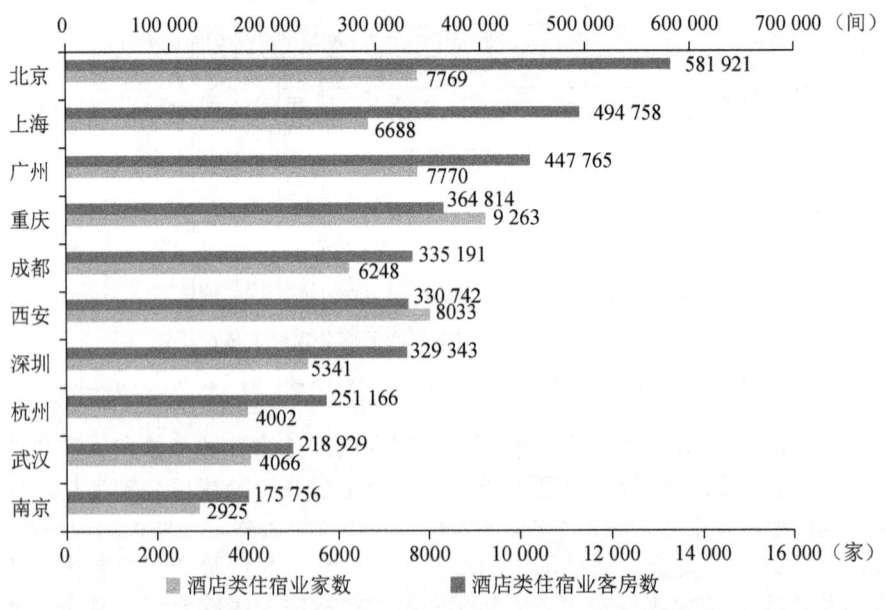

图3-1 全国十大旅游城市的酒店类住宿业规模

---

① 酒店类住宿是依据国家旅游局出台的相关标准中客房数大于15间的住宿设施，小于15间客房的是非酒店类住宿设施。

图 3-1 全国酒店类住宿业规模十大城市排名从北京市酒店类住宿设施的档次分布来看，经济型（二星级及以下）所占比重最大，为 60%。中档（三星级）与高档（四星级）所占比重分别为 14% 和 15%。豪华（五星级）所占比重最小为 11%。从北京市酒店类住宿设施的规模分布来看，客房分布在 150 间以上规模的设施所占比重最大，为 37%。15~29 间客房的小型设施所占比重最少，为 8%。30~69 间客房的设施所占比重为 22%。70~149 间客房的设施所占比重为 33%。

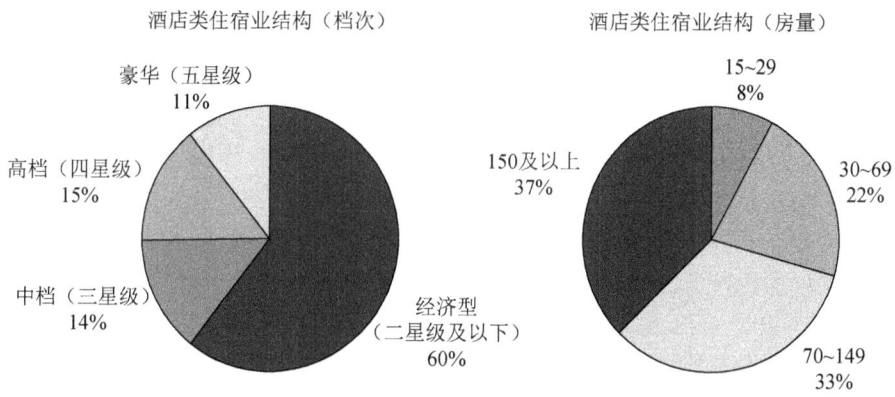

图 3-2 北京酒店类住宿业客房结构

4. 北京市酒店业新业态的拓展

2017 年北京市旅游业增长再创新高，酒店行业仍然在探索转型升级与转型发展。首先，由于竞争的日益激烈，经营成本不断提高，收益效益整体的下降，产品结构的不断失衡，迫使所有酒店都在寻求转型和升级的发展之路；其次，消费升级浪潮与注重生活品质和个性化的消费者的崛起，共同推动了酒店业的变革与创新。再者，科技、文化产业、乡村旅游、新零售的发展促使酒店业不断延展产业链，尝试跨界"新玩法"，酒店业正试图摒弃传统酒店的理念，不断探索可持续的新业态发展道路。《北京市加快供给侧结构性改革扩大旅游消费行动计划》中也明确指出，健全行业标准，完善京郊旅游公共服务设施，推动国际驿站、休闲农庄、民族风苑、乡村酒店、汽车营地等十种乡村旅游新业态发展。

中国旅游研究院在《中国旅游住宿业发展报告 2017》中指出，我国旅游住宿边界不断扩展，住宿业态更加多元化，由此形成了所谓的"住宿丛林"，整个住宿产业正在形成星级酒店、品牌酒店和非标住宿"三足鼎立"的格局。特别是民宿客栈在国内发展如火如荼，广受重视。《2017中国住宿行业发展报告》同时指出，预测未来一段时间，我国住宿业从业态上来看，新型业态将更加丰富，租赁式公寓、度假酒店、主题酒店、健康养生酒店、绿色酒店、民宿酒店、精品客栈等将迎来更大的发展。同时，资本和科技创新的力量将带动住宿业的新业态、新模式、新服务和新产品的不断涌现并快速成长。

在上述大趋势的推动下，北京市酒店业积极顺应业态创新的潮流，加速自主、协同、开放创新，涌现出一批新型住宿业态。

4.1 民宿井喷式发展

我国的民宿是在市场宏观环境变化、消费升级、星级酒店面临产品迭代的背景下，于2013年迅速进入市场，又在2017年成为风口，井喷式发展起来的。据统计，截至2016年年底，大陆地区客栈、民宿总数为53 852家，而到2017年年底增长到20万家的规模。近几年来，以民宿为代表的新业态为行业提供了新的发展思路，促进了旅游"住宿业"概念的清晰化。并且以其鲜明的特色、差异化的环境、有亲和力的氛围、灵活多变的经营方式展现了与星级酒店不同的产品特质，呈现出旺盛的生命力，丰富和完善了住宿业产品体系。与此同时，国家级和地区级的民宿协会或联盟纷纷成立，各种地方标准、规范的出台更意味着民宿新业态的品质化诉求，尤其是2017年10月国家旅游局《旅游民宿基本要求与评价》的出台，标志着长期游离在体制外的民宿彻底告别了以前尴尬的处境，正式成为中国住宿业的有机组成部分。

我国民宿分布主要集中在南方，以杭州莫干山为代表的客栈民宿集群，是国内目前发展最成熟的典型范例。北方占有少量份额，而北京当数主要民宿聚集区，由于交通拥堵、空气污染、生活节奏快，生活其中的居民对于客栈民宿具有强烈的需求，而且具备较强的消费能力和投资实力。搜狐旅游网对我国主要城市、地级市、地区、盟和自治州客栈民宿数量统计分析发现，截止到2017年10月，北京市客栈民宿数量居全国首位，我国各地客栈民宿数量前十名分别为：北京（3587家）、丽江（3002家）、厦门（2269家）、大理（2261家）、嘉兴（2082家）、秦皇岛（1776家）、成都（1613家）、舟山（1321家）、杭州（1259家）、日照（1132家），如图4-1所示。

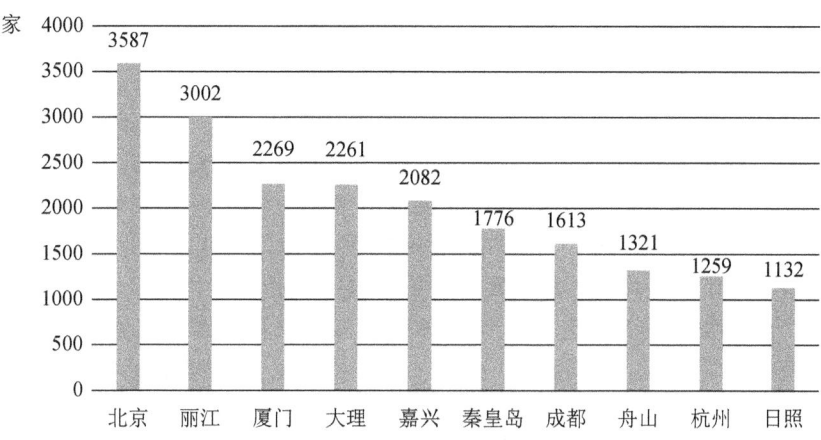

图 4-1 2017 年大陆地区民宿分布数量

资料来源：搜狐旅游网（http://travel.sohu.com/）。

北京市共 1097 家客栈民宿。其中密云区分布最多，有 238 家。石景山区分布最少，为 3 家。其次昌平区 166 家、怀柔区 100 家、朝阳区 90 家、东城区 75 家、延庆区 74 家、海淀区 62 家、西城区 57 家、房山区 51 家、门头沟区 47 家、通州区 16 家、顺义区 14 家、平谷区 11 家、丰台区 10 家、大兴区 8 家。

其中具代表性的民宿当数隐居乡里旗下的院落产品，山楂小院——"网红民宿"，北京房山幽岚山民宿聚落：姥姥家、云上石屋、桃叶谷、麻麻花的山坡等 47 个院子，未来五年内计划在全国改造完成 1100 处农宅，分布在 7 个主流客源市场。其中位于延庆下虎叫村的隐居乡里·山楂小院年平均入住率达到了 78%，平日 50% 以上，节假日基本客满，书写了北方民宿入住率的传奇。被中国酒店协会评为"2017 最受欢迎客栈民宿"和"首批中国精品民宿客栈示范店"。隐居乡里平台通过对当地旅游资源重新规划设计，带动京津冀地区前往项目地度假，带动当地脱贫致富，具有良好的社会意义。但北京市民宿在发展过程中也面临着淡旺季明显、经营压力巨大、投资回报遥遥无期的状况。同时服务质量与安全卫生不达标，人才稀缺，经营者与当地居民关系僵化等几个因素也制约着北京市民宿的发展，这些问题都亟待解决。

未来随着北京民宿的标准化、品质化发展必然对传统酒店业带来一定挑战，但同时也为酒店业增加活力注入新生力量。

4.2 长租公寓前景广阔

随着地产由黄金时代过渡到白银时代，资源型经济向运营型经济转变是公寓行业兴起的一个很重要的特色，越来越多的地产商开始与长租公寓物业运营商展开深度合作，未来公寓物业服务存在巨大空间。在公寓市场上，长租公寓是品牌数量最多、获得融资最多，同时也是未来发展中想象力最大的一个细分领域。与此同时国家自2015年以来制定了多项政策措施，以促进租赁市场特别是长租公寓行业的发展，长租公寓被推向风口。

目前，我国的长租公寓分为两种：集中式长租公寓的房源以酒店式公寓、快捷酒店和工业改造房为主，一般整套出租，如魔方公寓、万科泊寓等；分散式长租公寓多为租赁企业从个人业主处获取房源，一般按间出租，这类以链家自如为代表。具迈点研究院《2017年北京长租公寓数据大盘点》显示，北京品牌公寓多达72家，但多数规模较小，除自如独占鳌头之外，有大量公寓房源不多。房源分布覆盖全北京，呈现内环分散、外环集中的态势，且分布在内环公寓大多是各小区里零散的房源，外环则更多是集中式公寓。领头羊自如作为提供高品质租房产品及服务的O2O互联网品牌，旗下现拥有自如友家、自如整租、自如寓、自如驿、自如民宿及业主直租六大产品线，自2011年运营以来，现已在PC、APP、微信全渠道实现租房、服务、社区的O2O闭环，省去传统租房模式所有中间冗余环节，通过O2O模式重构居住市场格局，并建立了中国最大的O2O青年居住社区。有的则另辟蹊径，专注细分市场，"包租婆"是一个女性主题的品牌公寓，围绕"女性生活平台"，为用户提供房屋出租及休闲生活服务，致力于营造时尚、品质的生活方式。

这种新型业态为酒店业提供了更多可能，满足了消费者个性化需求，北京市长租公寓的市场需求持续攀升，酒店转型或拓展长租公寓板块趋势将愈演愈烈。

4.3 跨界酒店不断涌现

2017年可谓是酒店业寻求创新，提升业态活力，大展拳脚的一年。酒店业与其他行业的跨界、融合、渗透，让两个业态结合得更加紧密，通过产品模式、商业模式和消费模式的创新，未来发展前景广阔。

无印良品为代表的品牌纷纷在酒店业大打"跨界牌"的今天，品牌IP直接跨界做酒店，成为一股不可忽视的风潮来袭。作为家居用品运营公司实现在酒店内充分利用其设计理念和产品重塑了消费场景，成为年轻人拍照地点的景点。北京前门无印良品店融入了无印良品所有的设计理念和产品，浅棕、乳白、烟灰的配色组合，随处可见原木装潢，与无印良品全球其他887家门店风格无异。客房内70%的物品都来自无印良品，就连小零食和咖啡都来自无印良品。与此同时，奢侈品品牌投身酒店业的热情水涨船高，各家品牌都推出了符合各自调性的奢牌酒店。作为首家进入中国，也是中国第一家由国际奢侈品牌倾力打造的经典酒店，北京宝格丽的开幕备受瞩目。酒店位于亮马桥使馆区附近，视野开阔，环绕酒店四周的私密花园，出自世界杰出园林设计师Enzo Enea之手，花园内各类植物的交融灵感，来自罗马式的独特景观美化理念，致力于为热爱自然并极富艺术鉴赏力的旅行者，以及极具品位的城中名流雅士打造一片隐匿于喧嚣闹市中的宁静绿洲。奢侈品酒店无疑引起了世界范围内的生活方式潮流。

无跨界不网红，利用品牌IP打造酒店已经超越了基本的住宿功能形成二次消费，这种新业态将通过不断创新，在未来北京酒店业进一步发展。

4.4 文化主题酒店引领潮流

文化和旅游部的成立，标志着文化和旅游融合的大势已上升为国家战略，酒店业也正在加速与文化产业融合，文化主题酒店正在把文化资源转化为生产力和影响力，引导酒店行业在文化建设上努力。

知名的文化主题酒店北京皇家驿栈经过多年的发展，正抓紧从一个酒店运营者向文化IP的品牌供应商转变。皇家驿栈已整合了大量设计师、艺术家、美食家资源，把酒店变为他们的创作场所和艺术宫殿，除了在酒店开辟出艺术空间外，还让宾客与这些文化资源产生交集。比如，请文人、宾客写出酒店的文化特色，汇集成书；作为私人定制的瘦身场所，在知名瘦身大师的带领下于酒店内完成"42天回归标准体重"的课程；跟着大咖生活一天，体验他们的生活方式等。北京前门的皇家驿栈便是由美国ASAP设计事务所以"水"主题作为创意设计的酒店，公共空间有各类雨幕、瀑布、地下热泉的集聚，艺术空间所有作品的主题皆为"水的痕迹"。私人空间提供各类跟水深度接触的体验。"水"酒店呈现的是中国人特有的与自然深沉而和谐的诗意。

未来文化主题酒店将成为人们进行多种文化体验的阵地，文化赋予了酒店强大的生命力，也将帮助酒店开启更大的经营空间。北京市文化主题酒店作为在北京传统酒店业中萌生出一种新的住宿形态，它填补了住宿业细分市场的一部分空白，其市场定位为中高端，这样既避开了与高端酒店的正面"冲突"，又具备高端酒店缺少的独特入住体验，因此，将在市场上获得了大批固定的消费者。

4.5 其他酒店新业态

随着千禧一代的消费者逐渐成为"过去式","Z 世代"登上历史舞台。他们喜好社交、注重体验、敢于尝试、富有个性,是数字世界的首批"原住民",面对拥有这样调性的消费者,酒店业也积极顺应消费需求,将运营管理的核心聚焦在打造场景化的酒店空间,提升消费者深度体验,并且不断迭代产品与服务来满足消费者猎奇心态。

传统酒店也开始进行新产品设计,如华住推出轻奢社交品牌 CitiGo,位于北京南锣鼓巷,其浓厚的社交氛围,始于餐厅、酒吧、屋顶花园、露天电影、健身房等丰富的公区场景。致力于通过独特的设计格调和场景,为当地居民和旅行者带来新时代的酒店体验。铂涛推出的 ZMAX 潮漫酒店致力于打造酒店生活社交圈,其独具特色的"ZOLO 搜乐堂"O2O 社交吧,是实体存在的社交平台。设计感十足的新潮酒店也开始出现。坐落在三里屯的 CHAO 酒店,定位为一家精品体验式酒店,在老建筑集群的一角,CHAO 摩登的外表十分显眼,180 间客房,5 种房型。设计灵感源自动物栖息的"巢",多层次、多元化的空间,运用不同材料、色彩和元素来呈现历史韵味和时代活力。

另外,技术与大数据对酒店业的赋能持续进行,到 2017 年,这种形势更是空前高涨。2017 年,携程推出的"Easy 住"战略,实现了"在线选房"的功能,如果再获取顾客到店时间,则能有效地解决等房之难题。"闪住 2.0"以及"自主入离机"的功能,将开发票环节提前到入住期间,有效缓解了退房高峰期的排队现象。由携程战略投资的旅悦旅游集团旨在利用互联网创新技术为旅游业提供一揽子解决方案。本身拥有强大的互联网基因优势,通过携程、去哪儿、艺龙海量的用户数据作为支撑,对集团旗下酒店品牌用户的消费行为进行数据分析,更好地了解消费者偏好,根据需求及时做出调整,以提供更好的酒店服务。并且以数据驱动运营管理,通过用户消费行为轨迹及规律分析,进行精准的市场营销及管理等资源配置,从而使资源利用及效率提升最大化。

5. 北京市酒店业发展建议

综上所述,北京市酒店行业在 2017 年总体呈现平稳发展的态势,大部分行业指标与去年同期相比有显著提升,但行业痛点依旧存在,一些"顽疾"仍需要酒店业市场参与者积极贡献智慧予以解决。以下对策及建议主要从政府主管部门、行业协会和酒店企业三个方面发力，努力营造一个和谐稳定的酒店行业生态体系。

5.1 政府相关部门方面

5.1.1 完善市场体系建设，规范市场运营秩序

政府相关主管部门作为市场活动的重要参与者，在维护整个酒店业态平衡发展方面扮演着重要角色，为酒店行业创设一个良好的政策环境和规范的市场秩序。为了规范北京市旅游市场，《北京市十三五旅游和会展业发展规划》指出：强化组织协调与联动监管，强化旅游业治理能力建设，改善旅游消费软环境。坚持依法治旅，协同有关部门，增强对旅游市场的监管，加大对违法行为的查处力度，多策并举、疏堵结合，实现综合治理、标本兼治。为了迎接北京市未来几年的重大展会、赛事活动，《2018年北京市政府工作报告》指出：扎实推进2019年北京世园会筹办工作，完成园区场馆及配套设施建设和国内外招展任务，细化会期综合服务保障方案，带动旅游、园艺等相关产业发展。集中力量抓好冬奥会、冬残奥会筹办工作，落实"绿色、共享、开放、廉洁"的举办理念，全面推进各项筹备工作。为了推动北京市民宿业态的健康稳定发展，2017年《北京市旅游条例》首次出台民宿的相关管理规定，并对民宿概念进行清晰的界定，以便为下一步有效监管工作的开展提供重要的依据和保障。综上所述，政府旅游相关主管部门，尤其是北京市旅游发展委员会需要具备前瞻性思维，紧密联系行业实践活动，根据整个业态的动态发展需求，适时制定符合市场发展需要的政策法规，为整个酒店业态营造一个健康稳定的运营环境。

5.1.2 积极转变政府职能，强化政府服务意识

政府相关主管部门在市场经济活动中扮演的不仅仅是一个重要的监督者角色，更是一个无法替代的服务者形象。在参与市场运转的过程中，北京市政府相关主管部门，尤其是北京市旅游发展委员会需要进一步加大简政放权力度，积极转变自身职能，树立一个服务型政府良好形象。

回顾2017年，北京市5家顶级五星级酒店被爆不换床单，这在整个酒店业界乃至全国引起了巨大轰动，北京市旅游相关主管部门积极采取补救措施，及时约谈被曝光酒店相关负责人，并在北京市开展全行业卫生大清查活动。另外，2018年相继出现的哈尔滨某度假酒店大火事件和桂林某酒店学术会议用餐发生集体中毒事件更是把酒店的卫生、安全问题推向了社会舆论的风口浪尖之上。

政府层面如何有效遏制频发的酒店卫生、安全事件，已成为社会关注的焦点话题。一方面，政府相关主管部门需要积极转变政府职能，通过政府相关主管部门多方联动管理，进一步强化酒店市场主体责任意识，提升全行业的红线意识和底线意识，切实做好酒店行业的卫生、安全等方面的监管工作，并通过宣传、政策鼓励等方式大力推动北京市酒店品质发展，助力整个行业的品质回归。另一方面，北京市政府相关主管部门需要进一步结合当地酒店业经营的实际状况，适当性考虑实施一些税收减免优惠政策，更好地帮助酒店企业释能减压。在涉及酒店行业相关业务流程办理方面，政府相关主管部门也可以通过线上线下双向驱动的方式，为酒店企业量身打造一站式政府服务平台，简化办理相关业务的流程和手续，助力酒店行业实现健康可持续发展。

5.1.3 助力业态多元发展，弥合市场多样需求

伴随着大众旅游消费时代的来临，旅游消费模式由传统观光型转变为现代休闲度假复合型，旅游消费模式的转变也进一步催生了新的消费热点。为了充分弥合消费升级所带来的旅游需求多样化、个性化发展趋势，酒店业市场在积极实施自我变革的同时，政府相关主管部门也应当充分运用互联网的技术和思维协助企业进行迭代升级。

近年来，酒店业市场上涌现一批新型住宿业态，其中包括民宿、长短租公寓、房车营地、文化主题酒店、精品酒店、胶囊酒店、快闪酒店等新型业态，这些多元业态的协同发展共同推动着整个酒店业态的繁荣发展。以北京地区为例，"酒店+社交"的代表华住社交品牌CitiGo酒店，围绕张扬个性的年轻客群市场，通过"放大社交属性，缩小睡眠空间"的打法，给目标客群提供超值的社交互动体验；"酒店+IP"的代表亚朵酒店，带着"始于酒店，不止于酒店"的初心，通过链接吴晓波、网易严选、马蜂窝等知名品牌的方式，为亚多粉丝们打造出一个个超级IP，为新中产消费群体带来了极致的入住体验；"家居+酒店"的代表无印良品酒店和"奢侈品+酒店"的代表宝格丽酒店，更是通过品牌跨界的形式，顺利实现品牌宣传推广的目的，进一步提升消费者的品牌认知和品牌忠诚。在社会消费升级时代背景下，酒店业折射出来一系列行业痛点，政府相关主管部门应当积极转变思维观念，充分利用互联网思维协助酒店行业进行品牌创新，以此来充分弥合行业市场出现的新需求点。

5.2 酒店行业协会方面

5.2.1 打造专业服务优势,积极拓展服务领域

行业协会作为专业服务于行业建设的非营利性机构,需要充分发挥其自身的重要职能,紧密围绕行业企业的实际发展需求,打造符合行业自身特色的核心能力和技能,为整个业态的健康发展提供一个坚实后盾。中国旅游酒店业协会和北京市旅游行业协会需要充分提升自身的专业技能,积极协调行业内外部的优质资源,优化相关资源的充分配置,积极拓展协自身的服务领域。

2017年北京市旅游行业协会酒店分会积极举办一系列行业相关主题会议,如"互助用工联盟酒店会议""北京市酒店业节能减排低碳环保技术解决方案交流会暨北京市旅游行业协会酒店分会工程专业委员会2016年度工作总结会""中国国际智慧酒店创新大会"等活动,与北京市乃至全国的酒店高层管理者一起共商共建酒店行业的健康可持续发展。在日常的协会管理工作中,酒店行业协会该扮演什么样的角色来为行业赋能呢?一方面,行业协会可以定期或不定期组织行业专家和优秀管理人员开展行业调研活动,积极参与北京市酒店行业发展规划的研究制定工作,为区域行业发展提供有效的智力支持和人才保障;另一方面,行业协会作为政府部门的参谋助手,需要建立健全与政府部门的沟通合作机制,积极协助行业相关主管部门平衡行业内各参与企业的利益关系,寻求行业各企业之间利益最大公约数,共同维护好行业秩序的稳定。

5.2.2 加强行业自律建设,营造和谐行业氛围

行业生态环境的建设需要每一个参与者主体共同创设,需要加强酒店行业自律体系建设。针对2017年第三方机构曝光的"五星级酒店不换床单"事件,行业协会主动召集北京希尔顿酒店、北京W酒店、北京JW万豪酒店、北京三里屯洲际酒店、北京香格里拉酒店等五家酒店进行约谈,了解媒体曝光事件的整个情况,要求五家酒店做好自检自查工作,并做好应对媒体和公众的危机公关工作。

具体而言,酒店行业相关协会首先要正确定位自身角色,并在市场经济活动中严格执行行业协会所制定的相关规章制度,确保行业协会规章制度的权威性和神圣性;其次,行业协会推动的相关规章制度需要具备可落地性、可执行性,积极推进行业诚信体系建设,完善全行业诚信评价体系和奖惩体系建设,鼓励行业企业积极参与自律建设活动,提高全行业的自我净化能力,为全行业营造一个"我为人人,人人为我"的良好竞合环境;

最后，行业协会主动参与平衡行业各参与主体的相关利益，确保各参与主体的合法权益能够得到有效保障，建立和维护一个公平、公正的酒店市场秩序，在保障酒店行业利益的同时兼顾消费者合法权益，提高各酒店企业的参与积极性，最终提升行业协会的知名度和话语权。

5.2.3 发挥桥梁纽带作用，助力行业稳定发展

行业协会在酒店企业和政府主管部门之间起着承上启下的联结作用，《国务院关于加快发展旅游业的意见》明确提出：五年内，各级各类旅游行业协会的人员和财务关系要与旅游行政管理等部门脱钩。脱钩后，由于缺少政府主管部门的信用背书，行业协会的影响力在一定程度上受到削弱。

因此，如何进一步稳固并提升协会在行业中的影响力，成为酒店行业协会能否成功发挥桥梁纽带作用的关键。一方面，行业协会作为酒店企业的发声器，必须要坚持以维护行业利益为导向，站在行业企业角度思考相关问题，并就相关事项与政府主管部门展开对话交流，充分保障行业企业的相关利益。另一方面，行业协会作为政府部门的参谋助手，必须要清晰明确自身定位，坚持以"标准研究、资格认证、体系搭建、权益维护"为抓手，通过行业协会的实际行动来赢得协会会员乃至全行业的信任与肯定。总之，行业协会作为沟通政府主管部门和会员企业的桥梁纽带，积极寻求双方利益的最大公约数，助力酒店行业的稳定持续发展。

5.3 酒店企业方面

5.3.1 洞察消费需求热点，提升产品服务品质

现阶段，中国特色社会主义进入新时代，2018年全国旅游工作会议指出：近几年的中心任务是从高速旅游增长阶段转向优质旅游发展阶段，要始终按照高质量发展要求，坚持走中国特色内涵式旅游发展之路，不断满足新时代人民的旅游美好生活需要。目前，消费者的需求也日益呈现出多样化、个性化发展趋势，企业是否能够抓住消费者的新的需求热点，成为新一轮市场竞争浪潮中的关键因素。在新的一轮消费升级过程中，酒店企业需要及时洞察消费者需求热点，打造符合消费者需求的产品和服务，提升产品品质和服务质量。

关于产品提升方面，经济型、中端、高端、奢华的侧重点有所不同，但都需要立足于目标市场的基本需求点，为住店客人提供放心的床上用品和洗漱用品，并在此基础之上根据酒店自身所属的层次量身打造与之相关板块内容。以北京的CitiGo酒店为例，在强化酒店社交属性的同时，十分注重酒店硬件设施设备品质，酒店采用汉斯格雅、杜拉维特、杜邦的卫浴

设备，金可儿的床垫，贝佳斯的洗浴用品，细节之处尽享奢华。

关于服务质量提升方面，员工作为服务工作的提供者，尤其是一线工作人员，作为与住店客人直接接触者，如何提供有品质的服务成为酒店企业所关注的重点工作。以亚朵酒店为例，为了给住店客人留下美好的入住体验，亚朵通过全员授权方式充分探索服务创新，开发出一系列具有亚朵特色的品牌服务活动，如"奉茶、浣花洗沙、便签诗文、夜驿膳暖、吕朦路早、别有甘泉"等活动，这一系列活动的开展也深得亚朵粉丝的青睐，进一步增强了品牌黏性和忠诚度。因此，酒店企业需要加强基层员工培训工作，通过建立弹性 SOP 制度体系和充分授权方式来为员工赋能，打造出富有人情味的优质产品和服务。

5.3.2 建立多元营销渠道，树立良好品牌形象

随着互联网技术的发展和企业营销观念的转变，企业营销手段也日益呈现出多元化发展模式。对于酒店企业来说，如何建立一套符合自身需求的营销渠道体系成为每个企业高层管理者需要慎重思考的问题。现阶段，伴随着 OTA 平台的佣金比例进一步提高，这在一定程度上压缩酒店的利润空间，如何平衡好酒店与 OTA 平台之间的关系成为全行业热议的话题。

对于酒店企业来说，首先要根据自身的规模特征和外部市场环境变化条件，适当增加协议客户占比，加强自身会员体系建设，提高直销能力水平，避免对 OTA 平台产生过度依赖。其次，在与 OTA 合作期间，尽量与国内外多个 OTA 平台展开紧密合作，尤其对于单体酒店来说，由于缺乏自身会员体系的支持，需要进一步建立多元化营销渠道体系，国内方面可与携程、美团、飞猪等平台型企业展开深入合作，国外方面也可与 Expedia、Booking、Agoda 等平台型企业展开合作。最后，努力提升酒店自身产品和服务品质，增加酒店品牌的知名度和美誉度，才能更好获得与 OTA 平台议价的话语权。

对于酒店品牌形象提升来说，一方面，各个酒店品牌在立足于传统品牌宣传活动的同时，需要充分运用新媒体渠道开展宣传营销活动来获得新的流量入口，如微博、微信、抖音等媒介平台；另一方面，各个酒店要创新品牌营销方式，充分整合其他品牌资源，实现品牌流量之间的共创共享。以亚朵酒店为例，亚朵通过品牌跨界融合的方式，与诸多知名品牌，如马蜂窝、知乎、有道、网易严选、虎扑等品牌，共同打造超级 IP，最终实品牌双方的流量互动共享，进一步降低了酒店自身的获客成本。

5.3.3 引进先进技术系统，赋能酒店日常管理

酒店企业的运营过程涉及到前期、中期、后期三个阶段，前期主要包

括预算编撰和原材料采购等工作内容，中期主要包括销售和对客服务等工作内容，后期则主要涉及会员管理和成本核算等工作内容，整个运营流程涉及多个业务板块内容，业务量相对较大。因此，酒店企业需要根据自身经营业务特征，适时引入配套运营管理系统，通过技术升级为酒店的日常运营管理赋能。

以酒店服务方案提供商——众荟为例，众荟运用数据科技的力量，为酒店行业聚变赋能，直接打通酒店业住宿前、中、后的全数据链，依托行业级大数据，通过人工智能及云计算技术打造出从云 PMS、渠道直连、服务直连到数据增值服务等系列产品，并形成了可帮助酒店解决各个管理领域实际痛点的智慧酒店整体解决方案。现阶段，各行各业均在倡导精细化管理和精准营销，而实现这一目标的前提条件是能够对消费者进行精准画像，充分利用酒店自有信息系统，并通过像众荟这样的互联网技术公司提供的大数据支持，建立一套完备的会员用户画像，更好地提升酒店用户体验。尤其是收益管理系统的引进，在一定程度上能够更好帮助酒店企业最大程度上实现开源节流的目标，以此来获得收益的最大化。

另外，酒店行业也需要积极拥抱新技术，融合社会前沿技术成果，如 VR、人脸识别、区块链等技术成果，结合酒店行业的自身实践活动，为广大住店客人创造性提供 VR 选房和自助 check-in 等功能体验。在充分融合社会前沿技术成果的同时，酒店企业需要注意坚守产品与服务品质，以此来推动行业的健康可持续发展。

参考文献

［1］北京市"十三五"时期旅游和会展业发展规划.
［2］北京旅游发展研究基地.北京旅游发展研究报告2016［M］.北京：旅游教育出版社，2017.
［3］北京市旅游发展委员会网站［EB/OL］.http：//www.bjta.gov.cn/.
［4］2017年中国旅游住宿业发展报告［EB/OL］.http：//www.sohu.com/a/204713124_124717.
［5］2017年上半年民宿旅游报告［EB/OL］.https：//www.sohu.com/a/154406138_186475.
［6］皇家驿栈官网［EB/OL］.http：//www.theemperor.com.cn/cn/.
［7］2018年北京市政府工作报告.

第三板块——旅行社与旅游电商篇

2017年北京市旅行社行业发展报告

陈昕蕾，李 宏

1. 中国旅行社行业发展现状

改革开放以来，我国旅游业飞速发展，进入腾飞阶段；与此同时，中国的旅行社行业也发生了天翻地覆的变化。近年来，行业规模不断扩大，从业人员不断增加，经营体制不断创新，经营环境不断改善，旅行社业已经成为拉动我国经济增长、扩大就业渠道的重要服务行业之一。尽管如此，因行业进入门槛低、旅游产品缺乏创新性，行业净利率却未见增长，逐步稳定在0.5%~0.6%。

互联网时代下，在线旅游市场竞争激烈，旅行社在线业务是在线旅游市场的五大细分市场之一，且其在线代理业务仍存在着较大的发展机遇。中国产业调研网调查表明，打包旅游服务的在线购买需求和购买比例均在不断增加。另外，国内旅行社通过连锁经营进行扩张的趋势愈加明显。随着大型旅行社集团化程度的提高，越来越多的百强旅行社企业将采用多元化经营策略，投资于景区经营、酒店、旅行地产等旅游子行业。

国家旅游局公布了2017年第三季度全国旅行社统计调查情况，基于全国统计25 835家旅行社（全国旅行社总数为27 409家）上报数据统计，得出如下情况。

1.1 入境游市场大幅增长　接待入境游客增长73.18%

2017年第三季度全国旅行社入境旅游接待958.65万人次、2030.08万人天，同比分别增长73.18%和2.79%；外联385.58万人次，同比分别下降

[作者简介] 陈昕蕾，北京第二外国语学院旅游管理学院，2017级研究生。李宏，北京第二外国语学院旅游管理学院，教授。

3.07%，外联 2137.52 万人天，同比增长 25.97%。

1.2 共组织国内游游客 4920 余万人次、出境游游客 1540 余万人次

国内旅游市场方面，2017 年第三季度全国旅行社国内旅游组织 4920.63 万人次、15 862.23 万人天，同比分别增长 3.15%、2.78%；接待 5176.02 万人次、12 952.86 万人天，同比下降 14.06%、6.87%。出境旅游组织 1549.13 万人次、8142.76 万人天，同比下降 9.01% 和 10.88%。

1.3 三大旅游市场整体情况

1.3.1 人次情况

按照入境外联人次、国内组织人次、出境组织人次三项指标，入境旅游占比 6%，同比持平；国内旅游占比 72%，同比增长 4.35%；出境旅游占比 22%，同比下降 12%。

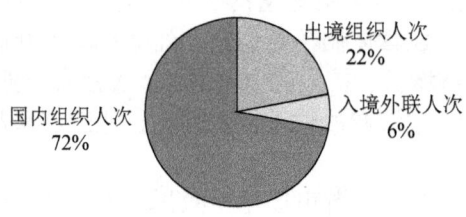

图 1-1　第三季度三大旅游市场人次情况

1.3.2 人天情况

按照入境外联人天、国内组织人天、出境组织人天三项指标，入境旅游占比 8%，同比增长 33.33%；国内旅游占比 61%，同比增长 3.39%；出境旅游市场占比 31%，同比下降 11.43%。

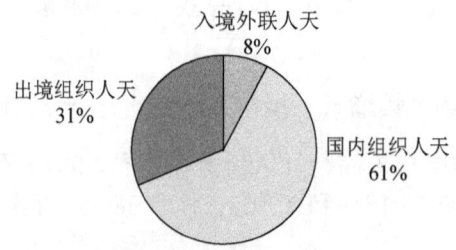

图 1-2　第三季度三大旅游市场人天情况

2. 2017年北京市旅游市场规模及旅行社行业总体现状

2.1 北京市旅游市场基本情况

2017年，北京市旅游业继续保持平稳发展，实现旅游总收入5469亿元，增长8.9%；接待游客总人数29 746万人次，增长4.3%。旅游餐饮和购物总额2891亿元，增长8%，占全市社会消费品零售额的比重为25.0%，提高0.7个百分点。

2.2 国内旅游市场保持稳定增长态势

国内旅游总收入5122亿元，增长9.4%；国内旅游总人数29 354万人次，增长4.4%。外省来京旅游和市民在京游两个市场均保持了稳定增长态势。其中，外省市来京旅游人数17 924万人次，增长4.7%；旅游收入4674亿元，增长9.4%；人均消费2607元，增长4.5%。北京市民在京游人数11 430万人次，增长4%；旅游收入448.7亿元，增长9%；人均消费393元，增长4.8%。

2.3 入境旅游人数下降，外汇收入小幅增长

2017年，北京市接待入境游客392.6万人次，下降5.8%，韩国游客减少14.4万人次是入境量下降的主要原因。其中，接待外国人332万人次，下降6.4%，占比84.6%。前三大客源国分别为美国游客67.3万人次，下降4.3%；接待日本游客24.2万人次，下降2.5%；接待韩国游客23.5万人次，下降38%。接待港澳台游客60.6万人次，下降2.0%，其中香港游客35.7万人次，增长1.1%；接待台湾游客23.5万人次，下降5.6%；接待澳门游客1.4万人次，下降12.5%。

旅游外汇收入51.3亿美元，增长1.2%（折合人民币346.4亿元，增长2.8%）。人均消费1307美元。

2.4 出境旅游市场大幅下降

2017年，北京市拥有出境经营许可权的旅行社组织公民出境游511.5万人次，下降10.5%，减少了60万人次。主要是由于赴韩国和泰国游客分别减少68万人次和28万人次。出境游排名前五的国家分别是：前往日本104万人次，增长6.7%；泰国76万人次，下降27%；法国26.8万人，下降25%；韩国25.4万人，下降72.8%；意大利22.3万人次，下降25.8%。前

往香港台湾地区旅游人数呈现下降趋势，前往香港旅游14.8万人次，下降19.8%；前往澳门旅游13.2万人次，下降12.7%；前往台湾6.2万人次，下降57%。

2.5 旅游相关产业投资增速加快

旅游相关产业完成固定资产投资984.4亿元，增长23.8%，占全社会固定资产投资的比重为11%，同比提高1.6个百分点，旅游相关产业投资快速增长。

3. 2017北京旅行社大事记

3.1 携程线下门店对北京旅行社的震荡

随着流量红利的消失，在线旅游市场增长放缓，线下门店开始成为在线旅游企业（OTA）抢食的蛋糕。2017年，携程大举发力，将带来OTA之间新一轮的竞争，传统旅行社或将面临重新洗牌的局面。原因一是线上流量贵，获客成本太高大约是线下的两倍；二是门店的体验性是线上替代不了的[①]。

3.1.1 线下门店运营情况

2017年，携程线下门店从3月9日启动加盟计划，并在北京等地先行试水；6月24日携程旅游举行门店启动发布会，其线下第一批近30家门店正式落地北京，开门迎客。据携程旅游提供的信息，携程旅游门店于2017年6月底正式营业之后，单月单店的销售额最高突破200万元，而市面上一般旅行社门店单月销售额一般在100万左右；单店首月客单价达到3500~4000元，比传统门店高出40%。7月，全国签约线下门店突破100家。

事实上，自2016年携程收购了旅游百事通开始，携程就开始了"线下疆土"的开辟；2017年是互联网企业猛扎线下的一年，但OTA线下门店似乎还没能把线上线下融合的故事讲得圆满。这当中，相比以直营形式运营的同程、途牛等，携程旅游门店以加盟的形式迅速攻掠城池。据携程旅游渠道事业部总经理张力透露，截至2017年年底携程旅游已经在一二线城市成功开设超过700家门店，其中近一半开门迎客，并计划在2018年年末将门店数量拓展到1500家，再加上去哪儿、旅游百事通数千家门店共计万家门店，争取实现百亿元销售规模[②]。

---

① 熊晓辉. 携程抢食线下门店 传统旅行社面临收购编[N]. 中国经营报, 2017-04-10（C02）.
② http://www.traveldaily.cn/article/119980 环球旅讯.

3.1.2 传统旅行社的"回应"

众信旅游——批零一体化战略

众信旅游是出境游行业规模最大的综合性旅游服务商，2014年上市以来业绩高增长，而近年来有所下滑。行业结构调整的动荡和旅游新零售业务的出现，使得公司利润受到压制。因此，继凯撒之后，众信凭借其长年积累的资源优势和供应链优势，开始了"批零一体化"的深耕。

众信旅游集团整合旗下机票、操作、同业销售团队原班人马，在2018年1月11日正式成立优耐德（北京）国际旅行社有限公司，负责众信旅游集团的出境旅游批发业务，独立运营。将众信批发业务与竹园整合，以"众信"品牌主打旅游零售市场。①收购竹园后业务整合、融合得到落实，后续将逐步淡化竹园与众信的区别，将公司内批发业务视为整体；②使用两个品牌分管两块业务："众信"主打零售，"优耐德"主打批发，减缓公司转型零售对B端客户的冲击；③公司还将错开布局，用两个品牌去做两块市场：一线城市以"众信"品牌逐步加强零售渠道；在渠道下沉以及部分新开发市场，使用"优耐德"品牌[1]。

目前，优耐德旅游业务范围涉及全球各个主要旅游目的地国家和地区，以北京为核心，在全国20多个大中型城市设立了分公司或办事处，其将通过不断的技术革新与创新研发线上和移动分销系统，为同业代理商提供有力的业务支持。为保障同业客户利益，优耐德旅游郑重做出了"六大承诺"：专注于为广大同行提供优质服务，保障同业产品体系和产品质量，规范地接标准，监督领队服务；所有同行采购价格保持一致；境外接待的大巴车头标识、团队旗帜、领队着装及标识均以优耐德品牌体现；严格规范领队话术，监督领队服务质量，维护同业利益，严禁领队收客；投诉一旦产生，承诺48小时内给出具体答复及处理意见；优质团型及热卖团期均第一时间向广大同业客户推广[2]。

凯撒旅游集团——主题体验店

随着线上红利的消失，在新零售大潮下，通过线上线下相结合，实现全渠道的流量变现，对旅行社发展意味着更多的可能。面对OTA的"圈地运动"，手握大量门店资源的传统旅行社纷纷开始升级换代，通过提升服务体验，尝试更多途径拉拢线下流量。

---

[1] http://finance.jrj.com.cn/2018/02/08031124089291.shtml.金融界批零一体化战略明晰 有望随行业再迎高成长.

[2] http://www.sohu.com/a/216277855_100383 搜狐网 优耐得旅游品牌揭幕宣布.

凯撒旅游提出了二代、三代及四代旅游门店，借助体验门店的视频、图片、微商技术及旅游顾问的综合讲解为消费者提供全面的旅游产品认知，并通过凯撒旅游体验店、升级版体验店、凯撒到家店和凯撒mall组成门店营销网络。广之旅则采取"一店一主题"模式，开始线下销售网络的迭代，并在体验店中引入VR设备增强体验。中青旅则对零售店进行升级改造，并与盒马鲜生合作，希望吸引中产阶层消费群体[1]。

2017年9月16日，凯撒旅游再度联合新加坡旅游局、樟宜机场开设新加坡主题体验店，进驻悠唐购物中心，启用新加坡全新发布的"心想狮城"形象。此前，凯撒旅游在华北区开设了首家新加坡主题店，先后进驻京津两地，与游客近距离分享"新"式旅游[2]。9月22日，日本东京会议及旅游局TCVB联合凯撒旅游打造的全世界首家东京体验馆进驻凯撒旅游国瑞购物中心店（北京）[3]。10月21日，凯撒旅游联手泰国国家旅游局，在京城繁华商业区北京金源时代购物中心B1层东侧推出全国首家泰国主题旅游门店，以新颖的视觉呈现与特色的旅游服务，让更多中国游客能够更便捷、更深刻地随时了解泰国的旅游资源和最新出游线路[4]。截止到目前，凯撒旅游集团共在京开设旅游体验店63家。

3.2 北京市旅行社投诉基本情况

3.2.1 旅行社成投诉重灾区

统计系统显示，2017年1月1日至2018年3月27日，市旅游委质监所受理各渠道投诉3476件，其中涉及旅行社投诉1829件，占比超过50%。投诉旅行社的问题中，反映降低服务质量标准问题1001件，占投诉量的55%；行前解约问题298件，占投诉量的16%；导游领队服务问题192件，占投诉量的10%；购物及自费项目问题164件，占投诉量的9%；合同争议问题91件，占投诉量的5%；其他问题83件，占投诉量的5%。第四季度质监所共立案受理旅行社服务质量投诉335件，占该季度总投诉量的56.3%，共涉及90家旅行社。导游领队服务问题33件，占10%；购物及自费项目问题44件，占13%；行前解约问题57件，占17%；合同争议问题27件，占8%；降低质量标准问题171件，占51%；其他问题3件，占1%。

旅行社成为投诉重灾区，携程、途牛及凯撒均上榜。通过对投诉对象、

---

[1] http://www.bjnews.com.cn/travel/2017/11/22/465298.html 新京报网．
[2] http://news.ifeng.com/a/20170919/52077033_0.shtml 凤凰资讯．
[3] https://www.toutiao.com/a6469646889804595470/ 今日头条．
[4] http://www.sohu.com/a/199730050_376259 搜狐网．

主要投诉原因分析发现,投诉旅行社的问题主要集中在不履行合同、履行合同未达到服务标准,以及合同变更、擅自解除合同等方面。

3.2.2 旅行社整顿力度加大

针对旅行社投诉量高发、游客利益屡屡受损的情况,北京市旅游委下决心整顿旅行社,规范旅行社经营行为,对违反旅游法律法规及市旅游委相关规定的行为,将果断采取措施,先暂停其旅行社业务经营,再进一步处理。

据北京市旅游委执法大队队长祝学庆介绍说,2017年市旅游委会同市网信办及相关部门协作开展了清理网络虚假旅游信息的"清网行动",登记正规旅行社网站网址320个,曝光非法旅游网站353个,下线商业推广、信誉认证的非法旅游网站137个,屏蔽快照178个,公示非法旅游网站宣传招徕电话612个。全年共做出处罚案件数量106件,分别涉及82家旅行社和24名个人,累计罚没金额2 252 412元,对其中2家旅行社停业整顿1个月,暂扣导游证4个。

3.2.3 非法"一日游"治理创新高

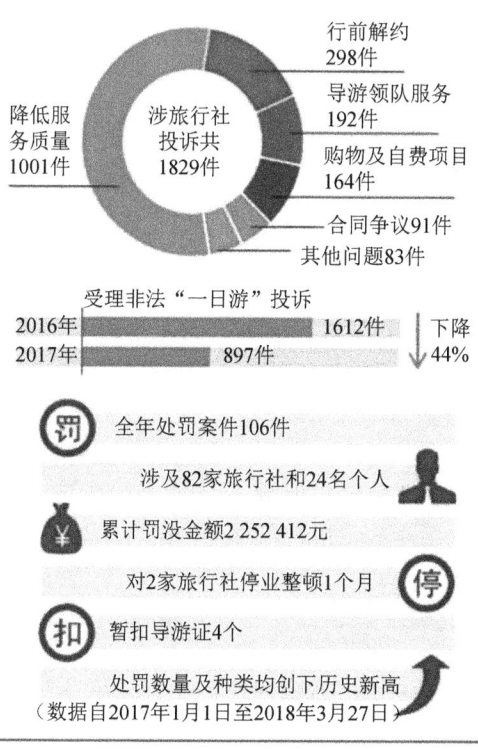

图3-1 2017年旅行社投诉及违法查处情况

非法"一日游"仍是治理重点。2017年共受理与非法"一日游"有关投诉897件，同比2016年的1612件投诉下降了44%，全年处罚案件106件，涉及82家旅行社和24名个人，累计罚没金额225万余元，处罚数量及种类均创下了历史新高。

3.3 北京老牌旅行社2017年大事记

3.3.1 中国旅游集团

2017年1月12日，北京日报报业集团在京举办了"未来已来——北京日报报业集团新媒体矩阵整合发布会暨全行业颁奖典礼"[1]。典礼揭晓了"2016北京晚报旅游风尚榜"榜单，中国国际旅行社总社有限公司荣获"2016年度最受读者信赖旅行社"奖项。

2017年5月18日，U-jet私人飞机旗下品牌U-jet优捷飞行与中国旅行社总社有限公司自游派签署战略合作协议，并在签约仪式上发布了以"冰雪探秘"为主题的两款公务机高端定制旅行产品。据悉，双方未来将围绕"公务机+高端旅游"设计一系列针对高净值人群的稀缺性高端定制旅游产品[2]。

2017年7月3日，世界品牌实验室日前在京发布2017年中国500最具价值品牌排行榜[3]，中国国旅股份有限公司的"国旅"品牌以605.89亿元的品牌价值，名列中国500最具价值品牌排行榜第48位、旅游服务行业第1位，品牌价值同比提升156.04亿元，同比增幅34%。

中国国旅作为行业领军企业，积极响应国家旅游局号召，全面推动智慧旅游服务体系建设。经过半年的推广，电子合同全网签约量成功破万。今年3月，电子合同签约率超过60%，截至8月，已有26家所属企业的308家门市加入到电子合同签约行列[4]。

3.3.2 中青旅控股股份有限公司

2017年1月12日荣获"2016年度最佳营销旅行社"。

2017年5月11日中青旅控股股份有限公司荣获"旅游跨界融合奖"；中青旅遨游网荣获"年度旅游机构品质奖"。

3.3.3 凯撒同盛旅行社

2017年5月，凯撒旅游成为"一带一路国际合作高峰论坛"参会代表

---

[1] http://www.cits.cn/newsdetail/2108.html 2017-01-17.
[2] http://www.bjta.gov.cn/xwzx/xyzz/391092.htm 2017-05-19.
[3] http://www.cits.cn/newsdetail/2125.html 2017-07-03.
[4] http://www.cits.cn/newsdetail/2134.html 2017-8-30.

的会外活动服务商。

2017年10月，公司与"南北极探险旅游专家"美国夸克邮轮公司达成战略合作，依托双方优势，联手布局中国极地旅游市场。

2017年12月，凯撒旅游与太平洋岛国驻中国使团签署联合声明，宣布在"一带一路"倡议的推动下，成立"蔚蓝丝路"旅游联合会，致力于中国与太平洋岛国旅游互动事业的发展，成为目前中国旅游企业与太平洋岛国间最大规格的合作行动，并于春节期间推出杭州至新喀里多尼亚直飞包机活动。

2017年年底，公司下属新华航食，海南航食，三亚航食，甘肃航食，新疆航食通过GB31641-2016《食品安全国家标准航空食品卫生规范》达标认证工作，且公司全资孙子公司新华航食是中国大陆唯一一家拥有犹太餐生产资质的企业，拥有亚洲最大的犹太厨房，为世界一流的航空企业提供犹太餐食，三亚汉莎航食更是引入了德国汉莎空厨生产运营标准及经营理念。

3.3.4 众信旅游集团股份有限公司

2017年1月，众信旅游集团正式启用新办公大楼。众信旅游集团总部及竹园国旅、众信博睿、悠联货币、优贷金融、优拓航服等主要公司、一部分参股公司共一千余名员工入驻，有效提升集团各版块业务协同和运营效率。

2017年4月，众信旅游2016年年报发布，2016年众信旅游营收破百亿，业绩持续稳定增长。

2017年6月，众信旅游集团控股子公司北京悠联货币汇兑有限公司正式被国家外汇管理局授予全国范围内经营个人本外币兑换特许业务资质，成为全国第九家获得该业务全国运营资质的特许机构[①]。

3.3.5 其他老牌旅行社

广之旅与云顶邮轮集团旗下星梦邮轮、丽星邮轮和水晶邮轮三大邮轮品牌，签署全面战略合作协议。双方将进一步深化邮轮领域合作，加大力度打造以广州母港辐射开来的"粤港澳大湾区邮轮母港3小时旅游圈"。

广东省旅游局公布2017年第四季度全省共接到旅游投诉1676宗，正式受理1336宗，比上年同期增加487宗，同比上升了57.36%。在投诉最多的旅行社中，多家知名旅行社上榜，北京途牛旅行社上榜。

2017年12月3日，北京海涛旅行社32人团"破冰"赴韩受韩媒欢呼，

---

① https://www.uzai.com/aboutus/companycourse 众信旅游官网.

中国舆情界批评声浪高，海涛旅行社被列入异常经营名单[①]。

4. 旅行社行业发展未来走向预测

线上流量红利的消失，OTA转战线下势必对旅行社行业进行一次大洗牌，对传统旅行社来说既是机遇也是挑战，因为OTA们此举背后传递出的恰是传统旅行社的存在的价值——面对面的沟通和服务；创新实体店，增值服务，重写门店价值的大背景下，传统旅行社应该何去何从？本文认为有以下4种发展趋势。

4.1 服务体验升级，创造线下流量

线下旅行社门店的体验是OTA不能替代的。"现在大家都在拼服务，需要落到线下去，现在门店跟以前旅行社不一样，销售只是一部分职能，还有营销、形象展示和顾问咨询等作用，相当于一个信息枢纽，所以线上企业也愿意做。毕竟线上渠道增益减少，企业资金就会多向品牌和服务倾斜。"易观国际朱正煜如是说。

服务经济已经来临，身为服务业中领先行业的旅游业更是应以高质量服务作为企业的生命力。各大OTA抢占线下门店、众信早年经营的"U Coffee"、凯撒大力打造主题体验店等，无论方式如何，流量的获取始终是旅行社经营渠道的核心。据公开资料显示，中青旅遨游线上订单占比超过50%，门店占比约为40%；众信旅游线上占比则为20%。从两家企业的订单上看，门店依然是旅行社重要的流量来源。据了解，以出境游为例，交易用户获得成本在2000元左右，定制游成本甚至高达7000~8000元，而相比之下线下获客成本仅为线上的一半，因此线下获客成本有明显优势[②]。

2017年中青旅、中国国旅、众信、凯撒等老牌传统旅行社的"新"尝试，甚至是携程、途牛等OTA的开设线下门店，实则是致力于提高企业门店的服务体验。服务的升级，带来人性化、细节化、售前售后一站式的体验，是现在实体旅行社获得客源的有力途径。

---

① https://weibo.com/ttarticle/p/show?id=2309404181583639781764，2017-12-05.
② 熊晓辉.携程抢食线下门店 传统旅行社面临收编[N].中国经营报，2017-04-10（C02）.

4.2 定制游、银发市场有金可挖

4.2.1 定制游旅游市场

标准旅游产品曾经是传统旅行社的优势，现在是 OTA 的优势。自由行就是游客自己制订自己的出游计划。尽管互联网、物联网飞速发展，OTA 中不乏有专门的攻略类网站供用户进行旅游信息搜索和旅游路线规划，但是旅游内容繁多复杂，耗费的时间成本较高，而且信息的全面性得不到保证；传统旅行社背后有丰富可靠的地接资源和导游的线下服务，整合手中资源，创新自由行模式，为其提供解决问题的一揽子方案，小团队的定制游是可以满足的。

2017 年 5 月 18 日，U-jet 私人飞机旗下品牌 U-jet 优捷飞行与中国旅行社总社有限公司自游派（以下简称"中旅总社自游派"）签署战略合作协议，并在签约仪式上发布了以"冰雪探秘"为主题的两款公务机高端定制旅行产品。据悉，双方未来将围绕"公务机+高端旅游"设计一系列针对高净值人群的稀缺性高端定制旅游产品[1]。

高端定制游市场具有高净值并且更加注重体验。旅行社优质周到的服务和旅游行程安排对于高端的深度游、定制游市场是具有吸引力的。瞄准这样的利基市场——目标群体消费能力较高，购买力强，重视产品的质量，是线上旅行社无法做到的，传统旅行社在"零距离"的服务过程中可以及时掌握游客需求，并且挖掘潜在需求，推出令游客满意的优质体验旅游产品。最重要的是，旅行途中出现的任何问题可以及时向旅行社或者导游咨询，保障游客旅行体验的质量。

4.2.2 银发旅游市场

银发市场是指那些"触网"有困难，或说"触网"深度较浅的中老年市场，这类人群是"漏网之鱼"，对于线上搜索出游信息、安排路线及购买旅游产品等方面存在劣势。至今也没有 OTA 的市场定位是这样的群体。旅行社门店一对一、面对面的连续性服务，游客感知风险较低，与银发市场的需求特点相匹配；其次，银发人群对于游玩的要求较高，深度体验的慢游是他们的旅游追求，这类市场有时间有闲钱，更加注重的体验和感受，喜欢与同行的其他游客互动，传统旅行社的优势产品在于团队游，减小团体规模，放缓行程安排就能满足银发市场的需求。推出"康养医疗"类慢旅游，"文化追忆"类轻旅游，凭借多年累积的资源优势，是可以在这个市

---

[1] http://www.bjta.gov.cn/xwzx/xyzz/391092.htm 2017-05-19.

场上有所作为的。

4.3 中小型旅行社"抱团"经营

2017年携程"大动作",线下门店规模迅速扩张,其中一个原因就是传统中小型旅行社的加盟。OTA们"蚕食"线下市场,中小型旅行社除了选择"站队","抱团取暖"的联合模式也是一条未来的生存之道。联合经营,优势互补,便可获得单个旅行社不具备的话语权;购买时更具议价优势,降低经营成本。同时联合可以在许多情况下进行资源的最优整合,提高旅游产品的质量,兄弟旅行社间的无缝合作可以更好地维持顾客忠诚。我国将实现从初步小康型旅游大国到全面小康型旅游大国,再到初步富裕型旅游强国的新跨越。相关统计显示到2020年,年人均出游次数超过5次;到2050年,年人均出游次数超过10次。所以维护游客的忠诚是全旅行社行业努力的方向。联合经营是行之有效的维持游客的方式。

4.4 增值服务,复合经营成为潮流

2017年12月18日,凯撒旅游携手中国光大银行在京发布双方的手掌联名卡:光大银行—凯撒旅游白金联名信用卡。尝试以此为入口,贯通"旅游消费链"。整合优势资源,尽享全球旅游消费特权[①]。

2017年众信旅游与世界中餐业联合会正式建立战略合作伙伴关系,双方联手,未来将在出访考察、国际交流、赛事、境内外美食活动等方面开展合作。众信旅游将充分发挥众信旅游资源优势,与世餐联一道致力于提升海内外中餐品牌的影响力。全方位配合世界中餐业联合会,围绕地方美食特色,打造美食活动的城市名片,研发特色美食旅游线路等,针对相关资源进行设计和推广,共同促进和推动双方在各自领域的发展[②]。

大型传统旅行社的线下门店纷纷升级门店,除了信息咨询、产品预订,还开设了外币兑换、海外游学等增值服务,更加融合了咖啡厅、红酒吧、书店等创新业态,未来的走向肯定是跨界融合,复合经营,打造新业态,回归旅游服务的本质——体验。难忘的体验才能使游客决定购买,如何给予游客更加真实和可靠的体验和刺激,是旅行社实体门店和未来体验店转型的方向。

---

① http://www.cb.com.cn/gdbb/2017_1219/1216313.html. 中国网.
② http://news.ifeng.com/a/20170222/50719452_0.shtml.

2017年北京市旅行电商发展情况报告

刘佳艺,李 宏

1. 2017在线旅游发展总览

随着全面建成小康社会推进,旅游已经成为人民群众日常生活的重要组成部分,旅游业已成为国民经济发展的战略性支柱产业。根据比达咨询(BDR)数据中心研究显示,2017年在线旅游市场交易规模达7106.0亿元,增长率为20.4%。预计2018年交易规模达到8363.4亿元。2017年中国在线旅游行业市场结构分部中,机票交易规模占比超过半数,达57.3%;酒店交易规模占比19.8%;度假交易占比17.8%[1]。机票交易占比依旧最高,度假交易市场相较往年增速加快,未来发展前景广阔。在线旅游市场的现状如下。

1.1 市场格局逐步稳定,OTA交易规模平稳增长

2017年中国在线旅游OTA市场交易规模为400.0亿元,较2016年增长34.0%。根据艾瑞咨询,随着中国在线旅游OTA市场格局的逐步稳定,OTA市场交易规模将进入平稳增长的局面[2]。

近五年来,中国在线旅游行业市场结构日趋均衡,其中机票交易占比波动下降,度假交易占比逐年上升。原因在于:一是随着中国人民生活水平的提高,消费者的旅游需求不仅仅局限在景区观光层面,而是进一步地上升到休闲度假层面;二是由于中国国内高铁动车网络的铺开及技术的发

[作者简介] 刘佳艺,北京第二外国语学院,旅游管理学院,2017级研究生。李宏,北京第二外国语学院,旅游管理学院,教授。

[1] 佚名.比达咨询2017年上半年在线旅游市场交易规模达3547亿. http://news.chinabyte.com/151/14208651.shtml, 2017-6-39.

[2] 艾瑞咨询,《2017年中国在线旅游年度数据发布》,http://wemedia.ifeng.com/ 44838818/wemedia.shtml,2018-1-13.

展，越来越多的消费者选择高铁动车作为出行工具，对机票交易规模产生了一定影响。

1.2 在线旅游行业集中度进一步提高，梯队划分愈加明显

根据艾瑞监测数据显示，2017年中国在线旅游度假行业头部企业占据71.8%的用户使用时长，中等企业占比达19.8%，而小企业只有8.4%的占比[①]。艾瑞分析，随着中国在线旅游度假行业的并购整合，其行业集中度将会进一步提高，流量将成为各家企业的首要争夺点。根据艾瑞mUserTracker监测数据，在线旅游市场可以月度独立设备数为指标划分为三个梯队。其中铁路12306、携程旅行以及去哪儿旅行长期占据第一梯队，月度独立设备数均超过4000万台；第二梯队主要包括途牛、同程、飞猪、高铁管家等在线旅游企业及票务预订企业，月度独立设备数超500万台；第三梯队月度独立设备数不超过500万台，主要包括驴妈妈、艺龙旅行、猫途鹰等企业。

2. 北京在线旅游电商公司发展情况

2.1 美团点评

美团在2017年的收入已达到330亿元，可比肩腾讯或阿里巴巴单季总营收。2017年，美团点评的动作异常活跃。1月，美团点评双平台同时推出海外酒店预订服务；4月，美团点评推榛果民宿主打整租业务，同时加码酒旅业务发布旅行品牌美团旅行，进一步拓展酒店与旅游市场。

4月20日，美团点评宣布旗下旅行品牌——美团旅行正式亮相。"美团旅行来了"也成为2017年在线旅游行业关注度最高的话题[②]。酒店单月入住间夜量突破2000万，门票单月入园人次超过1500万……作为行业黑马，美团旅行在消费者认知和市场占有率上快速提升。美团点评酒旅业务从在线旅游新兵迅速成长为在线旅游行业最重要平台之一。2017年第一季度，美团酒旅业务新增1000万用户，积累8000万活跃用户[③]。在其他平台陷入流

---

① 艾瑞咨询. 2017年度数据发布集合报告. http://www.useit.com.cn/thread-17848-1-1.html. 2018-1-25.
② 佚名. 美团点评旗下旅行品牌"美团旅行"正式亮相. https://www.sohu.com/a/135694480_328817, 2017-4-22.
③ 投资界."美团旅行"来了，这次王兴要做大旅游市场. http://news.pedaily.cn/201704/20170421412043.shtml, 2017-4-21.

量困境的情况下，美团旅行以背靠美团与大众点评双平台6亿用户的先天优势彰显优势，美团旅行未来可以继续从"母体"吸引新用户，那些早已习惯用美团叫外卖、在大众点评查看用户评价的忠实用户，将源源不断流向美团旅行，而在其他平台被"坑"过的旅行者，也正在寻求新的更注重品质和用户体验的旅游平台。

一方面美团通过品牌广告抢占优势市场，另一方面在竞争胶着之地提升美团旅行的知名度。在媒介选择方面，力求和美团旅行受众强关联，通过分众楼宇、地铁、公交候车厅、腾讯视频及爱奇艺等渠道进行精准投放，高效触达美团旅行受众群体。同时，美团旅行联合平台上景区商家，点亮北京、上海、苏州、成都、中山、横店六个城市的摩天轮，让美团旅行闪耀夜空，由此向消费者发出邀请，旅行相关的产品和服务都可以通过美团旅行进行预订，传达出"好旅行，真不贵"的信息，并配合线上大促回馈广大用户，提供实惠便捷的旅行一站式服务。

作为全球领先的"互联网+生活服务平台"，眼下，美团点评已覆盖全国2800个市县区，连接了超过700万餐饮商户，坐拥2.8亿活跃用户，已初具生活服务领域"超级平台"的雏形[1]。无疑，这个仍在成长中的"超级平台"还将继续多领域扩张。

2.2 百度糯米

百度糯米的酒店频道在2017年进行了一次改版，用户通过新增的"会玩儿"标签，就能够获得来自全网的酒店出行达人推荐的适合不同主题、目的、人群和场景的酒店。同时，2017年百度糯米酒旅部门宣布智慧旅游解决方案上线，丽江金茂君悦酒店为其第一个落地案例[2]。百度糯米为其提供的主要能力包括三个方面：品牌曝光、搜索策略以及地图创意功能。品牌曝光层面，糯米帮助酒店策划了达人试睡活动，在糯米首页上线了酒店专属活动的banner；搜索策略层面，为酒店提供了搜索关键词关联、设施展示以及高星旺铺等资源。另外，糯米相关团队联合百度地图团队对酒店的地图进行了精细化处理，即用户进入酒店点开百度地图后，可以对酒店内具体地点进行导航。结合百度地图的AR步行导航功能，糯米的智慧旅游解决方案还设置了AR扫彩蛋的功能，意图为酒店提供新的营销方式。百度糯

---

[1] 中国科技网.2017年交易额3600亿，美团点评是如何走活"餐饮"这盘棋的.https：//tech.china.com/article/20180119/20180119100137.html，2018-1-19.

[2] 腾讯科技.从传统佣金走向广告模式 百度糯米宣布推出智慧旅游解决方案.http：//tech.qq.com/a/20170512/041729.htm，2017-5-12.

米智慧旅游解决方案依托于百度知识图谱、云计算、语音及图像技术、机器学习等基础能力，主要为酒旅行业经营者提供流量入口、内容营销、精细地图、AR体验和大数据分析等能力。

2.3 去哪儿网

2017年3月，去哪儿正式宣布接受了私有化要约，完成私有化交易，从美国退市。2017年，去哪儿网的酒店业务表现强劲，其中，第一季度去哪儿网在三四线城市的酒店业务同比增长近90%，去哪儿网的"年轻化"战略初见成效[①]。去哪儿利用技术优势，再次在酒店技术上引领了市场——去哪儿网推出可30秒极速办理入住的"人脸识别"技术，旨在通过技术手段辅助线下入住环节，打造搜索、预订、入住、离店智能化闭环，提升消费者入住酒店便捷性及趣味感。此项技术命名为"趣住"。与此同时，去哪儿网意识到价格和比价模式优势能否在三四线城市显现是其未来发展的关键，去哪儿网开始迅速布局线下。

4月，去哪儿网签约赵丽颖为形象代言人。打出了一套漂亮的整合营销组合拳，完成品牌蜕变并重塑的完美历程[②]，得以用活力迸发与年轻化的崭新形象，径直挺进目标人群与市场：争取90后年轻人和二三线城市旅游市场。在感性认知层面上，活力而具有颜值属性的代言人比技术更能撬开心门。由此，签约当红明星并利用"光环效应"为去哪儿网引流，成为破局的明智之选。因多部热播剧霸屏的赵丽颖，活力睿智的正能量形象深入人心。借用在90后乃至00后群体中的口碑与感召力，替去哪儿网攫取年轻人认知和赞同。

2.4 同城艺龙

12月29日，同程旅游集团旗下的同程网络与艺龙旅行网正式合并为一家新公司"同程艺龙"。新公司将整合双方大交通、酒店等资源方面的优势，打造全新的旅行服务平台。新公司将整合双方大交通、酒店等资源方面的优势，打造全新的旅行服务平台。此次整合并非同程整体和艺龙公司的合并，而是同程旅游集团旗下两大业务板块之一的同程网络与艺龙旅行网的整合。双方公司背后的股东携程和腾讯是促成此次合并的原因之一。

---

① 搜狐.去哪儿网一季度三、四线酒店业务同比增速近90%. https://www.sohu.com/a/140094235_698472，2017-5-12.

② 凤凰资讯.去哪儿网签约赵丽颖为代言人. http://news.ifeng.com/a/20170420/50973401_0.shtm. 2017-4-20.

携程方面表示,携程和腾讯都将成为合并后公司的主要战略投资者。对于合并的优势,上述几方公司均认为,合并后,在新公司所有股东的共同支持推动下,同程艺龙进入资本市场的进程将大大加快。新公司定位于在线旅行服务平台,同程网络和艺龙各自核心业务优势互补,也将有利于双方在产品创新、服务改进和新业务拓展等多个层面上展开业务协同。合并后的新公司将拥有将近两亿消费会员,仅2017年便服务超过5亿人次,合并交易额超过千亿人民币。

2017年,同程旅游整个集团2017年总交易额超过1000亿元,服务人次超过5亿。同程网络的在线标品业务保持了迅猛增长,全年净利润超过5亿元人民币[1];同程控股旗下的同程旅行社集团、同程金服等板块也完成了全年目标预期,预计在2018年取得盈利,并成立了文旅板块开拓新蓝海,这一部分完全独立。

2.5 百程

百程旅游主要从事在线签证办理业务、目的地服务,旅游度假服务以及企业国际商务旅游业务。2017上半年,公司签证业务利润贡献突出,毛利率水平较去年同期接近翻倍,达16.19%。目的地业务延续高增长势头,实现营业收入9240.88万元,增长117.60%,服务37.40万人次,增长65.84%。在公司整体业务收入结构中,目的地业务占比提升至40.18%,与签证业务相当,公司出发地、目的地双支撑的业务格局已经形成,2017年公司实现营收5.25亿元,同比下降4.39%;亏损2795.45万元,与上年同期亏损4510.81万元相比,亏损幅度大幅收窄[2]。

据年报所述,2017年百程旅游签证业务保持稳定,毛利率同比翻倍增长;另外,目的地业务实现营收2.16亿元,同比增长65.13%,双向促进总营收的增长。加之,公司严控费用,亏损减少。从2017年报告来看,公司依然处于亏损状态,百程旅游认为这主要是因为公司仍处于互联网业务拓展期,系统开发、升级、维护都需要大量的资金投入;此外,也与行业总体利润水平较低有一定关系。但百程旅游表示,通过提高客单价、控制费用规模、加大转化营销力度等措施,公司实现了月度亏损持续下降,未来盈利状况将会得到实质性改善。

---

[1] 搜狐新闻.2017最后一个工作日,同城网络与艺龙合并.https://www.sohu.com/a/213600956_168296,2017-12-29.

[2] 新京报网.百程旅游2017年上半年营收微降 亏损收窄.http://www.bjnews.com.cn/travel/2017/08/15/454375.html,2017-8-15.

百程旅游称本期公司营业收入出现微降，主要是受泰国使馆实施免签证费政策影响，该政策将于8月31日结束，从9月1日起恢复收取签证费，预计将不会对百程旅游下半年的营收造成影响。

2.6 马蜂窝、穷游

11月28日，以攻略社区起家的马蜂窝，在其供应商大会（华南分站）上，公布了全新的在线旅游商业模式，同时也低调披露定制游业务的相关信息，全新商业模式主要从系统赋能、数据赋能、营销赋能、资源赋能、人力赋能、金融赋能和课程赋能七大方面，为各类型旅游商家提供全套解决方案。至此定制游市场又添新玩家。

2017年12月12日，马蜂窝在这一天宣布完成D轮融资，融资金额为1.33亿美元[①]。新一轮融资由鸥翎投资（OceanLink）、美国泛大西洋资本集团（General Atlantic）、淡马锡（Temasek）、元钛长青基金、厚安创新基金共同投资，参与前几轮投资的今日资本、启明资本、高瓴资本继续跟投。同年2月，易观在线发布的《中国在线旅游市场产业图谱2017年》中，马蜂窝被归为了媒体和营销平台类目下的"旅游UGC"品类下的首位[②]。在此次发布的D轮融资信息中，马蜂窝将其自身定位为"中国领先的自由行服务平台"和"全球旅游消费指南"，这里指的"服务"，既有原来的旅游信息服务，也包括其新增的旅游交易服务。作为旅游UGC模式开拓者的马蜂窝华丽转身，成为了旅游行业的最难定义的一类，走上了一条独具特色的商业化之路。

此外，同年12月，马蜂窝与国家旅游局数据中心共同成立"自由行大数据联合实验室"[③]，随着自由行越来越多，马蜂窝也在积极开拓国内外目的地营销业务。马蜂窝自创建以来一直以来积极开展目的地营销合作，与北欧四国旅游局、新加坡旅游局、昆士兰旅游局等官方机构均达成长期战略合作，共同开展多样化的目的地营销，马蜂窝行业领先的旅游大数据将为目的地营销赋能。据不完全统计，仅2017年目的地营销业务收入超过2.5亿元。

作为与马蜂窝有着类似定位的穷游网，于2017年3月4日北京举办了

---

① 腾讯科技.马蜂窝完成1.33亿美元D轮融资. http：//tech.qq.com/a/20171212/008145.htm，2017-12-12.
② 易观智库.中国在线旅游市场产业图谱2017. http：//www.lvyoukan.com/236800.html，2017-3-6.
③ 搜狐.马蜂窝携手国家旅游局数据中心成立"自由行大数据联合实验室". https：//www.sohu.com/a/211450972_169814，2017-12-19.

"2017穷游平台商家年会"[①],全球200多家出境游自由行产品供应商代表参加了此次盛会。在会上,穷游网发布了新一年的商城运营策略——"商家优选"计划,旨在提升自由行产品供应商的竞争力,升级用户服务体验。6月该计划正式上线,该计划通过大数据分析对入驻商家进行筛选、比对和排名,并配套严格的优选商家服务细则。待优选初步确认后,为优选商家添加"优选标签",从而帮助用户高效做决策,提高购买、体验的满意度,降低产品和平台的投诉率。

2.7 世界邦

世界邦旅行网作为一站式智能化定制游的开拓者,是目前国内领先的出国定制游平台之一。成立5年以来,已经为数十万用户提供了个性化的旅行服务,并且通过先进的技术手段,实现了行前一站代订、行中智能导航、景点精细导览、全球达人即时咨询等强大的服务特色。

2017年10月21日,世界邦旅行网联合瑞士国家旅游局举办的"冬季到瑞士去玩雪——亲子冰雪旅行主题线路发布会"在北京举行[②]。本次活动由高尔夫亲子网、Justkids儿童滑雪冲浪装备俱乐部协办,会聚了很多对亲子户外运动、亲子旅行有兴趣的家庭。作为亲子旅行的最佳目的地之一,瑞士四季都有着适宜亲子的户外运动和观光体验,在冬季更是可以为度假家庭提供壮美的雪山观光体验,以及既适合初学者嬉戏,也适合发烧雪友大展身手的世界顶级雪场。本次冬季线路的主题"滑雪初体验",也意在吸引更多对初学滑雪和雪地嬉戏有兴趣的亲子家庭。

3. 在线旅游电商存在问题

3.1 在线旅游同质化严重

对于OTA来说,隐藏的危机是在线旅游产品依然缺乏真正意义的创新,同质化现象仍旧严重。无论在线跟团游产品还是自由行产品,近几年OTA的产品都和传统旅行社产品几无差别。换言之,OTA于在线旅游领域的主要功能还是将线下旅行社的产品搬到了线上售卖,产品没有创新,同质化

---

① 搜狐. 2017穷游平台商家年会:"商家优选"成穷游电商业务新战略. https://www.sohu.com/a/127904092_130541, 2017-3-5.

② 旅新网. 世界邦旅行网联合 瑞士国家旅游局发布冬季亲子玩雪新线路. http://www.cntour2.com/viewnews/2017/10/23/CafWcjyxZGSOCXlXImyh0.shtml。2017-10-23.

的结果是最后仍要以规模定输赢。

在线旅游平台存在服务同质化、缺乏明显特色，用户黏性不高、在线旅游地域发展不平衡，国际化进程缓慢等问题。此外，擅自取消订单、退款难、刷单、虚假宣传、搭售等问题依旧突出。在线旅游平台应找准自己的定位，推出特色产品与服务，寻找细分市场和用户特定需求，增加用户黏性。同时，做好订单、退款等服务功能。

3.2 在线电商成为投诉"重灾区"

随着人们生活水平以及消费水平的不断提升，旅游成为生活中的重要组成部分。在线旅游平台极大程度上方便了消费者的出行，但另一方面，居高不下的投诉比也成为消费者的担忧。在线旅游平台应重视消费的声音，努力做好消费全流程的人性化服务。

据中国电子商务研究中心发布的《2017年（上）中国电子商务用户体验与投诉监测报告》数据显示，去哪儿、飞猪、携程、同程旅游、马蜂窝、途牛旅游、艺龙旅行、百度快行、发现旅行、穷游网，上榜"2017年（上）全国OTA行业TOP20热点被投诉生活服务电商"。在线旅游平台占投诉平台50%[①]。

4. 在线旅游电商发展趋势

4.1 OTA进一步整合，各家多举措争抢线上流量

过去一年，竞争是OTA的主旋律。"携程系"的诞生，奠定了携程一家独大的地位，随着美团和飞猪的崛起，再加上刚刚合并的"同程旅游"，几大OTA企业几乎垄断了市场份额。与此同时，各家OTA之间"竞争与合作"的关系也渐趋明朗。

2018年，OTA领域将进一步整合，在渠道的集中化趋势下，借助去年"新零售"的热潮，OTA企业开始寻求盈利增长点。随着线上流量竞争压力的加剧，各家OTA都在主攻自己的技术，布局自身的优势渠道，从去哪儿网刚刚换帅并大力发展酒店板块来看，携程系似乎依然在巩固自身的酒店版图。飞猪则在支付和目的地IP化上继续下功夫，美团则主攻餐饮，并寻求更多酒旅板块的市场份额。各家在完善自身产品的同时，显然都在追求

---

① 电子商务研究中心.2017年度中国电子商务用户体验与投诉检测报告.http://www.100ec.cn/detail--6442086.html, 2018-3-24.

更高的用户黏度。2018年科技依然会成为OTA大力应用的武器，同时，在增强用户黏度上各家OTA肯定会下足功夫，然而其他OTA要想撼动携程老大的市场地位恐怕仍然很难。

4.2 "线上+线下+体验"将成为旅游业发展趋势

随着互联网人口红利逐步消失，线上获客成本不断提升，行业巨头纷纷在线下开设门店。2017年2月23日，携程旅游宣布对旅游百事通、去哪儿度假进一步整合，在全国二三四线城市全面实施"落地战略"，截至目前已经开业5500多家门店[1]，联合推广携程旅游的度假产品和品牌，实现了在重庆、四川、云南、贵州、湖北、湖南、江苏、浙江、山东、河南、天津、江西、安徽、陕西、山西、福建、广西、河北、海南、宁夏、甘肃、内蒙古等22个省市（区）的落地布局。

相对于线上产品资源及平台，旅游体验店更具备企业文化展示、互动沟通、顾问式服务等功能。旅游体验店可改进线上用户体验，适应新时代的旅游消费需求趋势，提升企业市场竞争力。增设线下门店，一方面能够让OTA平台在降低运营成本的同时加强对旅游资源的掌控；另一方面能够在拉拢线下消费者的同时拓展线下市场，提升服务体验。

4.3 通过技术革新为消费者提供个性化体验

随着大数据和人工智能的崛起，越来越多的OTA将其采用到自己的产品上。就在线旅游预订市场而言，全球市场消费者旅行行为的移动化趋势是另一大关注点。如今，消费者不仅会通过手机来完成行程的预订和消费，也更加期待着旅游APP能够以丰富和实用的功能，真正了解和满足他们的个性化需求。加强搜索平台功能，以及有效利用微信发布的微信小程序等能够给消费者带来更加多元的体验。

未来的旅游发展也将围绕消费者的需求优化产品和服务的核心，不断地通过技术革新和用户测试，为消费者提供更为个性化的用户体验和更为方便周到的服务。

---

[1] 搜狐.2017年在线旅游行业十大热点事件发布.https：//www.sohu.com/a/218454412_430579，2018-1-23.

第四板块——会议与展览业篇

2017年北京会议业发展报告

刘林艳，童铭豪

会议业是一个对政策环境、经济周期等外部环境条件较为敏感的行业。2017年，世界经济进入复苏和增长的轨道，整体局势向好。中国经济在"新常态"的调整下，经济下行态势基本得到遏制，市场供求关系得到修复，经济增长潜能开始释放，整体呈现"稳中有进、稳中向好、稳中向优"的特点。

北京市"十三五"规划中，北京立足全国政治中心、文化中心、国际交往中心、科技创新中心的城市战略定位。将强化国际交往功能，培育重大国际会议和国际影响力强的文化、科技、体育等活动品牌，积极吸引国内外会展落户。

会议业作为构建现代市场体系和开放性经济体系的重要平台，其运行状态和发展趋势不但与经济转型密切相关，更对经济的创新驱动转型有着重要意义。应加快持续健康发展，努力推动北京市成为国际上具有竞争力和影响力的会议城市，更好地发挥自身在国民经济中的作用。

北京作为国内公认的最活跃的会议城市、每年举办会议最多的城市，对北京会议业的历史和现状进行研究具有代表性，且富有理论意义和实践意义。

一、北京会议业总体特征

本部分研究2010—2017年北京市承办会议的总体情况。分别从会议数

［基金项目］北京市社科基金青年项目《冬奥会背景下构建京津冀协同发展的绿色会展体系战略研究》（17GLC053）。

［作者简介］刘林艳（1985—），女，管理学博士，北京第二外国语学院经贸与会展学院副教授，liulinyan_99@126.com；童铭豪（1998—），男，北京第二外国语学院经贸与会展学院2016级会展经济与管理专业本科生。

量情况、会议收入情况、会议接待设施情况、会展从业人员情况,以及接待国际会议情况等几个方面对北京市会议业总体特征进行分析。数据主要来源于北京市统计局和国家统计局北京调查总队共同编制的 2010—2017 年各年度《北京统计年鉴》①。

(一)会议数量与参会人数情况

根据北京统计年鉴数据,2010—2017 年北京市接待会议数量及增长率情况如图 1 所示。2010—2012 年北京市接待会议数量逐年攀升,在 2012 年达到最高峰 31.3 万个,而 2013 年经历了一次重大回落,接待会议量骤降至 23.7 万,增长率 –24.3%。2014 年再次下降 13.9% 达到最低点 20.4 万个,相比 2014 年的最高点缩水了 34.82%;2015—2016 年北京市接待会议数量平稳保持在 20~21 万个,预计 2017 年有小幅度回升(见图 1)。

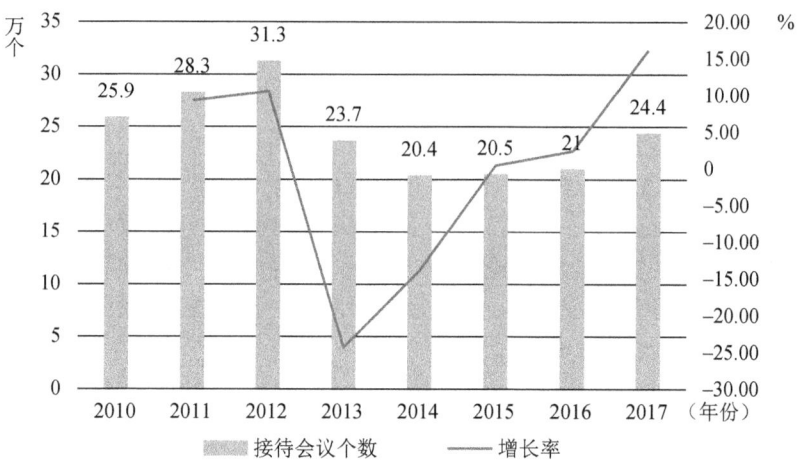

图 1　2010—2017 年北京市接待会议数量及年增长率

与会议数量变化趋势基本一致,北京市接待会议人数在 2012 年达到峰值 2010.9 万人次后,自 2013 年开始迅速回落,在 2014 年降至最低点 1418.6 万人次,降幅达到 29.45%;此后逐年稳定上升,2016 年接待会议人数 1605.7 万人次,相比 2014 年回升 13.19%;预计 2017 年增长 85 万人次

---

① 注:统计范围包括会展场馆、星级酒店、会展举办单位以及规模以上会议及展览服务业法人单位和旅行社等。由于统计范围内单位名录每年均有变化,本文均采用北京市统计局根据当年实际情况调整后的数据。数据来源于北京统计年鉴–第三产业中会展业活动情况,因本文撰写时 2018 年北京统计年鉴还未出版,故 2017 年数据使用历史平均法计算得出。

左右，会议接待人数达到 1689 万人次（见图 2）。

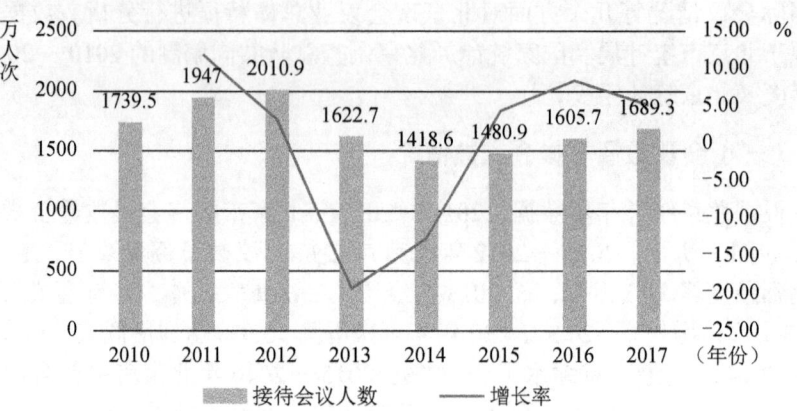

图 2　2010—2017 年北京市接待会议人数及年增长率

（二）会议收入情况

2016 年北京市会议业收入 109.6 亿元，预计 2017 年收入 110.6 亿元，较 2010 年上涨 13.9%。2010—2012 年北京市会议业收入处于快速上升阶段，2012 年达到 134.9 亿元；2013 年有所下降至 110.2 亿元，增长率 –18.3%，2014 年北京市会议产业收入低至 96.6 亿元，甚至低于 2010 年的 97.1 亿元。2015 年、2016 年均以 5%~8% 的速度小幅回升，预计 2017 年北京市会议收入回升至 110 亿元左右（见图 3）。

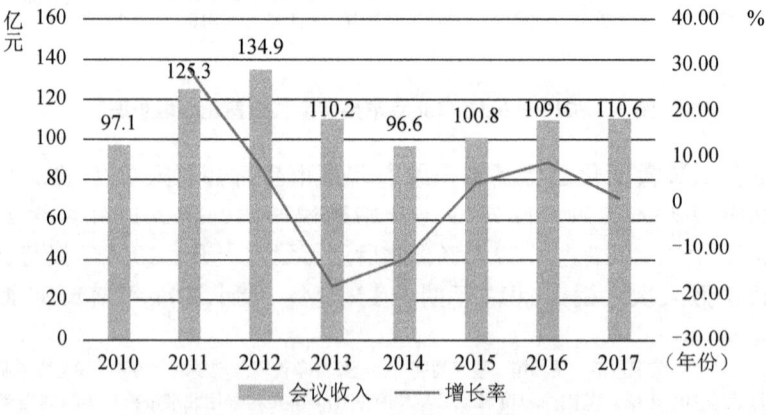

图 3　2010—2017 北京市会议收入及年增长率

从行业来看，会议业收入变化趋势与整个会展行业基本一致。在经历了 2010 年 27.59%，2012 年 10.90% 的高速增长后，北京市会展业年收入达到了 247.2 亿元，但 2013 年会展业年收入大幅萎缩 16.67%，降低至 206 亿元，此后逐年以 2%~6% 的增长率平稳上升，2016 年会展业年收入回升至 232.6 亿元，预计 2017 年达到 242.2 亿元（见图 4）。

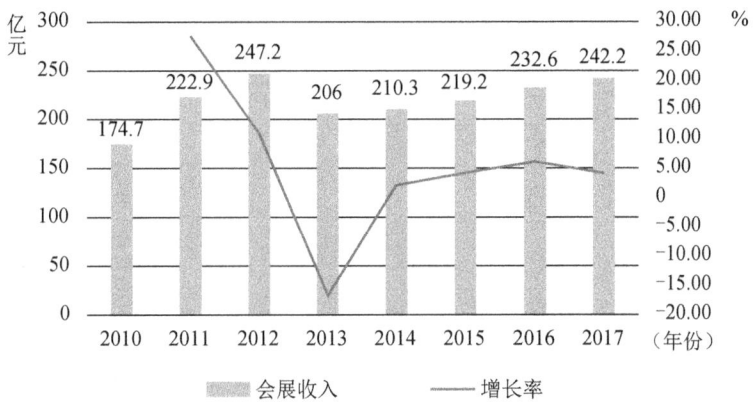

图 4　2010—2017 北京市会展业收入及年增长率

从收入占比来看，北京市会议业年收入占会展业年收入比例维持在 45%~57%，会议业与整个会展业的繁荣与萎缩基本同步，而从 2013—2016 年这一时期的数据表现来看，会议业对经济、政策等外部环境的反应更为敏感（见图 5）。

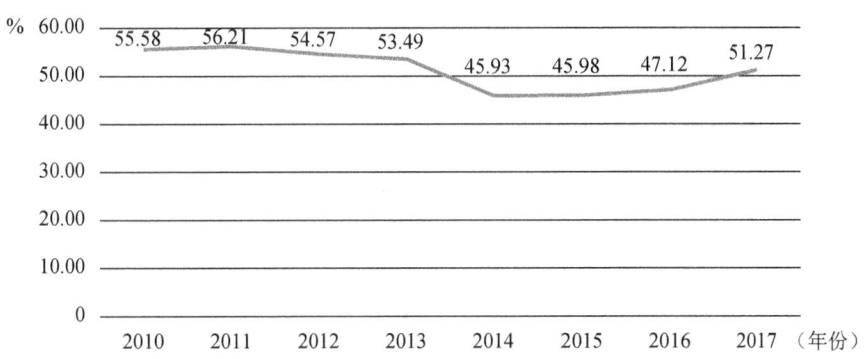

图 5　2010—2017 年会议业收入占会展业收入比例

（三）会议接待设施情况

2010—2013年北京市接待场所会议室数量基本稳定维持在5600个左右，而2014年大幅度缩减至4908个，增长率-12.42%，此后会议室数量基本维持在4900~5000个，预计2017年北京市接待场所会议室数量达到5100个左右。

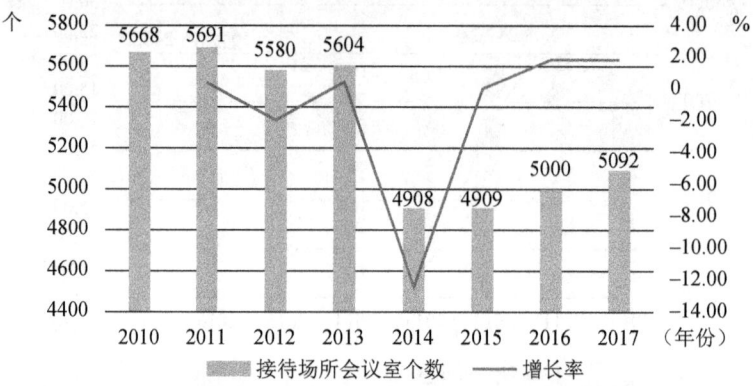

图6　2010—2017年北京市接待场所会议室数量及年增长率

从大型会议室（500座以上）数量情况来看，虽然总数较小，但2012—2014年数据仍能体现出较大的波动，相比2012年最高值的209个大型会议室，2014年降低35个，缩减到174个大型会议室，降幅16.75%，2014年后以3%左右的增长率平稳增长，2016年上升到184个；预计2017年北京市大型会议室数量达到188个（见图7）。

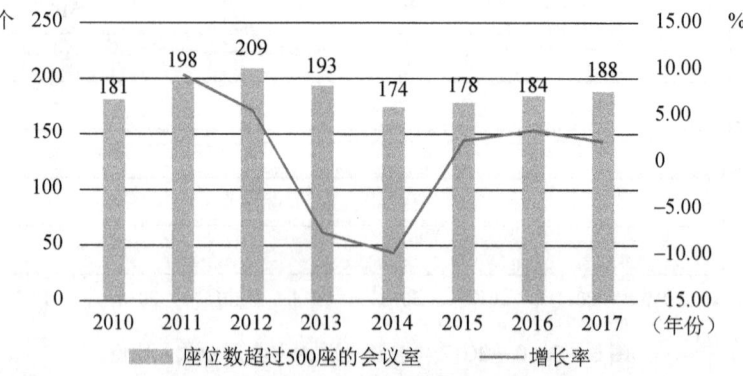

图7　2010—2017年北京市大型会议室数量及年增长率

如图 8 所示，2010—2017 年，大型会议室数量占会议室总数比例维持在 3.2%~3.8%，无明显波动，2013 年略有下降，占比 3.44%；2014 年后平稳上升，2016 年占比为 3.68%。

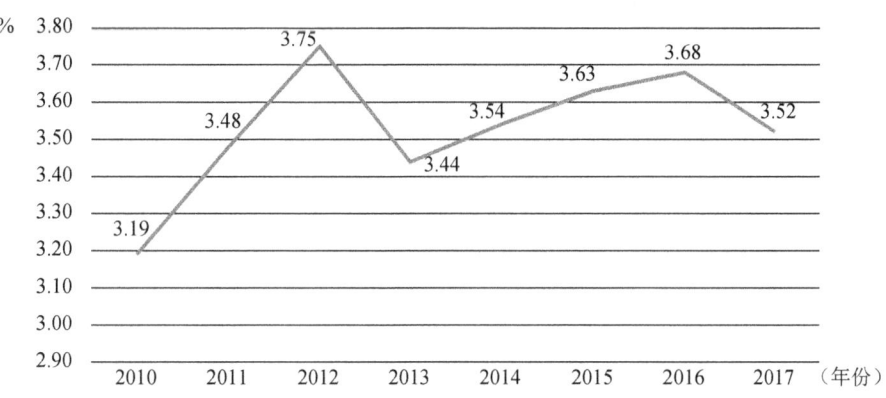

图 8　2010—2017 年接待场所大型会议室占会议室总数比例

2010—2017 年北京市接待场所会议室使用面积情况与数量增减趋势基本一致，2010—2013 年会议室使用面积稳定增长至 82.2 万平方米，2014 年骤降至 72.4 万平方米，降幅 11.92%。2015 年为 72 万平方米，略有下降，2016 年增长 2.78%，小幅度回升至 74 万平方米，预计 2017 年北京市接待场所会议室使用面积为 76 万平方米（见图 9）。

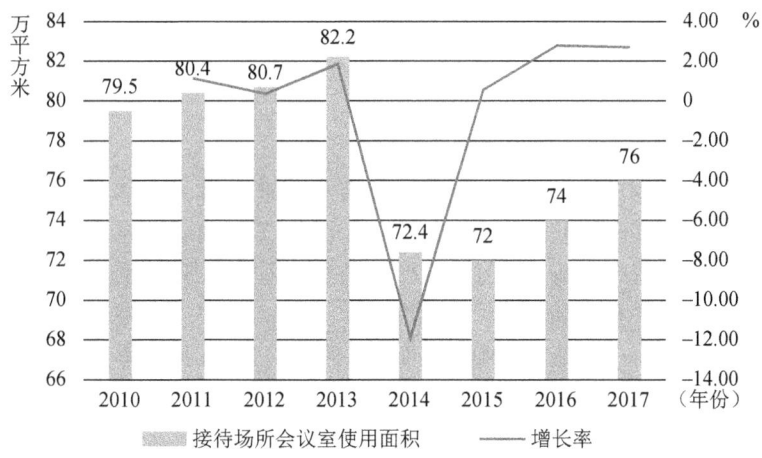

图 9　2010—2017 年北京市接待场所会议室面积及增长率

从接待场所会议室可容纳人数来看，2010—2013年波动幅度较小，可容纳人数维持在47.9万~48.7万人，最高值为2011年48.7万人。2014年伴随会议室数量大幅缩减，会议室可容纳人数减少至43.9万人，萎缩9.30%，2015年接待场所会议室可容纳人数小幅增长1.37%，达到44.5万人；2016增长2.47%，可容纳45.6万人；预计2017年北京市接待场所会议室可容纳人数回升至46.7万人（见图10）。

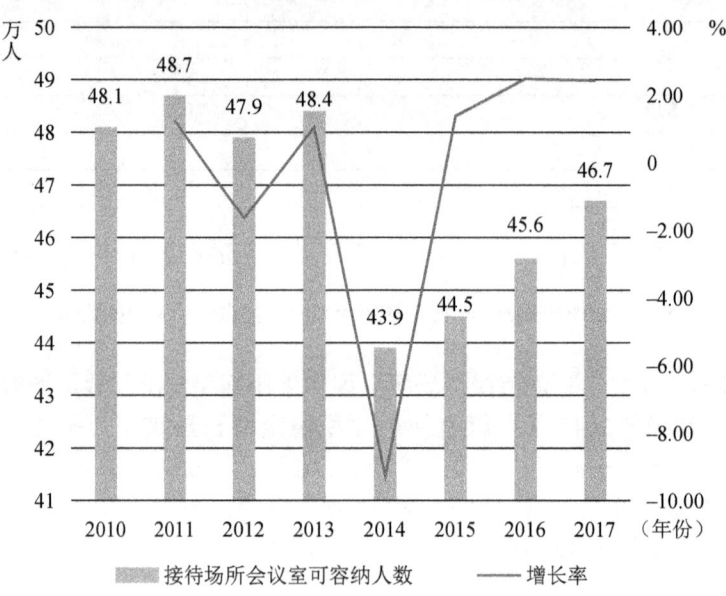

图10　2010—2017年北京市接待场所会议室可容纳人数及增长率

（四）会展从业人员情况

如图11所示，2010—2017年北京市会展业从业人员人数变化与其他指标变化情况有一些差别。2010—2012年北京市会展业从业人员人数以2%~3%的速度增长，2012年达到22.5万人。2013年降低至20万人，增长率-11.1%；2014年小幅度回升至20.3万人，2015年大幅度缩减至14.9万人，增长率低至-26.6%，2016年仍有所降低，达到14.2万人；预计2017年从业人员人数1万人左右。

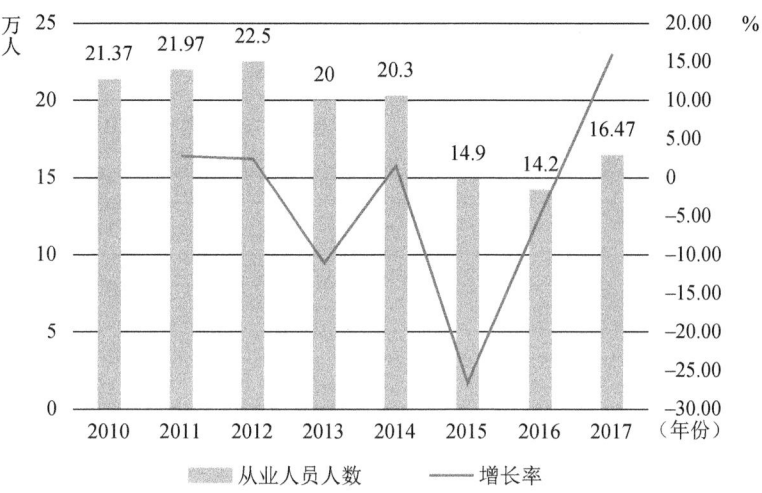

图11 2010—2017年会展业从业人员人数及增长率

（五）接待国际会议情况

根据国际会议协会（International Congress and Convention Association，ICCA）公布的《2017年度国际会议协会数据报告[①]》，中国2017年共举办376场国际会议，排名世界第八（ICCA所统计的国际会议，是指至少有3个国家轮流举行，且与会人数至少在50人以上的固定大型会议），其中，北京举办了81场大型国际会议，居全球所有城市中的第25位（见表1）；在亚洲城市中排名第6位；在国内大陆城市中排名居首位，占国内大型会议的21.54%。相较于2016年，北京举办113场大型国际会议，占国内大型会议数量的27.56%，2017年北京举办大型国际会议的数量和占比有所下降（见表1）。

表1 2016年中国国内城市国际会议数量分布

城市	排名			会议数量		
	2017年	2016年	变化	2017年	2016年	变化
巴塞罗那	1	3	↑2	195	181	↑14
巴黎	2	1	↓1	190	196	↓6

---

① ICCA. ICCA Statistics Report_2017［EB/OL］. http：//www.iccaworld.com/，2016-07-24.

续表

城市	排名			会议数量		
	2017年	2016年	变化	2017年	2016年	变化
维也纳	2	2	--	190	186	↑4
柏林	4	4	--	185	176	↑9
伦敦	5	5	--	177	153	↑24
新加坡	6	6	--	160	151	↑9
马德里	7	7	--	153	144	↑9
布拉格	8	11	↑3	151	126	↑25
里斯本	9	9	--	149	138	↑11
首尔	10	10	--	142	137	↑5
布宜诺斯艾利斯	11	17	↑6	131	103	↑28
布达佩斯	12	16	↑4	128	108	↑20
香港	13	19	↑6	119	99	↑20
都柏林	14	13	↓1	117	118	↓1
哥本哈根	15	14	↑1	115	115	--
阿姆斯特丹	16	7	↓9	112	144	↓32
曼谷	17	12	↓5	110	121	↓5
东京	18	21	↑3	101	95	↑6
斯德哥尔摩	19	18	↑1	97	101	↓4
蒙特利尔	20			96		
罗马	20	20	--	96	96	--
布鲁塞尔	22	23	↑1	97	91	↑6
华沙	23			89		
赫尔辛基	24	22	↓2	87	92	↓5
北京	25	15	↓10	81	113	↓32

续表

城市	排名			会议数量		
	2017年	2016年	变化	2017年	2016年	变化
雅典	26	25	↓1	76	79	↓3
悉尼	26			76		
台北	26	24	↓2	76	83	↓7
利马	29			74		
奥斯陆	30			73		

根据ICCA发布的国际会议协会统计报告，纵向对比2010—2017年北京举办国际会议的数量排名变化（见表2），2011年举办国际会议111场，世界排名第10，亚太地区排名第2，仅次于新加坡，为北京近年来最好成绩；此后2012—2016年排名在10~20波动，举办国际会议数量也较为稳定；但2017年北京举办国际会议数量下降到81个，世界排名降至25名，无论是排名还是国际会议数量均为下降最多的城市，在亚太地区排名第6，落后于新加坡、首尔、中国香港、曼谷、东京。综合来看，虽然北京在中国大陆城市中排名始终稳居第一，但上海、杭州、广州等沿海城市及西安、成都等中西部城市也在不断崛起，北京面临的国内外市场上的竞争日趋激烈。

表2 2010—2017年北京ICCA排名变化

年份	排名	数量（个）
2010	12	98
2011	10	111
2012	13	109
2013	18	105
2014	13	104
2015	19	95
2016	15	113
2017	25	81

1. 接待国际会议数量情况

根据北京统计年鉴数据，2010—2012 年北京市接待国际会议数量逐年上升。2012 年达到最高值 0.8 万个，2013 年骤减至 0.6 万个，萎缩 25%，2015 年继续萎缩 16.67% 达到最低点 0.5 万个，预计 2017 年国际会议数量将维持在 0.5 万个左右（见图 12）。

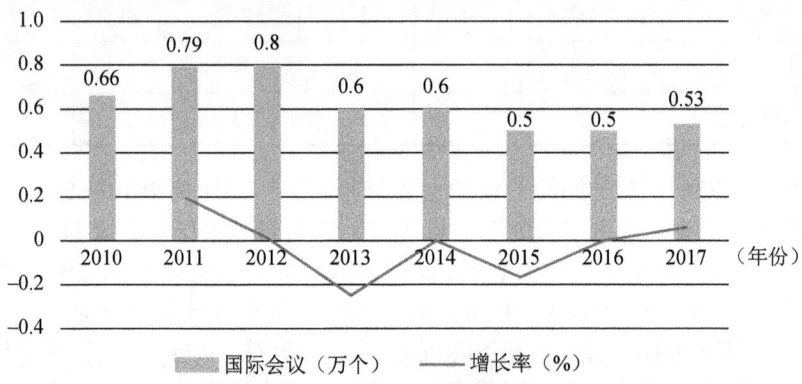

图 12　2010—2017 年北京市接待国际会议数量及增长率

2010—2016 年北京市接待国际会议数量占会议总量比重维持在 2%~3%，2011 年为第一个峰值，占比 2.79%，2012 年、2013 年有所下降，2014 年达到最高值 2.94%，2014 年后有逐年下降趋势，预计 2017 年占比为 2.62%（见图 13）。

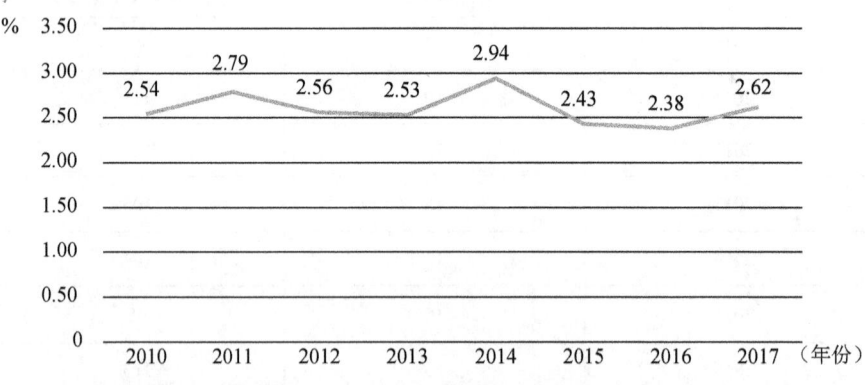

图 13　2010-2017 年北京市接待国际会议数量占会议总量比重

2. 接待国际会议人数情况

2010—2017年北京市接待国际会议人数有较大幅度波动。其中2010年为最高点，共接待79.5万人次，2011年减少至70.5万人次，降幅11.32%，2012年又回升到77万人次；2013—2015年接待国际会议人数较之前几年有大幅减少，维持在59.5万~63.5万人次；2016年增长9.9%，达到65.5万人次；预计2017年仍有小幅上升，接待国际会议人数为68万人左右（见图14）。

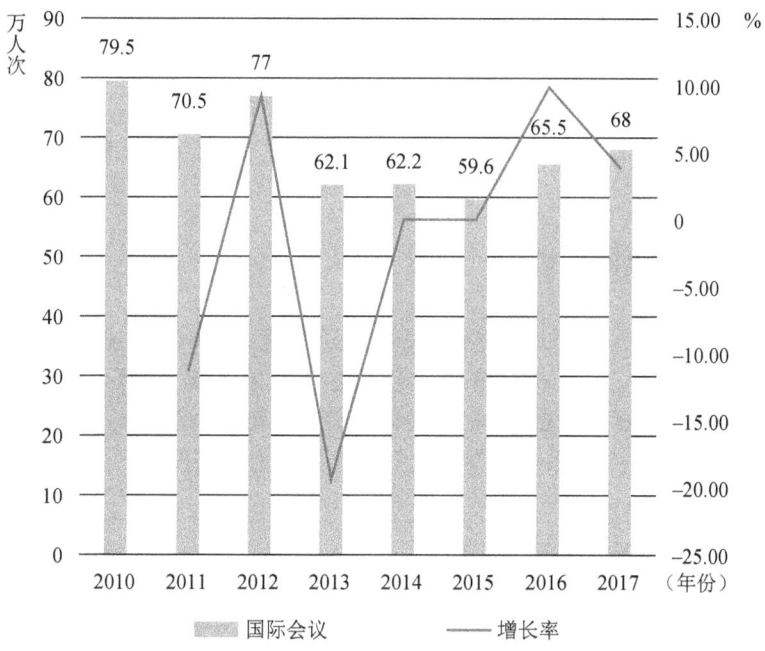

图14 2010—2017年北京市国际会议接待人数及增长率

从国际会议接待人数占比来看，2010年为最高点占比达到4.57%，2011年由于国际会议接待人数大幅下降，骤减至最低点，占比3.62%；此后逐年上升，在2014年达到另一个小高峰4.38%；2015—2016年有所回落，维持在4%左右，预计2017年将保持这一比重（见图15）。

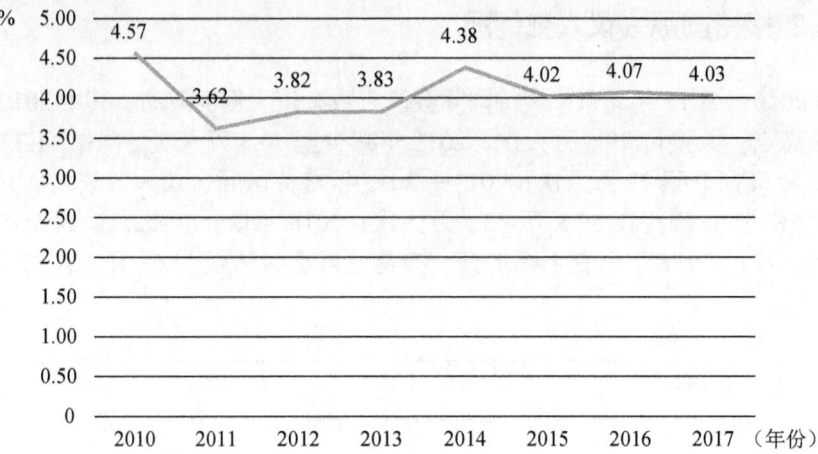

图 15　2010—2017 年北京市接待国际会议人数占会议总人数比重

3. 国际会议收入情况

2010—2017 年北京市国际会议收入最高值为 2010 年 10.2 亿元，最低值为 2015 年 5.7 亿元，相差将近一倍。2010—2014 年，国际会议收入逐年小幅度增减，2015 年大幅缩减 35.96%，2016 年增长 29.82%，达到 7.4 亿元；预计 2017 年北京市国际会议收入达到 8 亿元以上（见图 16）。

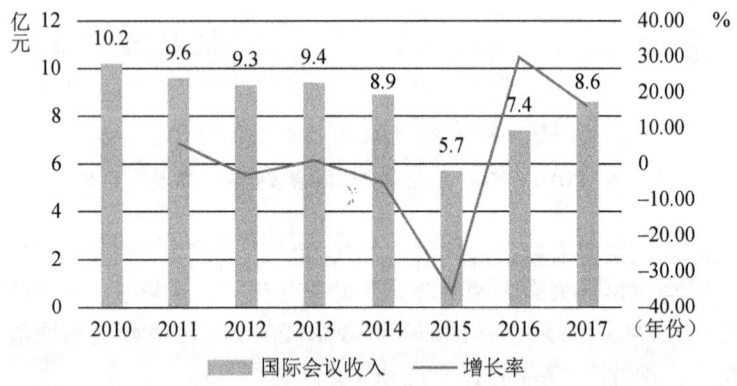

图 16　2010—2017 年北京市国际会议收入及增长率

从国际会议收入占会议总收入比重来看，与国际会议收入变化基本一致，2010 年占比最多，达到 10.5%；2015 年占比最少，比重 5.65%。2010—2012 年国际会议收入占比逐年下降至 6.89%，2012—2014 年占比上升至 9.21%，2015 年骤降至最低点 5.65%，2016 年回升至 6.75%；预计 2017 年国际会议收入占比将达到 7%~8%（见图 17）。

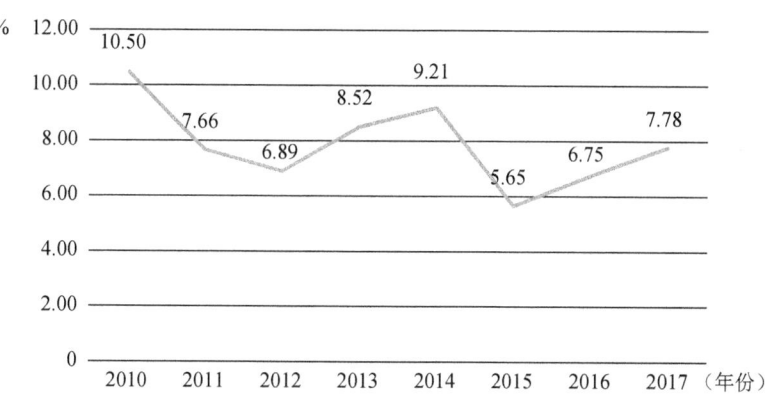

图 17　2010—2017 年北京市国际会议收入占会议总收入比重

二、北京会议市场的主要问题

（一）行业标准尚不完善

会议业长期以来都伴随着缺乏行业统一标准的粗放式发展模式，是否需要行业标准，行业标准由谁制定，如何制定行业标准，一直是业内讨论的问题。对会议业而言，行业术语、审计、评估、认证的标准有利于促进行业在一定范围内获得最佳秩序，从而提高效用，促进管理服务水平的专业化、国际化、品牌化。

2008 年，国家标准管理委员会正式批准成立了全国会展业标准化技术委员会，已经初步形成了会展业标准体系框架，在会议业标准的制定上起到了一定的推动作用。但会议数量多、入口分散、要求各异、涉及面广的特点为行业标准的制定带来了难度，因此在标准的制定上很难做到完全统一、不重不漏，这也进一步说明了制定行业标准的必要性。

（二）国际化水平有待提高

在《北京市"十一五"旅游业及会展业发展规划》中，明确了北京的总体定位是"中国政治、文化、科技会展的首位城市,国际经济贸易、社会环境、科技文化、专业品牌会展的主要亚洲会展城市"。从举办国际会议来看,北京一直以来凭借政治、经济、资源等优势稳居大陆城市之首,但在世界范围内,不但与巴黎、柏林、伦敦、纽约等世界一流的会议城市在国际会议数量、规模、品牌、层次上有明显差距,与亚太地区的新加坡、首尔、曼谷等城市也有一定距离。从行业水平来看,北京市会议业在产业集聚化程度、服务专业化水平和从业人员素质方面也有很大的进步空间。总的来说,北京会议市场的国际化水平还有待进一步的提高。

(三)专业机构与专业人才相对不足

2012年北京市旅游委成立了北京高端会奖旅游服务机构(BCVB),作为目的地推广者、需求沟通者、会议支持者、行业推动者致力于促进北京市会奖业发展。但从整体上,专业化水平高、具有国际影响力的会议服务公司仍相对不足。

从本文前述的统计数据来看,北京市会议业的专业人才不仅人数不足,且存在着一定程度的人员流失现象。会议的策划、筹办与组织实施非常复杂,我们既需要熟悉会议申办、项目管理的人才,也需要精通外语、了解外国文化的人才,因此一次国际会议没有一个组织有序的团队是不可能做好的。随着北京市会议业的快速发展,数量和规模不断扩大,对各种层次人才的需求也越来越大,既有国际视野和创新意识、同时又懂专业策划与运作的高素质会展人才则更为缺乏。

三、北京会议市场发展趋势

(一)区域一体化趋势

在区域一体化发展的趋势下,京津冀地区将打造"具有国际竞争力的世界级城市群",三地功能定位和区域分工将进一步明确,分别依托不同的区位优势和资源条件实现个性化发展,提升区域竞争力。2014年年底,三地贸促会共同签署了《京津冀贸易促进协同发展合作备忘录》,推动三地国际性经贸交流活动和会议展览的协同发展。京津冀协同发展可以促进三地会展业的产业对接和资源整合,有利于缓解北京市会展场馆设施、交通及生态环境及会展成本等因素对会展业发展的制约,促进首都会展业的高端转型升级。

（二）产业集群化趋势

结合北京城市特点，着力建设"四核六板块"会展产业集聚区。四核功能区指：顺义新国展片区、奥体会展片区、国展—农展馆片区、首都会展片区。六板块即：海淀稻香湖板块、密云龙湾水乡板块、怀柔雁栖湖板块、石景山首钢板块、昌平小汤山板块、丰台青龙湖板块。"四核六板块"以产业聚集和业态创新发展为目标，依托当地的环境和设施，大力发展会议、展览、节事活动、奖励旅游四大会展活动，打造独特的、个性差异的会展产业集聚区。在产业区域集群化的条件下，加强竞争与合作，实现优势互补、资源共享，促进区域内会议业专业化、国际化、品牌化发展。

（三）市场化趋势

随着北京市会议业的不断成熟和深入发展，会议市场也遇到了许多挑战和机遇。2012年北京市会议业呈现出空前繁荣的状态，2012年12月八项规定出台后，从2013年起，不论是会议规模、参会人数还是会议数量都有大幅度的断崖式下滑，带来了会议收入萎缩、从业人员流失的诸多影响。但这对北京市会议业的发展也是一次新的思考，经过几年来市场化的调整，深入发掘内在的市场，具有竞争力的企业进行兼并扩张，产业链延伸和整合，落后的企业被自然清出市场，北京市会议业进入了更加重视品牌和质量的新阶段，也更加能适应目前经济环境的新常态，在符合经济周期和规律的条件下平稳增长，更有利于会议市场未来的良性发展。

四、针对北京会议市场的发展建议

（一）提升国际化水平

推动北京市会议产业国际化，成为国际前列的会议城市，不仅要在基础设施上与国际看齐，还要在行业标准和管理理念上与国际接轨，北京市会议产业国际化可以采取如下措施：一是积极与国际会议组织合作，加强与国际品牌会议的交流，坚持"引进来"和"走出去"相结合的政策，争取让更多的品牌国际会议落户北京；二是推行与国际接轨的标准和理念，借鉴国际化的运营管理模式，让会议产业更加绿色、高效、数字化，提升办会的国际影响力；三是积极发挥会议局的功能，北京市旅游委下属的北京市高端会奖旅游服务机构（BCVB），利用好BCVB专业的团队、丰富的资源和渠道，为国际会议的申办和举行提供咨询、支持和推广，宣传扩大北京市作为优秀的国际会议目的地的国际影响力。

（二）加强专业会议人才培养

北京市需要加大对会议产业的各种会议组织、策划、接待、服务人才的培养力度，培育和壮大一支熟悉会议组织管理，善于开拓会议市场，强于策划和营销会议的专业队伍，不断提高北京会议业的服务质量和管理水平。一是加强会议专业高等教育力度，培育一批既有创新策划能力又有现代管理理念的中高层会议人才；支持高校设立本科和硕士教育层次的会议领域方向；加强高校与国内外会议企业、行业协会、高校间的交流，做到产学研融合发展。二是加强从业人员培训，会议业具有实操性和流程性极强的特点，办好一次会议既需要专业的理论知识储备，也需要丰富的行业经验和专业技能。对于不同层次的员工、管理人员应该进行不同方面的培训，对一线工作的员工更重视具有实践性的专业技能培训；对中层管理人员应注重管理学、经济学的理论知识培养；对企业高层管理人员应注重企业战略管理和宏观决策的能力培养。三是加强不同领域人才的引进，会议业需要多领域、多层次的复合型人才，其他行业的人才掌握的知识和技能对会议业可能会有更好的促进作用，不同领域的人才也会以独特的视角来看待会议业的发展，给出具有建设性的意见。

（三）进一步改善管理服务体制

一是加强政府引导和宏观调控，从政府层面强化对北京市会议业、展览业和奖励旅游业发展的统筹与宏观调控、部门协调和资源整合等方面的服务功能。会议业涉及的领域交叉、层次复杂，应明确政府不同部门的职能作用，积极参与北京市会议业发展的支持和监管，出台相关配套服务体系建设指导意见，制定相关服务制度标准，加强规范管理。建立会议宣传推广、信息交流、行业培训等公共平台，承担起行业统计、信息发布、沟通协调、行业自律、咨询服务等职能，推动和引导会议经济健康有序的发展。二是合理有效的分配展览业、会议业和奖励旅游业的资源。从数据和现实来看，会展业发展中有"重展览、轻会议"的观念，应做到会议与展览发展并重，整合会议和相关产业，均衡分配资源，重视会议业和展览业的产业合作，实现双赢，同步发展。三是培育现代化会议产业市场主体，按照市场经济发展的要求，通过资源整合、信息共享和有序竞争进行战略重组，建立符合现代企业制度的多元化会议企业，扩大企业组织规模，增强企业竞争实力。加强会议企业与会议局、旅游局、航空公司、会议中心及其他服务提供方的合作交流，合作办会、联动发展，从而增强会议的宣传推广力度，提高竞争力和影响力，促进会议业向国际化、品牌化发展。

参考文献

[1] 北京统计局.14-9 会展业活动情况［J］.2017 北京统计年鉴，2017.
[2] 北京统计局.22-9 会展业活动情况［J］.2016 北京统计年鉴，2016.
[3] 北京统计局.22-11 会展业活动情况［J］.2015 北京统计年鉴，2015.
[4] 北京统计局.22-9 会展业活动情况［J］.2014 北京统计年鉴，2014.
[5] 北京统计局.22-9 会展业活动情况［J］.2013 北京统计年鉴，2013.
[6] 北京统计局.22-10 会展业活动情况［J］.2012 北京统计年鉴，2012.
[7] 北京统计局.22-10 会展业活动情况［J］.2011 北京统计年鉴，2011.
[8] 北京统计局.22-10 会议及展览活动情况［J］.2010 北京统计年鉴，2010.
[9] ICCA. ICCA Statistics Report_2017［EB/OL］. http：//www.iccaworld.com/，2018-07-22.
[10] 晏绍庆，马娜，康俊生，顾君剑.我国会展业标准体系现状与构建路径［J］.中国标准化，2010（5）：6-9.
[11] 刘海莹.北京会议业发展报告［N］.中国贸易报，2011-10-25（007）.
[12] 翟元宁，高欣.上海和北京会议业发展成功经验探析［J］.现代商贸工业，2014，26（7）：57-58.

2017年北京展览业发展报告

刘 畅，张 文，于金晓

2017年，以世界经济温和复苏为背景，全球会展业呈现稳定发展局面。北京展览业从高速增长逐渐步入高质量发展轨道。会展业成为服务北京四个中心建设的重要载体之一，为北京社会和经济发展起到了重要的引领、聚集、辐射作用。经过几年努力，北京会展业环境得到进一步优化，形成了以品牌展会为龙头，以新兴产业展会为重点，以服务四个中心建设为核心的会展业健康发展新局面。

一、北京展览业发展概况

2017年，北京市共举办经贸类展会373场，占全国办展总量的10%，在各省（直辖市）办展数量排名居全国第三位，位于上海市（659场）和广东省（534场）之后；办展面积约为990万平方米，占全国展览会总面积的8%，排名在上海市（2568万平方米）、广东省（2338万平方米）和山东省（1082万平方米）之后，由2016年的全国第三位下降到全国第四位。

从全国会展城市排名上来看，办展数量方面，北京市排名仅次于上海市，列第二位。办展面积方面，北京市排名在上海市和广州市之后，居于全国第三位。北京市在全国展览城市中的排名没有发生变化，但展览业发展增速与上海相比差距持续拉大。2017年，上海市办展数量是北京的1.77倍，办展面积是北京的2.59倍。综合中国会展经济研究会和中国国际贸易促进会的展览统计数据，2011年以来，北京展会数量稳中有落的态势仍在

[基金项目] 北京市教委社科计划一般项目"艺术节与城市功能的互动发展研究：以北京市为例"（SM201710031006）。

[作者简介] 刘畅（1987—），女，经济学博士，北京第二外国语学院经贸与会展学院讲师，研究方向为会展经济、消费经济，邮箱：echocharlotte@163.com。张文、于金晓为北京第二外国语学院经贸与会展学院2015级学生。

持续,如图 1 所示。

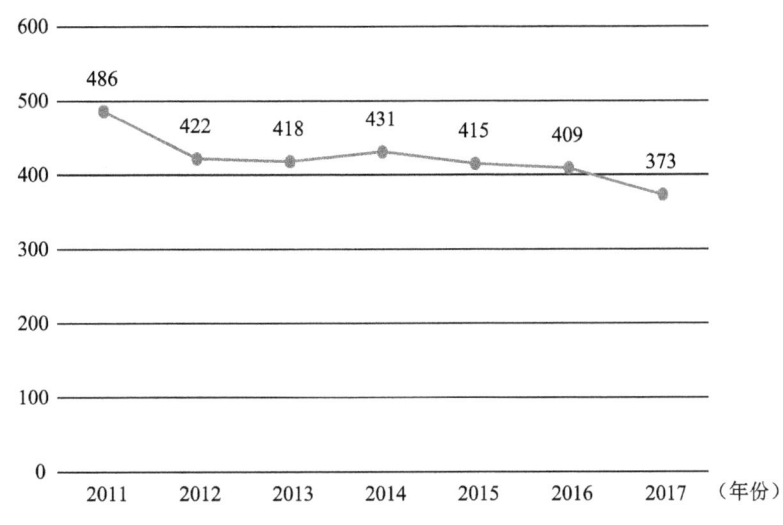

图 1　2011—2017 年北京市办展数量

资料来源:中国会展经济研究会,《2017年度中国展览数据统计报告》;

中国国际贸易促进委员会,《中国展览经济发展报告(2017)》。

(一)规模以上展会

2017 年,北京市共举办 5 万~10 万平方米展会 28 场,占北京市总办展数量的 7.5%,高于全国平均水平(6.11%),总面积 1 597 700 平方米,占北京市办展总面积的 16.13%,略低于全国平均水平(19.10%);10 万平方米以上展会 16 场,占北京市总办展数量的 4.29%,高于全国平均水平(2.42%),总面积 2 210 820 平方米,占北京市办展总面积的 22.33%,高于全国平均水平(18.46%)。可见,与全国平均水平相比,北京市 10 万平方米以上展会数量、规模所占比例仍有优势。然而,从展会的平均面积来看,北京市举办的展会的平均面积是 2.65 万平方米,仅列全国第 23 位,低于全国 3.4 万平方米的展会平均规模,与第一名广州市相比(展会平均面积 4.74 万平方米)存在较大差距,反映出北京市小规模展会多,拉低展会平均面积的状况,见表 1。

表1 2017年北京市10万平方米以上展会名单

序号	展会名称	展会时间	展会地点	展会面积
1	2017第24届中国国际汽车用品展览会	2017-02-17	中国国际展览中心（新馆）	250 000㎡
2	2017中国（北京）国际建筑工程新技术、新材料、新工艺及新设备博览会	2017-02-27	中国国际展览中心（老馆）	200 000㎡
3	第二十三届中国（北京）国际墙纸墙布窗帘暨家居软装饰展览会	2017-02-27	中国国际展览中心（新馆）	120 000㎡
4	2017北京国际家居饰品及陈设艺术博览会	2017-02-27	中国国际展览中心（新馆）	120 000㎡
5	2017第二十四届中国（北京）国际建筑装饰及材料博览会	2017-03-07	中国国际展览中心（新馆）	200 000㎡
6	CIDE-2017第十六届中国国际门业展览会	2017-03-14	中国国际展览中心（新馆）	120 000㎡
7	第十七届中国国际石油石化技术装备展览会	2017-03-20	中国国际展览中心（新馆）	100 000㎡
8	2017第二十五届京正·北京孕婴童产品博览会	2017-03-25	中国国际展览中心（新馆）	106 800㎡
9	AMR2017第67届北京国际汽保展览会暨汽车美容快修连锁经营展	2017-03-30	中国国际展览中心（新馆）	114 120㎡
10	2017北京国际汽车维修检测诊断设备及汽车养护展览会	2017-03-30	中国国际展览中心（新馆）	102 100㎡
11	2017第十五届中国国际机床展览会	2017-04-17	中国国际展览中心（新馆）	131 000㎡
12	2017第九届北京国际印刷技术展览会	2017-05-09	中国国际展览中心（新馆）	160 000㎡
13	2017第二十八届中国国际玻璃工业技术博览会	2017-05-24	中国国际展览中心（新馆）	106 800㎡
14	2017北京国际家居展览会	2017-06-15	中国国际展览中心（新馆）	120 000㎡
15	2017第十七届国际消防设备技术交流展览会	2017-09-05	中国国际展览中心（新馆）	110 000㎡
16	2017第十四届中国(北京)国际工程机械、建材机械及矿山机械展览与技术交流会	2017-09-20	中国国际展览中心（新馆）	150 000㎡

资料来源：中国国际贸易促进委员会，《中国展览经济发展报告（2017）》。

根据中国贸促会统计数据,以下本研究将以 2 万平方米以上展会为对象,统计北京市规模以上展会的时间分布和场馆分布情况。

1.2 万平方米以上展会时间分布

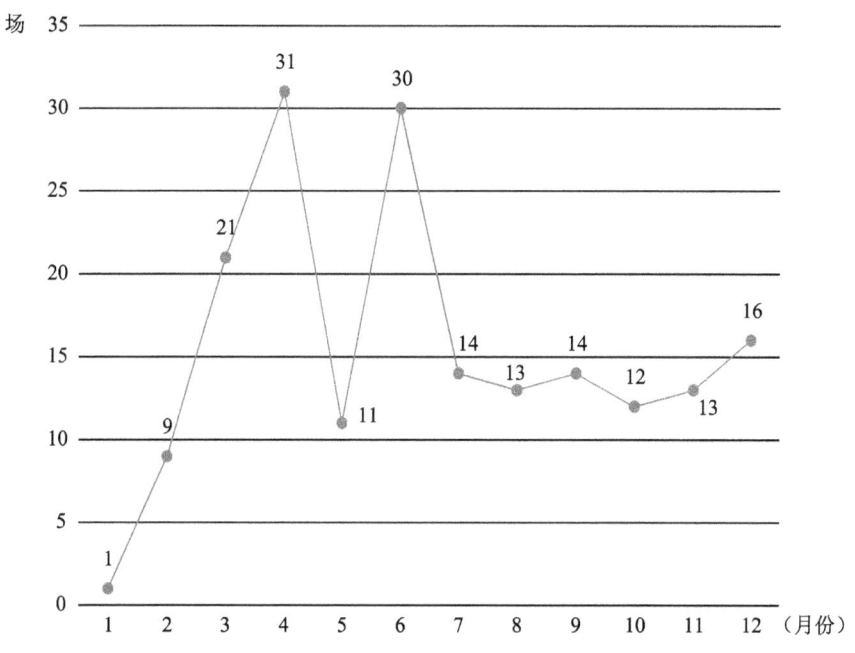

图 2　2017 年各月北京市主要展馆 2 万平方米以上经贸展会数量
资料来源:中国国际贸易促进委员会,《中国展览经济发展报告(2017)》。

受数据可得性限制,本报告分析北京市 2 万平方米以上经贸类展会的时间分布,以此推断北京市展会的季节性,总结展会"淡旺季"特征。从 2 万平方米以上展会的数量上来看,4 月、6 月是规模以上展会办展高峰,其中 4 月北京市 2 万平方米以上展会数量 31 场,占总量的 16.4%、6 月北京市 2 万平方米以上展会 30 场,占总量的 15.9%。如图 2 所示,受春节假日影响,2017 年 1 月和 2 月办展数量较少,其中 1 月北京市仅有 2 万平方米以上展会 1 场,为全年低谷。进入 3 月后,2 万平方米以上展会数量开始增多,下半年 7—12 月各月办展数量相当。各场馆承办 2 万平方米以上展会的时间分布如表 2 所示。

表2　北京市主要展馆各月展会数量

单位：场

月份	1	2	3	4	5	6	7	8	9	10	11	12	合计
国家会议中心	0	3	5	2	3	6	8	3	4	3	2	1	40
中国国际展览中心（老馆）	0	1	9	19	2	11	4	8	5	2	10	7	78
中国国际展览中心（新馆）	1	4	7	3	3	4	1	2	3	6	0	0	34
北京展览馆	0	1	0	1	3	4	1	0	0	0	0	7	17
全国农业展览馆	0	0	0	6	0	5	0	0	2	1	1	1	16
亦创国际会展中心					2			1					3
八达岭国际会展中心						1							1

资料来源：中国国际贸易促进委员会，《中国展览经济发展报告（2017）》。

2.2万平方米以上展会场馆分布

2017年，北京举办2万平方米以上经贸类展会共189个，占总展会数量的50.67%；北京市举办2万平方米以上经贸类展会的展馆有7个，按2万平方米以上办展数量从大到小排列分别是中国国际展览中心（老馆）、国家会议中心、中国国际展览中心（新馆）、北京展览馆、全国农业展览馆、北京亦创国际展览中心和北京八达岭国际会展中心。其中中国国际展览中心（老馆）举办2万平方米以上展会数量78个，占2万平方米以上展会总量的41.27%，仍然是北京最火爆的会展场馆；国家会议中心举办2万平方米以上展会40场，占北京市2万平方米以上展会总量的21.16%；中国国际展览中心（新馆）举办2万平方米以上展会34场，占北京市2万平方米以上展会总量的17.99%；北京展览馆共举办2万平方米以上展会17场，占北京市2万平方米以上展会总量的8.99%；全国农业展览馆共举办2万平方米以上展会16场，占北京市2万平方米以上展会总量的8.47%；北京亦创国际会展中心和北京八达岭国际会展中心分别举办2万平方米以上展会3场和1场，各大场馆举办2万平方米以上展会的比重如图3所示。

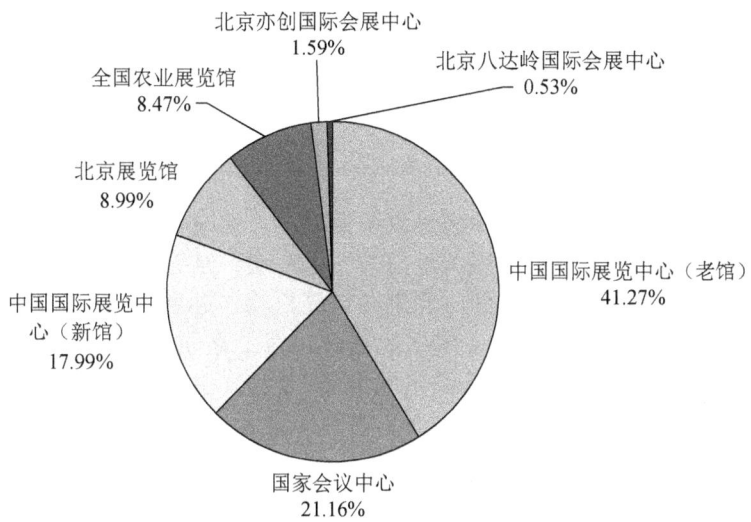

图3　2017年北京各展馆举办2万平方米以上展会数量占比
资料来源：中国国际贸易促进委员会，《中国展览经济发展报告（2017）》。

（二）场馆情况

在展览场馆方面，随着新兴展览城市大规模场馆的落成，北京在展览场馆资源方面的薄弱越来越明显。2017年，广东省新增室内可租用面积8万平方米，展馆室内总可租用面积达到了139万平方米，山东省新增室内可租用面积18万平方米，总可租用面积达到了114万平方米。四川省在四川中国西部国际博览城建成后室内总可租用面积增长了60%，四川、重庆与云南合计可租用展馆面积达到127万平方米，与东南沿海省份的场馆规模差距大大缩小。与此形成鲜明对比的是，近几年来，北京的展览场馆面积都没有新增，2017年，北京展览场馆资源位居全国第十，与其传统三大展览核心城市的地位形成鲜明的对比。

各大会展城市中，上海市拥有9个展览馆，室内可租用总面积约为81万平方米，居全国之首，广州市展览馆室内可租用面积63万平方米，居于次席，昆明市展馆室内可租用面积36万平方米，居全国第三位。北京市虽然展馆数量多于广州和昆明，但展馆可租用面积32万平方米，仅列全国第五位，这也反映出北京市会展场馆单体面积过小的问题。2017年，全国共有27个会展场馆室内可租用面积在10万平方米以上，新建场馆"大规模化"趋势明显，但北京仍然只有中国国际展览中心新馆一个 10 万平方米以上展馆。近几年来没有新增会展场馆可租用面积，已有场馆规模受限，不利于北京展览业服务水平的提升。

（三）出境办展

伴随"一带一路"等国际交往政策的提出，北京市近年来重视境外办展，响应政策号召，积极发展"走出去"的展会，加强国际沟通，提高办展水平。在出境自主办展方面，北京在组展机构、办展数量和办展面积等方面均位于全国之首，且发展水平远远超过第二名杭州市。如表 3 所示，2017 年，北京市的境外办展机构出境办展 78 场，占境外自主办展总数的 63.41%；展览总面积 53.72 万平方米，占境外自主办展总面积的 64.26%。

表 3　2015—2017 年中国各城市出境办展情况

（单位：场）

序号	城市	2015 年	2016 年	2017 年
1	北京	37	87	78
2	杭州	17	21	30
3	广州	2	5	4
4	南宁	1	2	4
5	上海	2	3	2
6	乌鲁木齐	2	4	1
7	呼和浩特	—	4	1
8	宁波	—	1	1
9	沈阳	1	—	1
10	昆明	—	—	1
11	南昌	—	1	—

资料来源：中国会展经济研究会，《2017 年度中国展览数据统计报告》。

2017 年，中国境外办展主办机构共 36 家，其中办公地位于北京的有 23 家，占总量的 63.89%。2015—2017 年，北京出境组展机构数量持平，但这些机构的出境办展数量和办展面积均有较大的提升：出境办展数量从 2015 年的 37 个增长到 2017 年的 78 个；出境办展面积从 2015 年的 159 440 平方米增长到 2017 年的 537 160.4 平方米，增幅达 236.9%。

表 4　2015—2017 年北京出境办展情况统计

类别＼年份	2015	2016	2017
组展机构（个）	—	23	23
展览数量（个）	37	87	78
展览面积（平方米）	159 440	527 953.2	537 160.4

资料来源：中国会展经济研究会，《2017 年度中国展览数据统计报告》。

（四）国际影响力

至 2017 年底，UFI 中国会员达到 116 个，较 2016 年增加了 16 个。其中北京 UFI 会员数量为 29 个，与上年相比数量持平。目前，北京市仍然是全国 UFI 认证机构最多的城市，其 UFI 认证企业或机构数占全国总数的 25%，体现出北京市极强的会展国际化程度。

表 5　2017 年北京市 UFI 认证企业或机构

序号	企业或机构名称
1	北京亚洲机械国际会议展览公司
2	北京国际会议展览业协会
3	北京国际展览中心
4	北京振威展览有限公司
5	资本展览服务
6	中国贸促会建材分会
7	中国贸促会化工行业分会
8	中国展览馆协会（CAEC）
9	中国国际会展杂志

续表

序号	企业或机构名称
10	中国国际展览中心（集团）有限公司（北京）
11	商务部投资促进事务局
12	中国国家会议中心（CNCC）
13	中国国际展览和会议中心
14	高美爱博（中国）
15	美国克劳斯公司—北京分公司
16	中国轻工业展览中心
17	艾特怡国际会展服务（北京）有限公司
18	京慕国际展览有限公司
19	科隆国际展览有限公司（北京）
20	励展博览集团
21	励展博览集团大中国区总部
22	励展博览集团 ISG 中国
23	励展光合展览有限公司
24	励展华博展览（北京）有限公司
25	励展华群展览有限公司
26	国药励展览有限公司
27	励展旅游展览有限公司
28	博闻中国（北京）
29	雅森国际展览有限公司

资料来源：中国会展经济研究会，《2017年度中国展览数据统计报告》。

2017年，中国境内外自主办展共有94个展会项目通过UFI认证。其中境内通过UFI认证的项目83个，比2016年增加9个，增幅12.2%。在境内通过UFI认证的项目中，上海、北京、深圳三个城市居前三。北京有14个展览项目获UFI认证，仅次于上海，在全国排名第二位。

2017年，北京市UFI认证企业和机构数以及UFI认证展会项目数与2016年持平，即新增UFI认证机构与展会项目均没有落户北京，这意味着其他城市的展览国际化程度逐渐提高，北京市的展览业国际化优势可能不断减小。

表6 2017年北京市UFI认证展会项目

序号	展会项目名称
1	北京国际电力电工展
2	中国（北京）国际工程机械建材机械及矿山机械展览与技术交流会
3	北京国际印刷技术展览会
4	中国国际石油石化技术装备展览会
5	北京汽车用品暨改装汽车展览会
6	中国国际机床工具展览会
7	中国国际安全生产及职业健康展览会
8	北京国际商务及会奖旅游展览会
9	中国（北京）国际航空展
10	国际医疗仪器设备展览会
11	中国国际冶金工业展览会
12	中国国际信息通信展览会
13	中国国际服装服饰博览会
14	中国国际集约化畜牧展览会

资料来源：中国会展经济研究会，《2017年度中国展览数据统计报告》。

二、2017北京展览业大事件

2017年，北京展会项目列入《国家"十三五"时期文化发展改革规划纲要》、世园会中国馆惊艳亮相、"一带一路"高峰论坛顺利举办、"砥砺奋进的五年"大型成就展成功举行等一系列展览业大事件显示了北京展览业将进一步明晰发展方向，致力于服务北京市"四个中心"建设的发展趋势。

1. 国家"十三五"文化发展改革规划明确办展重点

2017年5月，中共中央办公厅、国务院办公厅印发了《国家"十三五"时期文化发展改革规划纲要》，"纲要"指出，要办好北京国际广播电影电视设备展览会、北京国际图书博览会等重点会展项目，加强文化市场建设。将展会项目列入国家级发展规划纲要，体现了展会的作用和效果得到充分的肯定。明确了北京市集中资源，明确定位，办好围绕"四个中心"建设的展会项目的发展思路。

2. 世园会中国馆惊艳亮相

北京将在2019年举办中国北京世界园艺博览会（北京世园会），场馆建设成为一大焦点。2017年是北京世园会的全面建设年，12月底，园区三大主要建筑场馆中国馆、国际馆、生活体验馆主体结构实现封顶。12月26日，北京世园会召开第二次新闻发布会，称2018年年底，世园会园区将完工并进行展陈布置，2018年还将逐步启动室外展园建设。世园会场馆的建成将改写北京多年来没有新增会展场馆面积的局面，有助于北京办展实力的增强。

园区三大主要场馆——中国馆、国际馆、生活体验馆均采用半地下式设计，掩映于山水田园中。中国馆建筑面积2.3万平方米，国际馆建筑面积2.2万平方米，生活体验馆建筑面积2.1万平方米。有关方面正在探讨世园会后创办"北京花展"并将其打造成可与英国"切尔西花展"相媲美的世界顶级花展的相关思路，中国馆有望成为"北京花展"的永久会址。

3. "一带一路"高峰论坛在京举办

2017年5月14—15日，"一带一路"国际合作高峰论坛在北京举办。29位外国元首、政府首脑及联合国秘书长、红十字国际委员会主席等3位重要国际组织负责人出席高峰论坛，来自140多个国家和80多个国际组织的1600多位贵宾作为正式代表出席论坛，来自全球的4000余名记者注册报道此次论坛。这是北京继2014年APEC峰会后又一次举办大规模、高级别国际高峰论坛，凸显了会展活动在北京"政治中心"建设中不可或缺的作用，举办国际高峰论坛将是北京会展的重要任务，这也对北京市重大事件举办能力提出新的要求。

4. "砥砺奋进的五年"大型成就展举行

2017年9月25日,"砥砺奋进的五年"大型成就展开幕式在北京展览馆举行,展期持续两个月。展览由中共中央宣传部、国家发展和改革委员会、中央军委政治工作部、中共北京市委联合主办。

展览以"砥砺奋进的五年"为主题,共规划设计了10个主题内容展区和特色体验展区和网上展馆,聚焦党的十八大以来的重大时间节点和重大意义事件,内容涵盖改革发展稳定、内政外交国防、治党治国治军各个方面,着力增强思想性艺术性,体现互动性参与性,突出时代感现场感,强化吸引力感染力。

三、北京展览业发展机遇

1. 政策环境持续优化

近年来会展业的发展受到了高度重视,多项优化会展业发展环境的政策相继出台。国家层面上,2015年2月国务院印发《关于加快发展服务贸易的若干意见》(国发〔2015〕8号),强调完善服务贸易体系,积极培育服务贸易交流合作平台,形成以中国(北京)国际服务贸易交易会为龙头、以各类专业性展会论坛为支撑的服务贸易会展格局。北京市层面上,2017年9月,北京市发布《北京城市总体规划(2016—2035年)》,"规划"要求推动展览业创新发展、转型升级,促进展览业品牌化、专业化、国际化、信息化发展,推动构建"高精尖"经济结构,重点服务国家政务活动和重大国事活动,强化保障能力、服务能力和承载能力建设,进而更好地服务于北京"四个中心"建设和全市国民经济与社会发展。2017年12月,北京市商务委等9部门联合发布《关于进一步促进展览业创新发展的实施意见》,强调北京会展业的发展要围绕"四个中心"建设和首都城市战略定位,深入推进实施京津冀协同发展战略。

2. "一带一路"再创新机

"一带一路"倡议的提出实现了沿线国家及地区经济、技术开放合作的愿景,构建了以中国为核心的区域经济增长体系,为会展经济的发展提供了新思路、新机遇和新趋势。2017年,在北京举办了第一届"一带一路"国际合作高峰论坛。在"一带一路"倡议的推动下,北京将为适应举办重大国际展会、论坛的需要,形成设施完善、功能完备、机制健全、保障有力的会展服务体系。

3. 区域发展格局初显

京津冀协同发展格局下,会展业的协同发展势在必行。在非首都核心功能疏解、场馆规模扩展受限的发展瓶颈下,盘活雄安、天津、石家庄等京津冀城市的会展资源,构建协同发展体系将为北京会展业的发展带来新的机会。尽管目前看来,京津冀会展城市在会展场馆协同、行业展会协同等方面还处于尝试阶段,但随着京津冀地区大型会展场馆的投建落成、要素流通自由度的提高以及资源共享程度的加强,京津冀会展经济圈有望取得新的突破。

四、北京展览业发展趋势

1. 定位明确,特色化逐渐增强

近几年来,北京市举办的展会数量较为稳定,增幅有限,一方面缘于新兴会展城市的崛起分流了展会资源,另一方面是北京市在明确"四个中心"建设思路之下对于展会的主动选择。在展览业转型升级的新阶段,有悖于北京"四个中心"功能定位的非首都核心功能展会向外疏解。未来北京展览业发展定位逐渐清晰,向着品牌化、专业化、精品化发展,在北京举办的展会将集中于几个方面:第一,全球知名的品牌展会,如中国国际汽车用品展览会;第二,符合首都城市战略定位、与首都产业相匹配的特色展会,如中国(北京)国际建筑工程新技术、新材料、新工艺及新设备博览会,中国国际循环经济展览会,中国国际节能汽车博览会以及世界机器人大会等;第三,文化科技类、服务贸易类展会,如北京国际旅游博览会、北京国际商务及会奖旅游展览会等。

2. 国际化水平进一步提升

近几年北京展览业不断深入国际交流合作,加强与国际组织、友好城市、国际商协会的沟通,完善国际合作机制,并将扩大国际组织认证认可展览机构和展会数量定位为重要发展目标。北京市加强与"一带一路"沿线国家的多双边、区域经贸合作也促使展览业国际化水平进一步提升。

在未来几年,北京展览业将采用"走出去"与"引进来"相结合的方式。一方面,支持展会"走出去",聚焦热点市场,积极培育境外展览项目,鼓励展览主体走向国际市场,自主举办境外展会,提高自有品牌展会影响力;支持展览主体与国际知名展览企业合作,共同举办境外展会,提升展览业国际化竞争力。另一方面,支持展会"引进来",按照首都功能定位,支持国内展览主体整合资源,积极申办国际组织年会和国际性大型品牌展会活动，吸引全球知名品牌展会在京落户，加强与国外展览主体合作，在京共同举办国际性展会，提升北京展览业的品牌形象和国际影响力，促进北京展览业国际化发展。

3. 信息化程度提高，"双线"成为趋势

展览业正在实现平台化、智能化和数据化。利用会展信息管理软件、智能硬件、通信基础设施手段等在项目组织管理，企业服务经营以及展览活动展示三个方面，实现展会项目或展览企业科技化、信息化、网络化、数字化的运营与管理。北京车展上奥迪数字展厅中，消费者通过与超大型多媒体交互式墙面的互动加深对产品的了解，亲眼见证车型原尺寸的数字化效果，并亲身体验车型颜色、配置和功能的个性化搭配，吸引了众多媒体的关注，取得了良好的效果。

"双线"将为会展业注入新的活力。"双线会展"将利用"互联网+"创新传统会展业发展模式，实现线下+线上会展的"双线融合"，为展馆方、主办方、参展商、展装方和观众提供线上会展整体解决方案。北京展览业已具备加快推进"互联网+"发展的坚实基础，即将迎来"双线会展"创新发展的新机遇，实现媒体、广告、展览三个行业的跨界发展以及传统会议业和展览业的平台化融合，打造全新的数字展会产业经济形态。

五、北京展览业发展建议

1. 健全行业统计制度

目前，展览业行业统计数据标准不一，导致不同协会组织统计出的展会数量、规模数据有较大出入。为保证展览业的健康发展，应该进一步完善展览业统计监测制度，建立重点展览场馆和展览服务企业名录库，健全以展会信息、组展企业信息等为主要内容的统计指标体系，综合运用统计调查、行业监管、行政记录等多种方式获取数据，按年度发布相关数据和行业发展报告。

2. 产业联动高度融合

作为贸易洽谈的平台，展览业服务于产业，同时依赖于产业的发展。北京展览业要想取得长足的发展，势必与自身产业体系相契合。为此，展览业的发展应聚焦符合首都城市战略定位、服务于北京"四个中心"建设的相关产业以及北京服务业扩大开放的六大重点产业领域，大力支持发展科学技术、互联网和信息服务、文化教育、金融服务、商务和旅游、健康医疗服务等领域的特色展会。与文化创意产业融合，加快创意园、创意展的发展。依托各类博物馆、美术馆、图书馆、展示馆、科技馆等场馆优质资源,坚持服务全国、面向世界,展示历史和文化,提升国家文化软实力和国际影响力。

3. 强化线上建设步伐

北京展览业已经打破传统模式,进入数字化发展时代。为此应加强信息化建设,为"双线会展"的实现做好准备。首先应强化会展企业"信息化"意识。从企业层面上,会展企业信息化应与业务流程的优化紧密结合,高度集成,分步实施。从产业层面上,应推进"互联网+展览"创新发展。支持场馆积极应用移动互联网、物联网、云计算等信息技术,提高场馆的科技含量与信息化水平,大力发展智慧展览。推动展览企业建立网络展会交易平台,实现实体展览与虚拟展览、线上线下交易之间的互补。推进展览场馆和展览企业信息共享,促进企业互动、场馆联动,实现创新发展。

4. 加大人才培养力度

随着会展产业的发展,会展专业人才缺口问题凸显,会展人才培育已成为当务之急。会展产业所需人才需具备策划、运营、搭建、营销、物流等多方面知识,因此专业化的培养体系非常重要。然而,截止到2017年,北京市设立会展专业的学校仅有五所,在校生不到两千人,在全国会展专业在校生数排行榜中名列第六位,落后于北京展会数量全国第三,办展面积全国第四的排名,意味着北京现有的会展人才输出尚未实现与行业发展水平的匹配,更难以达到京津冀会展行业的整体人才需求。为此,应加强对会展人才培养的重视程度,坚持自我培养与引进人才相结合,创新人才培养机制。鼓励中介机构、行业协会与相关院校和培训机构加强展览业研究,联合培养、培训展览专门人才。通过与国际知名展会合作,吸引国外高端展会人才参与国内展会的转型升级。

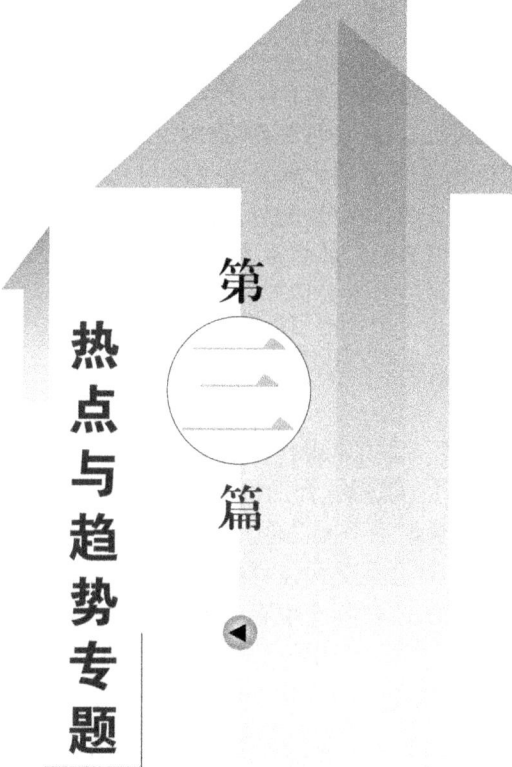

第二篇 热点与趋势专题

第一专题——奥运会的历史及政治影响

奥运会与国际政治述评

许忠伟，赵明轩

摘　要：近年来大量的媒体和境外学者发现大型体育赛事和政治在一定程度上是高度相关的，如何利用奥运会政治化作用使之服务于国际社会是目前尚需要进行探究的问题。本文通过对国内外大量相关研究的文献进行归纳，尝试对奥林匹克运动会的历史和其政治影响进行综述，归纳目前该领取研究成果，指出不足，并提出未来研究的方向。

关键词：奥林匹克运动会；国际政治；研究进程

1. 奥运会与国际政治

1896 年恢复的第一届雅典现代奥运会的初衷是包含着极大的政治意义的（Guttmann，2002），虽然这样的说法有些绝对，但是纵观奥运会的发展历史来看，这样的说法似乎不无道理。

目前大家都认为奥运等重大体育赛事往往与社会和经济利益相关，但实际上承办一场盛大的体育赛事也存在着相当大的风险，如极高的财务成本、环境影响甚至长期的恐怖主义威胁（Jennings，2012）。而为了规避这些风险，将这类大型活动"政治化"就成为一种极好的解决方法（Butler，1994），不过学者 Moran（2001）反对这样的看法，他认为目前所受到的政治影响和威胁，可能是由于活动受到了政府的"高度政治制度化"的制

[基金项目] 北京市教委社科计划一般项目"北京居民对国际大型赛事期望与感知变化研究——基于 2008 奥运会与 2022 冬奥会"。
[作者简介] 许忠伟（1976—），男，湖北武汉人，博士，北京第二外国语学院副教授。研究方向：旅游企业管理、节事活动管理。赵明轩，北京第二外国语学院经贸与会展学院 2014 级会展专业本科生。

约。但是不管怎样，不可否认的是，奥运和国际政治已经有着说不清的联系。

国际政治的最终目标是权利（Hans J. Morgenthau），而奥运会作为一项全球瞩目的国际体育赛事，若能获得操纵它的权力，那么距离本国在国际政治地位上升就又近了一步，现代奥运恢复至今，这项伟大的体育盛会多次被各种政治色彩的国家所利用和操纵，使得奥运会作为各个国家强化自己本国利益的一种手段（Jonathan Grix，2013）。

目前而言，有关奥运政治化其实有许多问题可供讨论，其中不乏对于奥运的申办、举办、抗议、报道等问题，甚至代表团参与奥运会都和政治有着不可分割的关系（Jonathan Grix，2013）。与此同时 Martin Polley 曾提出在奥运举办周期中，中央和地方政府的关系、基础设施建设、兴奋剂检验工作等都是国际政治的一部分。

2. 奥运会的政治化进程

2.1 奥运被政治影响简史

因奥林匹克运动需要遵循奥林匹克宪章，所以国际奥委会（IOC）始终认为，国内或国际政治对于奥运会并不应该有任何影响；但是纵观现代奥运会历史，粗略地统计了一下，在举办了为数不多的奥运会中，竟然有近20次受到了国际政治的影响。

1908年英国伦敦奥运会，因当时芬兰为沙皇俄国的殖民地，俄国当局拒绝芬兰运动员在奥运会上展示芬兰国旗，导致在运动员入场式上的芬兰运动员没有国旗；

1916年柏林奥运会，因1914年爆发了"第一次世界大战"停办；

1920年安特卫普奥运会，"一战"战败国包括保加利亚、奥地利等德国同盟国被禁止参加；

1936年柏林奥运会，看似是最成功的一届奥运会，但是事实上却是以希特勒为领袖的德国纳粹的一种政治工具，虽然最后纳粹幻想最终破灭，但是许多优秀运动员却因为种族原因被禁止参赛；

1940年东京奥运会，因"卢沟桥事变"后爆发的"第二次世界大战"停办；

1944年伦敦奥运会，由于"二战"仍在持续而停办；

1948年伦敦奥运会，"二战"战败国德国、日本被禁止参加；

1956年墨尔本奥运会，因苏联入侵匈牙利，荷兰和西班牙宣布退赛，同时由于奥组委接待了台湾，中国宣布退赛；

1960年罗马奥运会，中国因国际奥组委允许台湾单独参赛，宣布退出抗议；

1964年东京奥运会，因南非为回应国际奥委会所提及的种族歧视问题，被禁止参加；

1968年墨西哥城奥运会，由于不久前马丁·路德·金遇刺，两名黑人运动员因在颁奖台上的抗议，被驱逐出了当届奥运会；

1972年慕尼黑奥运会，由于"巴以冲突"导致的11名以色列运动员被杀害的"黑九月事件"让人们意识到奥运会在国际关系较量中的影响意义；

1980年莫斯科奥运会，为抵制苏联侵略阿富汗战争，以美国为首近60个国家退出奥运会；

1984年洛杉矶奥运会，苏联为了报复美国，彰显大国荣威，同时宣泄上一届的不满，故联合部分社会主义国家拒绝参加当届奥运会；

1996年亚特兰大奥运会，鲁道夫因反对美国允许堕胎的政策，制造了那次爆炸案；

2008年北京奥运会，中国西藏发生的暴力事件以及火炬传递中"藏独"分子的干扰，让我国宗教问题、言论自由问题成为世界的焦点。

2.2 奥运政治化研究分析

提到奥运政治化进程，其实早在古代奥运会就包含了一定的政治意义，古代奥运会的创始人Iphitos在创立古代奥运会时只是想将一种宗教性的祭典活动传播到各个联邦，而早在公元前884年他就曾斯巴达联邦以及皮沙城邦达成比赛中的休战协议。这一协议的达成使得体育竞赛参赛运动员的安全受到了当时联邦政府的保护，随着这一项体育活动的逐渐扩大，公元前776年第一届古代奥运会在奥林匹亚举行。而同时，当时古希腊的各个联邦政府其实也参与进了这一项体育赛事，他们互相规定在"四年一届"的古代奥运会进行时候停止一切战争，就这样古代奥运会进行了292届，最终因为联邦之间利益的激烈竞争造成频繁的战事，以及希腊联邦民主制度的衰退而灭亡（刘桂海，2006）。

可以说古代奥运会的诞生与灭亡都和政治有着联系，同样地，现代奥运从诞生初就走在政治之中。初期的奥运会常被认为是提高国际影响力、促进民族团结的国际交流活动。实际上，在奥运会刚恢复的十几年中，德国的体育运动促进了德国社会的发展，德国的统治者意识到参加国际体育赛事是一个极好地促进民族团结，展示国家实力的机会，借此希望能够在现代奥运会上拥有一席之地，然后通过奥运会的影响力，进而向他们成为国际霸主的目标更进一步（Udo Merkel，2003）。

随着奥运会的发展和希特勒执政，奥运会逐渐成为"独裁者"的一种政治工具（John R. Tunis，1936），而"独裁者"一词实际上是来自德国在1936年奥运会上所扮演的角色。1936年的那届柏林奥运会，给人以德国和纳粹是美好的错觉（John R. Tunis，1938）。值得一提的是那届奥运所遗留下的最具有讽刺意味的是，纳粹引入了为了宣传纳粹政权的火炬传递仪式；可是现在，火炬传递已经成为多数人心目中本应该属于奥运会的一部分（Miah，Garcia，2012）。

由于1936年柏林奥运会的特殊意义，大量的媒体对那届奥运会进行了报道。于是在随后的奥运中新闻媒体、赛事转播以及开闭幕式的规模逐渐增加，奥运会也逐渐成为各个国家尤其是世界大国展示自己国家综合国力的平台，同时国家在奥运赛场上的表现也已经悄悄发展成为一个民族精神象征，甚至一个国家政治经济文化强盛的重要标志（Derek Shearer，2014），为了能够在国际社会上拥有更好的国际形象，各国政府开始从各个方面插手体育赛事，进而使得奥运成为提升国际竞争力的政治平台（M. Malfas、E. Theodoraki）。

进入20世纪70年代后，奥运会在保留之前提升国际竞争力等相关政治作用的同时，也有了一定的外交意义，国际间体育赛事存在"打破冷战"的作用（Derek Shearer），处在两国关系变得紧张的时候，往往一届大型体育赛事就能缓解这一紧张的氛围。在刚结束的平昌冬奥会上，朝鲜和韩国的关系也是媒体关注的一个热点话题，两国也通过这次奥运会，紧张的半岛关系逐渐有了转变的苗头，朝韩两国从最初的拒绝对话，到目前关系有所缓和，国际奥委会主席巴赫先生也表示，希望两国以奥运为契机，改善两国关系。同时，其实对于体育外交，最熟知的可能是1971年的"乒乓外交"，20世纪中期，中美关系一度紧张，而在当时缓解中美关系的过程中，"乒乓外交"起到了前所未有的作用，也正是通过那次中美两国乒乓球队的赛场上的较量，使中美关系的正常化得到促进，缓和了当时紧张的关系。

3. 奥运会承办国的政治考量

就目前来看，尽管现代奥运会虽然已经商业化，从经济学的角度来看，这是一项亏损的投资，甚至把它比成可能会造成国家或者地区破坏性的财务问题的游戏也不为过（Ahlert and Preuss 2010；Billings and Holladay 2012；Kasimati 2003；Zimbalist 2015）。正因如此，实际上发达国家早在20世纪60年代就不愿意举办体育盛事（Bowersox，2016）。

近年来，越来越多的发展中国家开始承办各种大型体育赛事（Jonathan Grix，2013），根据数据统计显示，目前大型全球体育盛事（世界杯、奥运会）越来越多地举办在发展中国家（Blatter，2011），从我们熟悉的北京夏季奥运会（2008年）到卡塔尔世界杯（2022年），竟有8个主要的体育赛事将在"新兴"国家举办，显然相关体育赛事的国际管理将大型体育赛事交给这些国家举办也是有一定考虑的，他们希望能够借此机会推广他们的体育赛事（Guttmann，2002）。

3.1 奥运承办国政治考量因素

但是对于承办国家来说，他们承办的初衷究竟是什么呢？

第一，相比那些赔钱的经济利益而言，他们决定承办一届奥运会是为了满足国家或者城市的某项战略而或是政权考虑的（Jonathan Grix，2013），以2012年的伦敦奥运会的为例，相比其他影响而言，更多是为了提升相关政府的政权的稳定性（Will Jennings，2013），时任伦敦市长Tony Blair也正是因为那届奥运会的成功，在连任竞选时广受赞誉。

第二，奥运会有利于国家形象的建设（Nye，2002）。奥林匹克运动会作为世界上最大的体育盛事，在一届奥运会结束后，其承办国在国际地位上会有着一定的提升（Nye，2004），对于参与国来说，最显著的国家地位的提升来源于他们在奖牌榜上的位置，尽管国际奥委会拒绝承认奖牌的国家排名，但各个媒体所报道的奖牌表都会以国家为单位呈现，所以导致奖牌榜成为了国与国竞争的焦点（Rathke & Woitek，2007）。提到建立国家形象，各个承办国往往有着不同的考虑：以1964的东京为例，尽管日本之前已经举办过奥运会，但由于那届奥运会的举办正值"二战"之后，所以那次奥运会是日本在告诉世界，日本在新时代有了新形象（Grix, Jonathan & Lee, Donna，2013），同时在大量社会媒体的报道中，我们也看到多数媒体都用赞美的口吻来称赞了那次日本奥运会，进而使得当时在国际关系中处于紧张的日本得到了一次蜕变的机会；同样对于中国而言，2008年的北京奥运会使国外的观众以及政治人士重新认识了中国，意识到了这股正在崛起"东方力量"（Grix, Jonathan & Lee, Donna，2013）；同样2016年里约奥运会，虽然这看起来是一届争议很大的奥运会，但却是奥运会第一次登陆南美洲大陆，从另外的角度来看，举办那届奥运会的最终目的是巴西政府为了提升国际影响力，进而促进国际合作（Tianhao He），根据巴西的国家发展战略，奥运会实际上是一个建立和"国际银行""美洲开发银行"等相关金融组织合作的良好契机。

第三，奥运会是目前日益竞争激烈的"国家软实力"一种展示。一个国家举办体育大型赛事的最大优势在于主办国能够通过体育的共同文化价值来传达其吸引力（Hajo Bernett，1966），而一般认为，其国家的文化价值就是该国的"国家软实力"。

3.2 国家软实力的几个维度

软实力在奥运会进行过程中的体现是潜移默化的（jonathan Grix，Donna Lee，2013），通过归纳概括，这种"国际软实力"体现主要源于以下几个方面。

（1）奥运会能够引导社会舆论（Thornton Sinclair，1938）。这个方面最好的例证就是1936年的柏林奥运会，当时德国纳粹就通过轰轰烈烈的奥运会，史上第一次尝试通过一次"体育盛会"试图引导国际舆论对于纳粹的评价，进而营造出在纳粹统治下的德国是一个热爱和平的国家的假象（Hajo Bernett，1966），同时奥运会在进行期间，大量媒体会就奥运会进行新闻报道，往往一家媒体的报道就能使得奥运赛事上的一个小细节进行发酵，甚至奥运场馆卫生间的清洁程度，或者志愿者的整体服务水平都会成为国际社会关注的焦点（Moretti，Anthony，2013）。

（2）奥运会的开闭幕式实际上是一次国际级的"文艺演出"（Beatriz Garcia，2008）。奥运会的开闭幕式作为整个活动不可或缺的一部分，如果不能加快举办国文化和世界文化的相互融合，那么就无法解释为什么奥运会在全球范围取得如此大的成功（Moragas，1992），正是因为奥运会上有这样一次"文艺演出"，奥运会的文化传播意义变得尤其重要（Klausen，1999），而为了更好地传播本国文化，举办当地的政府一定会用大价钱进行投入，进而促进了奥运会政治化进程（Moragas、Klausen，2014）。

（3）奥运会是一次极佳的国家爱国教育的机会（曹文，2006）。尽管《奥林匹克宪章》中明确规定奥运会是以"更快更高更强"为宗旨促进整体人类社会的发展，但是随着奖牌榜以及颁奖典礼上升国旗奏国歌的出现，使得奥运会已经脱离了《宪章》，国与国的竞争被放大出来（乔玉成、许登云，2009）。许多国家往往借助这一机会，在国内宣传本民族文化，同时也会鼓励更多的年轻人投入体育运动，希望他们能够更好地为国家增光添彩（Grix、Jonathan；Lee，Donna，2013），因此，奥运会也常常被国家政府利用为一次民族教育机会。

然而通过对于相关文献的阅读归纳总结我发现，其实，这些国家战略基本上都可以用"软实力"来概括，而目前很少有学者就"软实力"一词用实证的例子进行系统的阐明，显然在这个问题上还可以进行深入的研究。

4. 国际奥委会与奥林匹克政治化

4.1 国际奥委会的组织性质

国际奥林匹克委员会（IOC）作为现代奥林匹克运动的最高管理机构，可以说国际奥委会所执行的一举一动，所通过的每一个提案都会对国际体育运动有着或多或少的影响；而在国际奥委会成立初期，许多决策实则是奥委会做出的，但是背后的幕后主使可能是美国、德国等世界强国（François Carrard，2011）；值得一提的是1962年亚运会，由于印度尼西亚反对帝国主义和殖民主义，拒绝"中华民国"以及以色列参与，由于"二战"之后的奥委会的实际控制权在美国手中（Ewa T. Pauker，1965），迫于压力，国际奥委会不仅宣布不承认那届亚运会，还宣布将会不定时地拒绝印度尼西亚参与未来的奥运会，随后"新兴力量运动会"的出现正是应对这一举措的最有力的回应，虽然"新兴力量运动会"一届就夭折，但是这一历史产物，也印证了当时的奥委会的内部是一种霸权主义（曹婷婷，2009）。由此可见，国际奥委会虽然作为非政府组织，但是实际上，它也有着一定的政治性。

4.2 国际奥委会政治影响分析

从国际奥委会的内部性来说，由于现代奥运的起源在欧洲，所以早期国际奥委会半数以上的委员都来自欧洲，这就造成了一些议案在通过的时候不会过多地考虑除欧洲外的国家和地区。同时，根据国际奥委会的工作章程，国际奥委会主席和执行委员在重大决议时拥有一票否决权，但是当时由于执行委员基本属于主席直接指派（曹婷婷，2009），所以国际奥委会内部缺乏民主性，这也就促使了国际奥委会很容易被强权政治所影响。

从外部性来看，由于国际奥委会虽然本身作为一个非营利非政府的组织，但是其需要与各个国家的国家奥委会有着密切的联系，而各个国家的奥委会常常会在国家政府体系框架构筑之中，所以在其与国际奥委会沟通时或多或少会受到本国政府的影响（James Riordan，1977）。相比国际奥委会，各国的奥委会看起来更像一个政治组织，John 曾指出许多国家的奥委会与其说是非政府组织，不如说更像是各个国家的外交部。

随着奥运会的知名度增大，国际奥委会为了能够处理好各国奥委会的关系，还特别设立了"国际关系委员会"，这一机构的设立也暗示着国际奥委会也越来越重视各国政府和其公共权力关系（汪世林，2008）。不仅如此，其实国际奥委会从建立初期也在寻求和国际组织进行合作，翻看历史，早在1981年，国际奥委会就提出，希望在联合国议程中加入现代奥林匹克运动；1993年，联合国大会通过了国际奥委会提出的《奥运会期间实行奥林匹克休战的决议》，这一决议的通过也表明奥林匹克运动的和平性得到了国际保护；随后2009年，国际奥委会获得了联合国观察员席位，虽然仅是没有投票决策权的观察席位，但是这一席位的取得，也可谓深意十足。

John Hoberman 曾在2008年北京奥运会结束回顾现代奥运历史时，直言不讳地提出，国际奥委会虽然宣称奥运、体育和政治无关，但是在政治方面做的努力有点多。的确，随着现代奥林匹克运动的发展，国际奥委会也一定会寻求更多元化的发展，届时，其作为一个非政府组织的政治化含义也会越来越足。

5. 体育的产业化促使奥运会政治化

奥运会目前作为一项世界性的大型运动，筹办的成本是相当昂贵的，牛津大学的一份研究报告显示，初期的奥运会都是亏欠的，直到后来引入商业赞助概念、转播特许等商业概念后，才逐渐走向收支平衡。若现代奥运会依旧保持最神圣的体育形式，没有政治没有经济，那么筹办一场奥运会的成本是国家奥委会所承担不起的，奥运会的商业化造就了它和中小企业、国家政治甚至国际政治有着脱不开的关系（Kevin B. Wamsley，2002）。

举办奥运是一个长期的大型项目，现代奥运会的举办无外乎是"国际奥委会"为了宣传"国际体育道德"的权威的项目（Helen Lenskyj，2000）。随着奥运恢复以来，体育已经超脱其本身，逐渐成为一个产业（Heather L. Reid）。

同时，由于现代奥运会过于注重形式，而忽视了其本身的内涵，随着形式化的仪式活动的增多，奥运会已经不再是一个单纯的体育赛事，当其上升到国家荣誉层面的时候，就会激化国与国的竞争（Michael W. Austin），而国家竞争正是国际政治所体现的一个部分。

尽管奥运会作为体育界的一场盛事，但是活动的主体是运动员，而本质是竞赛，竞赛的最终结果一定是有一个名次的。宋爱萍（2009）曾提出，在目前这个相对安定的世界，最大的政治莫过于和平和友谊，而这种"政治"正是奥林匹克运动所要传达的精神，如此来看，现代奥林匹克运动作为传达政治的一个载体，也不可避免地受到政治的干预，各国的政权政府在面对这一载体就在眼前的时候，肯定会直接或者间接地干预，在推动体育整个产业发展的同时，进而推动实现某些除去和平友谊的政治目的。

奥林匹克运动自身的特征决定了它无法脱离政治。奥林匹克运动会是按照民族国家的形式组织的：运动员代表各个国家参加比赛，国际体育联合会由各国家体育协会组成，国际奥委会的委员们一般被认为是各国在其中的"大使"。从这个角度上讲，民族国家是奥林匹克运动的主体。参加奥运会的运动员们没有一个仅仅代表自己来参加比赛，而一定是某个国家或者地区的代表。在历届奥运会的开幕式上，各代表团以国家或地区为单位依次入场。比赛被看作是国家之间的竞争，比赛结果直接关系到国家的荣誉。在颁奖仪式上，升金、银、铜牌获得者所在国家或地区的国旗，演奏冠军所代表国家或地区的国歌。追求国家的荣誉和威望已经成为奥林匹克运动的重要标志。

6. 奥运政治化对运动员的影响

随着奥运政治化进程的不断推进，运动员似乎成为了国家政治博弈的一枚棋子（James Riordan，1977）。而这一影响根据研究概括发现主要存在以下几点。

6.1 奥运会的本质是国家之间的竞争

首先，上文提到了奥运会的本质是国家之间的竞争，而为了国家的利益，国家政府可能会放纵运动员的各种行为，尤其在使用兴奋剂的问题上保持一种睁一只眼闭一只眼的态度（Barrie Houlihan，1999）；初期的兴奋剂使用并不广泛，但是由于发现使用药物对体育赛事成绩确实有一定的提高，所以在20世纪60年代和70年代药品的使用程度大幅度提升（Ljungqvist，1975；Dezelsky，1985），随之而来的问题就是，运动员死亡事件的日益增多（Barrie Houlihan，1999），也正是这种现象的普遍发生，进而促进反兴奋剂组织的诞生。与此同时，我们知道一旦运动员被查出使用兴奋剂，所面临的处罚也是相当严重的，甚至会被终生禁赛。终生禁赛对于运动员来说，也预示着他曾经若干年的努力付之东流，可能永远不能在国际最高舞台上证明自己的实力，永远得不到那份属于他自己的荣誉（Marlene Goldsmith，1995）。和刻意使用兴奋剂不同，一些不法分子为了通过"合理的当时"禁止某些优秀运动员参加比赛，一些国家或者机构甚至会通过收买教练、医生等相关人员，对运动员进行陷害，从而迫使运动员被禁赛（Barrie Houlihan，1999）；此外，也不乏对相关的反兴奋剂组织官员的收买，从而禁止或允许一些运动员参加比赛（Council of Europe，1992），在刚刚结束的平昌冬奥会，俄罗斯兴奋剂事件受到了大量的关注，虽然最终背后的真相到底是怎样，现在还无从考证，但是因此受到波及的俄罗斯运动员可能才是本次事件最大的牺牲品。

6.2 奥运政治化影响体育职业化

奥运会的政治化影响着体育职业化进程（Jeffrey Hill，2003），就目前而言，因为奥运会对于一个国家有着特殊的意义，所以导致许多国家都设有专门的体育管理部门对国家的运动员进行统一的管理。这一现象最为明显的是当时苏联的"举国体育"，当时苏联为提高整体国民的身体素质，要求国民进行大量体育运动，而当时被派去参加比赛的体育运动员在一定程度来看像是国家派去国外的大使（James Riordan，1977）；随后学者 Reet Howell 提出现代多数国家对于运动员还属于直接管理，所以运动员实际上并没有成为一种相对自由的职业。尽管大量的体育项目还没有完成彻底地职业化，不过由于多数国家强调要将运动员的成绩和"国家荣誉"相互挂钩，获得优秀成绩的运动员将会有一定的经济补贴或者被称为"民族英雄"，至此越来越多的运动员选择"单飞"，通过自己的努力，寻求自己运动员生涯的成功（Pankaj Butalia，1982）。

6.3 运动员个人利益政治化冲突最大牺牲品

运动员的个人利益是奥运政治化冲突的最大牺牲品（胡安·安东尼奥·萨马兰奇，2003），一位运动员的职业生涯是有限的，而运动生涯的黄金期也仅仅只有几年而已，国家层面对于奥运会的抵制，可能会导致运动员不能参与到最大的体育赛事之中，使他们失去在国际体育盛事上参与竞赛的机会。

7. 奥运政治化的评价

目前来看，奥运已经成为国际政治博弈的一个舞台，而奥运政治给国家政府、国际企业、运动员甚至包括国家民众都有着不小的影响（M. Malfas、E. Theodoraki）。而对于这一问题的评价可以说是多角度的，为了更清晰地阐述这一问题，根据对于材料研究，现代奥运会政治化影响在不同时间段是不同的，下面主要分为三个阶段进行论述。

7.1 第一阶段（1936年前的10届奥运会）

现代奥林匹克运动会是体育界四年一届的重大赛事，而在1896年恢复奥运会的初期，首先由于被邀请参赛的国家较少，其次由于知名度有限，所以最初的奥运会的主要目的其实是为了推崇奥林匹克精神，向世界展示体育赛事的魅力。虽然现代奥运恢复初期的最初的想法是好的，但是由于辐射范围变广，奥运会也在短短的40年中变了味道，根据上文第二章所描述的历史事实，不难看出，在短短的几年内，越来越多的国际政权甚至恐怖分子希望通过操控奥运会，进而达到他们的政治主张，而这也逐渐促成了奥运会在拥有其体育意义的基础上，掺入了国际政治博弈因素（John R. Tunis，1938）。而1936年的那届奥运会，可谓把政治博弈和体育结合到了极致。

7.2 第二阶段（1948—1984年）

1936年柏林奥运会之后，奥运会被迫因为"二战"而停办，但是随着"二战"的结束，奥运会的发展也逐渐进入了一个新的阶段。

首先，"二战"之后的运动会由于政府的介入，整体体育水平的快速提高（Paul Dimeo）。而20世纪的苏联，就是极好的证明，苏联当时的体育政策确实使得苏联整体体育水平得到了提高，为了与其抗衡，部分国家也纷纷效仿其政策，进而促使人类体育运动在20世纪一直处于高速发展中（The Nation，2014）。

其次，现代奥运会的政治化因素已经从最初的霸权政治转而引申到了文化政治之上（Patrick Theiner），随着奥运会的发展及其知名度和关联度的提高，赢得的奖牌也变得重要，并成为国家和政治威望的问题（Zrinko Custonja & Sanela Škoric，2011），同时越来越多的学者对此提出现代奥运会是国家文化和国家软实力结合的舞台。

7.3 第三阶段（1984年至今）

这个阶段的奥运会，在强调体育本身的同时，也更强调"奥运红利"以及"奥运外交"。

从经济效益角度来看，奥运会能为国家的中小企业带来一定的利益，通过一定的资金或人力的投入进而获得公司在国家层面的支持，进而有利于使得中小企业的发展，进而推动国家整体经济发展水平（B. Houlihan PhD）；同时在奥运举办过程中，承办国政府往往会在奥运筹办周期中投入一笔不小的资金（主要是国家内部基础设施和场馆建设），进而降低国际整体失业率，促进经济发展（Will Jennings，2013）。而1984年奥运商业化以来，奥运会的运行形式更趋于市场化，因此，在奥运结束的若干年内，由于国际基础设施建设的完善以及相关对外政策的调整，有利于海外企业到本国进行投资（Gerald Chan，2002），进而通过"奥运红利"促进国际未来的稳定持续发展（刘春生，2016）

从国际外交角度来看，在不能通过简单外交解决的政治问题上，奥林匹克运动会都扮演了重要的角色，1984年的洛杉矶奥运会作为我国两岸共同参与的一届奥运会，在稳定两岸和平的同时也促使国际社会对我国"一个中国，一国两制"这一方针制度的认可，同样，之前因为种族隔离被禁赛的南非在1992年重返奥运会，也表明南非废除那一有损人权的政策被国际社会所认可。回顾国际政治近一个世纪的发展，许多类似的问题都通过奥运会这样一个追求人类社会"真、善、美"的活动而化解。在现代奥运不断发展、国际形势紧张的今天，奥运政治化作为全球化的一次大型活动，既然存在也确实应当通过其最本源的意义进而掺入一定政治因素，为人类社会和平稳定发展出一分力。由此来看奥运政治化进程的发展，有助于人类社会的发展（Hilary McD. Beckles and Brian Stoddart，1995）。

8. 小结

本文意在通过目前对奥运政治化做过相关研究的期刊文献进行总结归纳，进而使得这一相对混乱的研究领域变得清晰。一直以来，奥运会被赋予超脱政治、种族、经济、文化，连接世界各地区人民、建立人类世界和平的纽带的意义。不过随着全球政治形式的日益紧张，目前有越来越多的学者已经发现奥运会和国际政治有着相当密切的关联。

由于奥运会受到《奥林匹克宪章》的保护，很多国家都想通过这样一次"合法的政治博弈"提高自己的国际影响力，同时从目前紧张的国际关系和形势上来看，奥运政治化也已经发展成为一个不可避免的问题，或者说是国际大型体育赛事发展的一种必然趋势。不过在奥运会政治化的进程中，宏观层面的国家利益似乎都是被提及的重点，相反，微观层面的部分如运动员的利益,甚至体育观众的利益似乎受到了不小的影响。

是否有必要为了国家宏观层面的利益进而牺牲中小百姓的利益,是奥运政治化尚未涉及的问题;同时如何控制奥运政治化所带来的不良影响也需要进一步研究和讨论。

2008年北京夏季奥运会被称为一届无与伦比的奥运会,而2022的北京冬季奥运会也进入了筹办周期,笔者认为,虽然在国际政治上坚持走和平发展的路线,但是奥运会作为一项全球全民参与"合法的政治博弈",况且考虑到我国由于尚处于高速发展中,国际政治的诸多原因会对我国的发展产生重要影响,而奥运会是在国际政治上,除去政治外交外的另一个可以主动出击的良好机会,因此对于这样的机会,我们应当如何抓住,也是下一步研究的问题。

参考文献

[1] Paavo Seppänen. The Idealistic and Factual Role of Sport In International Understanding. Sports Relations & International Understanding, 1982, Vol.5: 113–121.

[2] Udo Merkel. The Politics of Physical Culture and German Nationalism: Turnen versus English Sports and French Olympism, 1871–1914. German Politics & Society, 2003, 21, 2(67): 69–96.

[3] Allen Guttmann. Sport, Politics and the Engaged Historian. Journal of Contemporary History, 2003, 38(3): 363–375.

[4] John R. Tunis, The Dictators Discover Sport. Foreign Affairs, 1936, 14(4): 606–617.

[5] François Carrard. Sports and politics on the international scene. Rivista di Studi Politici Internazionali, Nuova Serie, 2011, 78(1): 25–32.

[6] Derek Shearer. To Play Ball, Not Make War: Sports, Diplomacy and Soft Power. Harvard International Review, 2014, 36(1): 53–57.

[7] Tianhao He. Urban Brazil: An Olympic Opportunity. Harvard International Review, 2012, 34(2): 9–10.

[8] Pankaj Butalia. The Politics of Sports, India International Centre Quarterly. Sports through the looking glass, 1982, 9(2): 131–135.

[9] Marlene Goldsmith. Sporting Boycotts as a Political Tool. The Australian Quarterly, 1995, 67(1): 11–20.

[10] Jeffrey Hill. Introduction: Sport and Politics. Journal of Contemporary History,

2003, 38（3）: 355-361.

[11] Reet Howell. The USSR: Sport and Politics Intertwined. Comparative Education, 1975, 11（2）: 137-145.

[12] Anthony Moretti. The Interference of Politics in the Olympic Games, and how the U.S. Media Contribute to it. Global Media Journal, 2013, Volume 6, Issue 2: 5-18.

[13] Rosa Caiazza, David Audretsch. Can a sport mega-event support hosting city's economic, socio-cultural and political development? Tourism Management Perspectives, 2015: 1-2.

[14] John Davies. Politics, Sport and Education in South Africa. African Affairs, 1986, 85（340）: 351-363.

[15] John N. Washburn, Sport as a Soviet Tool. Foreign Affairs, 1956, 34（3）: 490-499.

[16] Grix J & Lee. Soft power, sports mega-events and emerging states: The lure of the politics of attraction. Global Society, 2013, 27（4）: 521-536.

[17] Jonathan Grix. Sport Politics and the Olympics. Political Studies Review, 2013（11）: 15-25.

[18] Barrie Houlihan. Anti-Doping Policy in Sport: The Politics of International Policy Co-Ordination. European Forum, 1999: 312-334.

[19] Greg Andranovich, Matthew J Burbank, Charles H Heying. Olympic Cities: Lessons Learned from Mega-Event Politics. Journal of Urban Affairs, 2001, Volume 23, Number 2: 113-131.

[20] Will Jennings. Governing the Games: High Politics, Risk and Mega-events. Political Studies Review: 2013（11）: 2-14.

[21] R Gerald Hughes, Rachel J Owen. The Continuation of Politics by Other Means: Britain, the Two Germanys and the Olympic Games, 1949-1972. Contemporary European History, 2009, 18（4）: 443-474.

[22] Qiaolei Jiang. Celebrity Athletes, Soft Power and National Identity: Hong Kong Newspaper Coverage of the Olympic Champions of Beijing 2008 and London 2012. Mass Communication and Society, 2013（16）: 889-909.

[23] Čustonja Z, Škoric S. Winning Medals at The Olympic Games. Kinesiology, 2011, 43（1）: 107-114

[24] Burbank, Matthew J, Greg Andranovich, Charles H Heying. Antigrowth Politics or Piecemeal Resistance? Citizen Opposition to Olympic-Related Economic Growth. Urban Affairs Review, 2000（3）: 334-357.

[25] Black D. Dreaming Big: The Pursuit of "Second Order" Games as a Strategic Response to Globalisation. Sport in Society, 2008, 11（4）: 467–80.

[26] McFee G. 'The Promise of Olympism', in J. Sugden and A. Tomlinson（eds）, Watching the Olympics: Politics, Power and Representation. London: Routledge, 2012: 36–54.

[27] Nye J S. Jr Soft Power. Foreign Policy, 1990（80）: 153–171.

[28] Nye J S. Jr Soft Power: The Means to Success in World Politics. New York: Public Affairs, 2004.

[29] Nye J S. Jr Public Diplomacy and Soft Power. Annals of the American Academy of Political and Social Science, 2008（616）: 94–109.

[30] Smith A, Stevenson N. A review of tourism policy for the 2012 Olympics. Cultural Trends, 2009, 18（1）, 97–102.

[31] 曹婷婷.论奥林匹克运动的非政治定位与政治性［D］.燕山大学文法学院，2009.

[32] 宋爱萍.奥林匹克运动功能政治化研究［D］.中国石油大学（华东）政治学院，2009.

[33] 刘春生.奥运会能带来多少经济红利［J］.人民论坛，2016（S1）: 84-85.

[34] 刘桂海.体育本质是什么［J］.体育与科学，2011，（3）: 20-26.

[35] 刘桂海.体育的内在政治向度［J］.体育与科学，2013，34（1）: 58-62

[36] 刘桂海.体育政治化：一种批判性考察［J］.北京体育大学学报，2013，36（6）: 6-11

[37] 马振岗.奥运政治与奥运"政治化"之辨［J］.人民论坛，2008（15）: 20-21.

[38] 沈翔.奥林匹克运动的社会责任研究［J］.体育成人教育学刊，2018，34（1）: 82-85.

[39] 梁乐颖.奥林匹克运动中兴奋剂问题研究［D］.北京体育大学，2017.

第二专题——北京胡同文化保护传承

"北京人家"保护与发展研究

韩玉灵,王业娜

一、引言

在促进京津冀协同发展,有序疏解北京非首都功能、优化首都核心功能,调整经济结构和空间结构的大环境下,如何落实习近平总书记在考察北京时提出的明确城市战略的要求[①],如何完成首都功能核心区到2020年形成传统文化核心聚集区发展任务的同时,打造北京特色旅游品牌、最大限度保护古都风貌、保护历史文化街区、保护原住民利益,是需要研究的问题。在此背景下研究鼓励、支持"北京人家"良性发展的对策不仅具有现实意义,也具有深远的战略价值。

为保护、传承北京胡同资源与文化,贯彻落实《旅游法》第46条[②]的规定,在旧城改造过程中最大限度保护与延续古都风貌,打造北京特色旅游品牌,鼓励和支持北京地区有条件的、包括四合院在内的特色民居开展旅游经营活动,韩玉灵教授领衔的课题组受北京市旅游委委托,自2012年

[项目简介] 本研究报告为北京市旅游发展委员会委托项目《"北京人家"服务标准与评定》的中期研究成果,项目负责人为韩玉灵教授,项目组主要成员:翟向坤、刘志龙、周航、武冰欣、郜宜秀等。

[作者简介] 韩玉灵,北京第二外国语学院教授,北京旅游发展研究基地学术委员会副主任委员。王业娜,北京经济管理职业学院讲师。

① 习近平在2014年2月考察北京时就推进北京发展和管理工作提出5点要求,其中第一点是要明确城市战略定位,坚持和强化首都全国政治中心、文化中心、国际交往中心、科技创新中心的核心功能,深入实施人文北京、科技北京、绿色北京战略,努力把北京建设成为国际一流的和谐宜居之都。

② 《中华人民共和国旅游法》第46条规定:城镇和乡村居民利用自有住宅或者其他条件依法从事旅游经营,其管理办法由省、自治区、直辖市制定。

开始对北京胡同四合院资源持续跟踪研究，本报告以"北京人家"为研究对象，分析、深入挖掘现有"北京人家"的现状与发展瓶颈，借鉴境内外地区特色民居的经验，为"北京人家"的进一步保护与发展提出建议。

二、"北京人家"的现状及问题

（一）"北京人家"界定

"北京人家"（Beijing Homestay），是指在北京市行政区域内，以东、西城区为主，利用北京胡同资源（如四合院等北京特色民居），以入户体验形式开展的包括但不限于住宿、餐饮、参观、咨询等活动的服务提供者。

"北京人家"较之于"奥运人家"的"四合院+楼房户"多种房屋样式具有如下特殊性：①房屋要求：经营者应拥有产权或5年以上（含5年）有效使用权；提供住宿服务的房屋应是北京城区独立的四合院等特色民居建筑；②经营条件：经营者需取得合法经营资格，并遵守住户成员、住宿条件、卫生要求、安全要求和评定等管理规定；③周边环境：应具备地域特征和京都民俗特色的生活环境；接待户应与邻居和谐相处，不影响周边正常生活环境。

（二）发展现状

北京自明代始就有千余条胡同，发展至今保存有约1300余条，其中传统风貌保存状况良好的胡同仅占约33%，旅游发展潜力较大的胡同约占40%[1]。现存北京四合院有4000多所，具有文物保护价值的1000多所[2]，其中东、西两城区挂牌保护的有658所[3]，这些四合院现状条件较好，格局基本完整，建筑风格尚存，打造"北京人家"旅游品牌具有良好的资源基础。

从现有"北京人家"的发展历程（详见以下时间轴）与具体评定情况而言，东城区已经开展经营的完整四合院为80家（其中宾馆26家，餐馆39家，休闲娱乐场所15家[4]），西城区为20家（其中宾馆14家，餐馆3家，休闲娱乐场所3家[5]），相对于保护基础良好的658处四合院式特色民居，目前挂牌的"北京人家"仅占总数的15.2%，尚未形成规模与集聚效应，有

---

[1] 李楠，冯斐菲，汤羽扬.北京旧城胡同现状调研报告（2005—2006年），北京规划建设，2007.
[2] 北京市文物局，http://www.bjww.gov.cn/2005/8-17/10347.html.
[3] 北京市文物局，http://english.bjww.gov.cn/wbdw/.
[4] 东城区旅游委统计数据。
[5] 西城区旅游委统计数据。

较大的发展空间。

```
2008年19户                    2012年12户
四合院成为奥                   四合院挂牌第
运人家                         二批北京人家

    ●──────●──────●──────●──────▶

          2011年21户                 2016年
          四合院挂牌第                《"北京人家"
          一批北京人家                服务标准与评
                                      定》实施
```

图1　"北京人家"发展演进时间轴

从市场反映来看，据北京市旅游委信息，"北京人家"京味十足的品位设计及亲切服务深受海外游客欢迎，"北京人家"成为北京城市最接地气的国际名片，入住率常年保持在90%以上[①]，供不应求，市场潜力较大。

（三）发展"北京人家"存在的主要问题

1. 行政审批的高门槛

"北京人家"的经营者（尤其属于商业性质产权的）开展经营活动应当依法取得经营资格，需经工商、公安、卫生、消防等主体的准入审批，即便是根据《国务院关于取消和调整一批行政审批项目等事项的决定》（国发〔2014〕27号）及2014年8月19日的《国家工商行政管理总局关于做好工商登记前置审批事项改为后置审批后的登记注册工作的通知》的规定，在"北京人家"工商审批后置的情形下仍需先行取得公安特行、卫生、消防等方面的批准。

"北京人家"从事旅游经营活动的法律依据是《旅游法》第46条规定，但是各省、自治区、直辖市的相关规定尚未出台，各主管部门依然根据《消防法》《食品安全法》及其实施细则、《旅馆业治安管理办法》等法律法规、行政法规、地方法规规定进行开业检查验收。而上述法律法规对新形势下"城镇和乡村居民利用自有住宅或者其他条件依法从事旅游经营"的情形兼顾不足，在一定程度上形成对"北京人家"进入市场的高门槛。如消防验收、产权性质、卫生许可、安全保卫等方面，尤以消防验收、产权性质的法律限制较难解决。较高的准入门槛将试图开展此项经营者拒之门

---

① 人民网. "北京人家"受海外游客钟情　入住率在90%以上[EB/OL]. http://travel.people.com.cn/n/2015/0120/c41570-26415359.html.

外，影响了其申请的积极性。

表1 "北京人家"许可审批相关规定

主要方面	名称	条款内容
消防方面	《公安部关于修改〈建设工程消防监督管理规定〉的决定》	第二条 本规定适用于新建、扩建、改建（含室内外装修、建筑保温、用途变更）等建设工程的消防监督管理。本规定不适用住宅室内装修、村民自建住宅、救灾和其他非人员密集场所的临时性建筑的建设活动。
	《消防监督检查规定》	第九条 规定了消防部门要对旅馆投入使用、营业前进行消防安全检查，包括场所、制度、人员、设施、通道、室内装修等。
	《农家乐（民宿）建筑防火导则（试行）》	全文。
卫生方面	《北京市食品经营许可管理办法（试行）》	第一条 为规范食品经营行政许可行为，加强食品经营监督管理，保障食品安全，根据《中华人民共和国食品安全法》《中华人民共和国行政许可法》《食品经营许可管理办法》等法律法规和规章，结合本市实际，制定本办法。 第二条 在本市行政区域内，从事食品销售、餐饮服务活动，应当依法取得食品经营许可。 食品经营者是食品安全第一责任人，对其经营食品的安全负责。食品经营者要按照法律、法规和食品安全标准的要求，制定并依法向食品药品监督管理部门提交与实际经营状况相符合的食品安全制度，并严格落实。 第四条 食品经营许可实行一地一证原则，即食品经营者在一个经营场所从事食品经营活动，应当取得一个食品经营许可证。
	《北京市餐饮服务业安全管理规范》	适用于本市行政区域内从事餐饮服务的企业，以及企事业单位对外经营的食堂和餐厅。规定了安全制度、安全人员、排烟排污设施等方面。
	《餐饮企业经营规范》	经营场地总面积在30平方米以上，厨房面积应达到营业面积的1/3，采用中央厨房和集中配送经营的企业厨房与营业面积要适宜；小于30平方米的小吃店、快餐店等应实行连锁经营，采取统一配送。
安保方面	《旅馆业治安管理办法》	第五条 经营旅馆，必须遵守国家的法律，建立各项安全管理制度，设置治安保卫组织或者指定安全保卫人员。

续表

主要方面	名称	条款内容
北京特色民居的产权性质改变	《中华人民共和国旅游法》	第四十六条　城镇和乡村居民可利用自有住宅或者其他条件依法从事旅游经营。
	《公司登记管理条例》	规定经营性质的房屋用途必须为商业用途。
	《物权法》	第77条　业主将住宅改为经营性用房，需要满足两个条件：一是须遵守法律、法规以及管理规约；二是应经有利害关系的业主同意。
	《北京市房屋租赁管理若干规定》	取消变民宅为商业用房的限制。
	《北京市旅馆业治安管理规定》	第5条　禁止在居民住宅地上部分或者利用人防工程、普通地下室的地下三层以及地下三层以下开办旅馆。
北京特色民居改造	《北京历史文化名城保护条例》	第11条　传统胡同街巷胡同格局属于旧城保护的范围。 第14条　对尚未列为不可移动文物、反映一定时代特征、具有保护价值、承载真实和相对完整历史信息的四合院和其他建筑，应当认定为具有保护价值的建筑。 第20条　在保护规划范围内不得有下列行为：破坏历史文化街区内保护规划确定的院落布局和胡同肌理。

2. 公共服务配套设施不足

"北京人家"等特色民居地处历史文物保护街区，文物场所众多，皆属老城区范围。胡同（街道）宽度与建筑物间距较窄，停车空间有限，交通可进入性较差；难以加入城市污水处理系统和城市集中供暖系统，导致上下水、排水困难，上述情形亦成为火灾救援的难题；虽经采取煤改电措施，但冬季取暖依然困难，垃圾、污水处理的困难给环境卫生带来问题。

三、境内外特色民居比较与借鉴

伴随着旅游业的发展和大众旅游新需求，我国一些地区积极探索具有本地特色民居保护与发展模式，由于各地的实际不同，其模式亦有较大的差别。分析、比较各种特色民居保护与发展模式的优劣，借鉴其保护与发展经验，对于健全和完善适合"北京人家"保护与发展的模式具有积极的意义。

（一）台湾民宿

1. 情况简介

台湾民宿是指利用自用住宅空闲房间，结合当地人文、自然景观、生态、环境资源及农林渔牧生产活动，以家庭副业方式经营，提供旅客乡野生活之住宿处所。20世纪80年代为解决假期旅馆住宿供应不足的问题而兴起。主要依托于民族、农民家庭民居资源为基础开展民宿经营，经过近40年的发展已趋于成熟。截至2016年年底，民宿家数已占台湾住宿业的68%，房间数占总数的72%。据台湾交通部观光局2018年8月统计，台湾全省拥有民宿8875家，房间数37 310间，经营者达10 944人，其中合法民宿8236家，房间数33 939间，经营者10 360人。台湾民宿需求大、发展迅速，但由于台湾地区土地所有权取得非常困难，很多民宿无法取得合法执照。

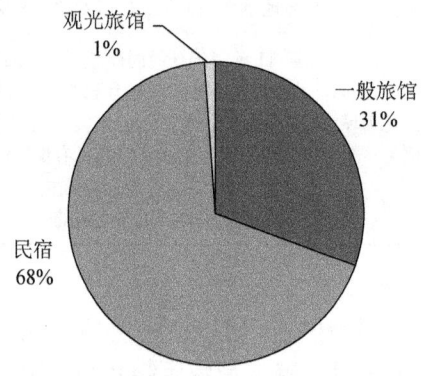

图2　截至2016年年底台湾各类型住宿家数及占比情况

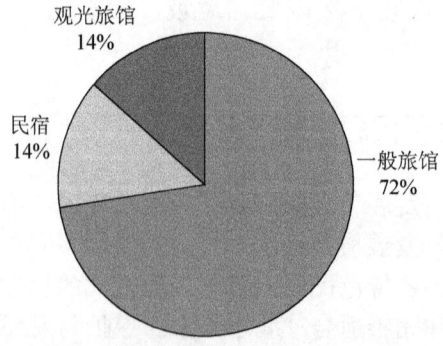

图3　截至2016年年底台湾各类型住宿房间数及占比情况

表2　2018年8月台湾地区民宿数据统计表

县市别	合法民宿			不合法民宿			小计		
	家数	房间数	经营人数	家数	房间数	经营人数	家数	房间数	经营人数
新北市	242	812	330	24	136	54	266	948	384
台北市	1	5	1	0	0	0	1	5	1
桃园市	46	196	82	25	109	32	71	305	114
台中市	89	335	125	17	118	8	106	453	133
台南市	216	771	309	2	15	2	218	786	311
高雄市	61	251	75	5	23	4	66	274	79
宜兰县	1410	5458	1813	67	371	48	1477	5829	1861
新竹县	73	286	93	13	66	13	86	352	106
苗栗县	289	1033	371	1	3	1	290	1036	372
彰化县	53	215	81	11	43	10	64	258	91
南投县	655	3161	824	137	692	124	792	3853	948
云林县	65	295	70	8	24	7	73	319	77
嘉义县	192	659	344	43	182	46	235	841	390
屏东县	733	3105	947	180	1088	156	913	4193	1103
台东县	1215	5243	1612	42	147	30	1257	5390	1642
花莲县	1799	7024	1880	27	117	14	1826	7141	1894
澎湖县	663	3135	750	32	214	26	695	3349	776
基隆市	1	5	1	0	0	0	1	5	1
金门县	304	1463	486	0	0	0	304	1463	486
连江县	129	487	166	5	23	9	134	510	175
总　计	8236	33939	10360	639	3371	584	8875	37310	10944

资料来源：台湾交通部旅游观光局官网。

2. 经营管理

台湾民宿发展初期，法律并不认可，但得到了农委会等农政单位的支持。之后各民宿间团结合作，自发组成民宿协会，互通理念、分享信息、提升服务，民宿协会为民宿发展提供帮助，成为民宿发展中一股重要的力量，在促进民宿业的健康发展、避免价格战的恶性竞争方面发挥了重大的作用。从1981年开始，台湾省政府开始引导原住民利用空置房屋经营民宿，对民宿的经营进行各个细节的规范，使得产业逐渐合法化，并在2001年出台了《台湾民宿管理办法》，精确定义民宿，明确限定民宿的规模和位置，并对房间的数量进行了约束，提高了民宿的质量。

3. 经验借鉴

可借鉴台湾"交通部"发布《民宿管理办法》辅导台湾民宿产业合法化行为，由北京市政府从更高层面出台一个管理办法，协调各方意见，统筹管理。并可建立评价、分类与认证制度，提升"北京人家"经营管理品质。台湾观光局还举办了各类"民宿经营管理研究学习班"，邀请专业人士对民宿主人进行指导讲授，以提升民宿服务质量，"北京人家"亦可借鉴举办相应的培训学习，提高经营者素质。

（二）鼓浪屿家庭旅馆

1. 情况简介

鼓浪屿家庭旅馆是由于旅游接待量的增大，依托20世纪初建筑遗迹，作为住宿形式的补充而出现。发展之初绝大多数家庭旅馆均无合法手续，还被列为酒店式公寓整治的对象。消防、卫生等公共服务设施达不到相应标准，且拿不到公安部门的特种行业许可证。产权性质也限制其发展，在家庭旅馆筹建高峰期，有近16家因鼓浪屿老建筑、老别墅是私宅性质而无法办理营业执照。但政府支持力度较大，政策环境利好，发展至今已趋成熟。

2. 经营管理

鼓浪屿政府采取"宽准入、严规范、重培育"的政策支持家庭旅馆的经营发展。"宽准入"是指有条件地放宽住宅禁商限制，简化办照手续，使经营者尽快有证有照，合法经营。"严规范"，政府相关职能部门联手对不符合要求的非法经营、无照经营行为予以查处、取缔，引导经营者成立自律组织，促其自觉进行有序竞争。"重培育"，政府出台相关培育措施、优惠政策，促使该行业出品牌、出精品。其发展中遇到的几大问题也在政府的指导、支持下有了转机。

消防方面，一方面引导经营者积极配合消防部门改造消防设施，达到

《鼓浪屿家庭旅馆消防安全基本标准》;另一方面对通过消防验收的家庭旅馆,民警主动上门,对经营单位提出治安管理的软硬件要求,与经营者签订治安责任状,指导经营者办理《特种行业经营许可证》。

培训方面,鼓浪屿工商所与街道办、旅馆协会联合制作了《鼓浪屿家庭旅馆品牌建设指导手册》及光盘,免费赠送给家庭旅馆经营者,组织了鼓浪屿家庭旅馆集体商标知识及管理办法培训。

经营许可方面,2008年厦门市工商局出台《关于促进我市服务业又好又快发展若干实施意见》,规定了鼓浪屿家庭旅馆办理登记的条件。同年,厦门市委办公厅、市政府办公厅出台了关于转发厦门市思明区人民政府《厦门市鼓浪屿家庭旅馆管理办法(试行)》的通知,规定鼓浪屿岛上可利用的独立式风貌建筑或民宅可作为申办家庭旅馆的经营场所并明确了申请程序和管理权。

除此之外,政府积极打造家庭旅馆品牌,完善家庭旅馆市场管理制度,提升服务质量。厦门市思明区工商局推出《鼓浪屿家庭旅馆品牌建设实施方案》,提出建立信息管理制度,公开政府信息;完善合同管理制度,促进企业自律;完善商标管理制度,实施品牌战略;强化广告管理制度,统一形象宣传;巩固维权管理制度,增强品牌效应等政策。并促进"食、购、游、住"等旅游项目互动互利:推荐了五家餐厅提供家庭旅馆的配送餐服务,并指导餐厅制作统一的菜单;与大酒店协商,最终促成其专门为家庭旅馆提供洗涤服务,解决了家庭旅馆床、被单需要运送到岛外洗涤的难题,同时降低洗涤收费标准;与鼓浪屿地方税务分局积极协调,争取相应支持,如对已取得证照的家庭旅馆业者实施低税率或免税征收政策,一年累计减免税收105万元,降低经营者初期经营费用和成本。

3. 经验借鉴

鼓浪屿家庭旅馆在政府的大力支持下发展迅速,"宽准入、严规范、重培育"管理理念尤其值得"北京人家"借鉴。鼓浪屿家庭旅馆市场发展相对成熟,制定并推行了《鼓浪屿家庭旅馆住宿合同格式示范文本》,规范经营者行为,提升服务质量。此外,实施"集体品牌+个性品牌"的双品牌商标策略,既突出各个家庭旅馆的特色,又凝聚集体的力量提高影响力。

(三)乌镇民宿

1. 情况简介

乌镇景区的住房多为公房,由政府统一将产权转让给企业,企业缴纳相应的土地补偿。房子一般为两层、每幢3~5间客房，目前共有70幢、近353间客房。房型有单人房、标准间、大床房和家庭房。民宿接待人数可达景区住宿接待总数的1/2~2/3。

2. 经营管理

乌镇采用先进技术开发民宿，既保留了房屋原有的外观与风貌，又增添了现代技术元素，做到了保护与发展相结合。制定了《乌镇古镇保护规划》，规划明确了乌镇古镇保护和旅游开发的整体发展方向，并将整个古镇划分为绝对保护区、重点保护区、一般保护区和区域控制区四个不同等级的保护区域，提出不同等级的保护措施和保护范围，缓冲面积达198公顷。设有专门文物保护、工程建设部门，分别负责文物保护、日常维护和修缮。制定最大接待容量标准以保证入住客人的体验质量。

乌镇民宿管理属于企业内部经营管理行为，注册登记手续由企业专门机构统一办理。建立卫生、安全等方面相关标准，餐饮由餐饮企业专供，布草由星级酒店企业供应。为解决就业和保留民宿原有特色，企业雇佣房东管理民宿与日常经营，并派专人管理民宿，包括监督房东服务质量、协调配送原材料、设施设备更新等事宜。最终接待住宿、餐饮的所有收益归企业所有，房东从企业领取工资并设有专门的风险控制部门规避、转移房东风险。

3. 经验借鉴

通过政府收回民宿的产权，由政府统一与企业谈判，将产权转让给相关企业改造、经营管理，很大程度上避免了产权性质为商业用地以及公安、消防、卫生等部门审批验收的制约，使得开业审批基本无障碍。

（四）桂林平安寨家庭旅馆

1. 情况简介

桂林平安寨家庭旅馆起步于1993年，以"麻栏"建筑形式为载体，其建立和经营行为完全是自发形成的，没有任何引导与扶持，主要是家庭式、分散经营。平安寨寨内有14个家庭旅馆分布在风景区游览道路沿线，形成了一条"家庭旅馆带"，其余旅馆的选址也在紧靠游览线路的外围区域。限于景区的知名度，家庭旅馆有明显的淡旺季。

2. 经营管理

平安寨家庭旅馆的经营模式有家庭自主经营模式、联营模式和企业化管理模式，以家庭经营为主。为规范管理，县委县政府制定出台了《阳朔县农家乐管理暂行办法》《阳朔县民居旅馆（店）管理暂行办法》《阳朔县民居旅馆（店）标准》《阳朔县民居旅馆（店）等级划分及评定标准》等有关管理规定。县里每年举办一期旅游从业人员培训班，聘请旅游院校的专家教授上课，对从业人员进行语言、服务、管理、职业道德等内容的培训，全面提升旅游从业人员的服务和管理水平。

3. 经验借鉴

平安寨家庭旅馆发展尚不成熟，处于自发性、无序发展阶段，由此带来了一系列问题。"北京人家"应注意出台相关法律法规（如《管理办法》《等级划分及评定标准》等）规范化管理，并依据之对从业人员进行语言、服务、管理、职业道德等内容的培训，以全面提升旅游从业人员的服务和管理水平。

（五）田子坊

1. 情况简介

田子坊无论是厂房还是私有住宅，都采用租赁的运作模式。1998年，为保护上海的石库门建筑群，以郑荣发书记为首的打浦街道办与本区域内几个国企签订20年的租赁协议，将租赁的厂房以较低价格转手给吴美森创意公司，由其有规划地吸引艺术家聚集此地，打造文化创意产业区。2004年，私有住宅也开始自行开展租赁经营，田子坊自此逐步发展并形成规模。

2. 经营管理

田子坊的经营管理比较规范，设立了完备的管理机构，健全完善了消防制度，产权限制也有所突破，这些良好的政策环境和政府支持促进了田子坊的发展。

田子坊的主要管理机构有旅游咨询中心、田子坊商会、田子坊管理办公室（综合服务点）、专职消防队和社区居民委员会。①旅游咨询中心主要提供旅游咨询等服务；②田子坊商会属于黄浦区商会，由居民自发形成，主要有租赁咨询、法律顾问、商户维权等职能；③田子坊管理办公室主要负责部分物业管理，田子坊区域内安保、环卫、消防等管理工作；④专职消防队属于政府购买服务，由田子坊管理办与沪安公司双重领导，并接受打浦桥消防队的培训和指导；⑤社区居民委员会主要负责管理区域内的私有住宅与居民。

上海市政府为促进田子坊的发展，对该辖区的消防管理进行了特殊政策支持，一方面放宽了营业商户的消防验收门槛限制，另一方面则在辖区内各个建筑内部和建筑物之间配备了远高于国家标准要求的消防管理设备与专业人员，有效明确消防责任主体，创新地健全完善了复杂地形弄堂营业区域的消防制度。设有专职消防队与完善的管理制度，总计有20名消防员，均在上海市缴纳五险一金。日常工作时，5人一岗轮流排班，在岗人员需每小时在区域内巡逻检查一次。消防队拥有完善的管理制度与火灾接警处理流程。同时将消防值班室设置在管理办，做好消防控制室值班记录，并设有消防报警与联动处理装置。消防队根据弄堂狭窄地形的特点配置一辆专用小型消防车，并定期对商户人员进行培训与组织演练，建设起一支由"武警消防支队—田子坊专职消防队—商户志愿者—商铺经营户"多层面贯通的综合应急消防力量。在田子坊的入口贴有示意图，明确标出了灭火器的位置。同时，利用宣传栏、图标、告示等方式进行消防说明，在主要入口和交叉口处贴有应急情况下的人员疏散路线示意图，清晰醒目，对当地居民和外来游客都展现了较好的宣教提示作用。在每个街区主弄和支弄衔接处（约20米左右），均设置消防栓和消防预警设备，并对田子坊进行全覆盖。每个商户内部也都备有灭火器等设施。

田子坊由厂房和民宅混合组成，厂房部分进行营业毫无争议，矛盾主要集中在利用自有住宅进行营业问题。对于居民利用或出租自有住宅进行商业性质经营，由于这是一种"居改非"（居住改为"商住两用"的综合性用房）行为，违反了当时居住物业的相关条例。但是在街道以及商家的推动下，田子坊里弄地区的"居改非"自发展开。而为了地区的发展，政府也就允许了这种"居改非"的形式，政府默许田子坊里弄居民的"居改非"行为。自此，田子坊品牌在近二十年的时间里，经历了"政府鼓励公房改造租赁、个人私产观望"的起步期和"公房租赁存量平稳、居民私房主动跟进招商"的发展期，直到形成当下"居民私房租赁稳定市场规模、有力影响公房续约发展"的新局面。

3. 经验借鉴

田子坊弄堂与北京四合院有很多相似之处，消防方面，"北京人家"可借鉴"田子坊"的解决思路与做法，依托北京老城区胡同资源开展更广范围的消防联动等公共服务管理措施的配套提升。因地制宜，根据胡同、楼间距等本身特点完善消防设施与消防管理，例如通过购买服务建立专职消防队，为老城区胡同内合理布置消防栓、配备小型消防车等措施。同时，明确管理主体责任，邀请消防部门参与对北京老城区胡同、四合院等特殊地形的消防配套设施进行优化整改，推动公共服务改革的顶层设计，让分散在北京老城区的"北京人家"得到更为合理、完善的消防设施和消防力量的公共服务。

开发定位方面，对老四合院分布相对集中的（或者更大范围的）区域进行联合开发，形成老北京历史文化功能区。主要将"北京人家"更多地定位于老北京风俗文化传承与传统文化遗产的体验服务，而非简单的酒店住宿和餐饮接待经营体，从田子坊的发展历程看，先做好艺术、创意特色，达到积聚效应，才会吸引、招徕商业活动，乃至提高经济效益。

表3 "北京人家"式特色民居保护与发展模式比较

项目＼模式	台湾模式	鼓浪屿模式	乌镇模式	桂林模式	田子坊模式
民居资源	民族、农民家庭	20世纪初建筑遗迹	300年历史的民宅	栏杆式特色建筑	石库门建筑风格厂房与住宅混杂
起步难题	取得土地所有权	私宅商用	—	无序发展	私宅商用与消防问题
起步阶段	20世纪80年代	2007年	21世纪初	1993年	1998年
起因	传统农业转型观光农业，增加农民收入	景区发展，接待量增大，或者季节性需求过剩，住宿形式的补充			旧城与旧厂房改造
经营主体	房主、房东	房主、房东	房东（企业）	房主	艺术家及商家
经营方式	个体经营	个体经营	统一经营	家庭、分散经营	房屋租赁形式
经营业务	住宿餐饮导游交通	住宿餐饮推荐购物	住宿餐饮	住宿餐饮	艺术馆、咖啡、西餐、小吃等
经营问题	非法经营	失去特色	市场开拓	争夺客源	艺术特色逐步消退
法规制度	完善	较完善	内部标准制度	不完善	较完善
品牌营销	十大民宿	政府统一，集体品牌加各自品牌	企业营销，统一品牌	没有品牌	店铺各自营销

续表

模式\项目	台湾模式	鼓浪屿模式	乌镇模式	桂林模式	田子坊模式
政府政策	有支持	大力支持	支持景区	没有支持	政策支持
有无协会	各市县都有	有协会，无权限	无	无	有商会
发展阶段	成熟，重要的住宿业态	成熟，特殊的接待形式	成熟，景区接待形式	成长，主要接待形式	成熟，3A景区，文化艺术区
资金来源	自有资金	自有资本、外来投资	企业投资	自有资金、外来投资	自有资金
客源市场		散客为主，最先接待外国游客			散客为主

四、"北京人家"的保护与发展措施

（一）明确"北京人家"发展定位

将"北京人家"定位于老北京民俗文化传承与传统文化遗产的体验服务，而非简单的酒店住宿和餐饮接待经营体。换言之，发展"北京人家"的目的，不是为了解决北京住宿供给不足的问题，而是在旧城改造中，随着包括四合院在内的北京胡同资源这些北京文化的载体越来越珍贵、稀缺的背景下，通过"北京人家"项目的实施，一方面让这些资源保留下来，另一方面让北京文化以"活"的方式传承下去。

（二）遵循市场规律，探索发展模式

对老四合院分布相对集中的（或者更大范围的）区域，在条件具备的情况下进行联合开发，形成老北京历史文化功能区。根据市场发展规律采取"集中规划+自由经营"的方式，国有四合院等房屋采取集中规划的形式开展传统文化体验或经营活动，如借助旧城改造和"十三五"发展规划的拟订，由政府将整个区域或整片特色民居的产权收回并改变产权性质，

通过统一与企业谈判，转让给企业经营。同时，鼓励私有民居以房屋租赁或自营的方式自由开展经营活动。

（三）寻找政策突破口，解决行政审批法律限制

1. 放宽产权限制给予更多政策支持

除已经属于商业性质的北京特色民居外，主要针对私有产权民居从事经营活动给予政策支持，如将房屋住宅性质更改为"商住两用"的综合性用房性质，或出台特殊政策允许"北京人家"区域的民居申请经营活动等。

2013年国务院总理李克强主持召开国务院常务会议，要求各部委部署推进公司注册资本登记制度改革，降低创业成本，激发社会投资活力；按照方便注册和规范有序的原则，放宽市场主体住所（经营场所）登记条件。之后的8个月时间内，李总理三次分别深入山东、海南和天津的工商部门，调研注册登记制度改革。目前，国内个人居民住房已基本实现"先照后证"申请经营公司业务，这对"北京人家"的市场定位和管理政策释放了强烈的积极信号。对此，建议政府相关部门也能够因地制宜地为"北京人家"营造一个更为宽松的政策环境。

2. 因地制宜加强消防安全保障

消防安全保障工作，不是仅仅依靠几家"北京人家"的力量就能够做到的，需要依托北京老城区改造、公共服务设施的配套以及更广范围的消防联动等公共管理措施的到位。

从政策支持角度，借鉴《农家乐（民宿）建筑防火导则（试行）》的做法和经验，进一步规范和明确城市民宿的消防标准与准入。从具体措施角度，因地制宜，根据胡同、楼间距等本身特点完善消防设施与消防管理，如通过购买服务建立专职消防队，采取为老城区胡同内合理布局消防栓、配备专业小型消防车等措施。同时，明确管理主体责任，邀请消防部门参与对北京老城区胡同、四合院等特殊地形的消防配套设施进行优化整改，推动公共服务改革的顶层设计，让分散在北京老城区的"北京人家"得到更为合理、完善的消防设施和消防力量的公共服务。四合院等特色民居在不改变其整体布局、外观的前提下，可进行内部消防改造、装修，使用阻燃性能良好的建筑材料，并引入适量的消防设施，如喷淋、消防栓、灭火器等。

3. 完善卫生安保等公共服务设施

完善区域内的卫生安保等公共服务设施，建立健全物业等管理机构，

通过本地区政府购买的方式完成环卫、安保等工作。针对从事经营活动的商户，在保证卫生安全的前提下，可参考乡村旅游的卫生标准，针对"北京人家"的特点，分别提出不同的要求。例如针对自有自主"户"的要求；针对"酒店"型的要求。鼓励布草通过专业公司处理以保证卫生要求。可进行安保培训，安保人员由经营者兼任或由街道成立（聘用）专门的安保人员。根据四合院的实际情况，在保证住客人身安全的前提下，制定合适的安保标准。

（四）完善综合管理职能，依法有效管理

1. 北京市（区）政府及相关部门

依据《旅游法》第46条规定制定"利用自有住宅或者其他条件依法从事旅游经营"的管理办法，依据《物权法》《旅游法》的相关规定，研究制定符合现代旅游业发展的法律制度，为充分挖掘皇城、胡同、老北京等特色资源，传承北京文化提供法律依据。

有效发挥北京市作为旅游综合改革试验区的优势，对于一些改革措施可以先行先试：第一，探索建立北京市政府牵头，相关市区两级政府相关部门（包括街道）配合、协调解决"北京人家"发展中的现实矛盾的综合协调机制；第二，结合旧城拆迁改造，鼓励各类机关、企事业单位、团体和个人利用其所拥有和支配的北京四合院等特色民居依法开展住宿、餐饮、参观等各种旅游接待服务；第三，在财政预算中，列支专项资金用于"北京人家"周边公共基础设施改造和完善；第四，本着欲申请"北京人家"业主先申请，自己出一点、政府适当配套的原则，对保留完整的北京四合院在保持整体风格不变的前提下，外在进行修旧如旧的保护性改造，内部以人为本进行兼顾体现传统文化和现代舒适性的装修，为保护古建筑提供帮助，为开办北京人家创造条件。

2. 北京市旅游主管部门

根据《旅游法》精神，新修订的《北京市旅游条例》已于2017年5月26日正式施行，其中对城区民宿做了明确规定，是《旅游法》第46条规定的细化和落地。北京市旅游行政主管部门需进一步贯彻落实《北京市旅游条例》有关规定，研究、制定、完善《"北京人家"管理办法》和《"北京人家"评定标准》，为"北京人家"依法有效管理提供法律依据。牵头组织成立"北京人家"评定委员会，制作"北京人家"标识牌与证书等。委托区旅游委对北京人家业主进行培训，监督其服务质量，扶持其发展。将"北京人家"营销纳入北京旅游的形象宣传推广序列之中。

3. 评定委员会

"北京人家"评定委员会由市、区两级旅游行政管理部门,市、区级旅游行业协会和旅游相关学者专家等组成;建议考虑其他相关部门加入评定委员会。评定委员会职能主要包括:负责"北京人家"的受理、评定,并对符合《"北京人家"评定标准》的单位,授予"北京人家"证书和标识牌;每2~3年对"北京人家"经营者进行复核,对不能达标的单位,视情节轻重给予限期整改、取消达标单位称号、等级资格的处理,并公布处理结果。

第三专题——北京住宿业无障碍设施建设

北京市饭店业无障碍设施配置与服务水平调研报告

李朋波,朱志胜,张　超,雷　铭,
王　俞,吕　勤,翁怡圆,胡泽扬

(北京第二外国语学院酒店管理学院,北京　100024)

摘　要: 无障碍设施设置与无障碍服务水平是城市建设的重要方面,也是经济社会发展水平与文明程度的标志,近年来,加强公共场所无障碍设施建设、提升无障碍服务水平的呼声越来越高。饭店作为人们住宿和用餐的重要公共场所,其无障碍设施配置与服务水平也日益受到关注,近十年来,饭店行业在无障碍设施配置和服务水平方面的进步有目共睹,但仍普遍存在着设施配置漏项缺项、设计细节不规范、无障碍服务意识淡薄等突出问题。为进一步了解北京市饭店业的无障碍设施配置与服务水平,本研究对北京市范围内41家酒店进行了实地调研,并借助线上平台及邮件访问等形式开展了问卷调查,全面和深入地把握了目前北京市饭店业无障碍设施配置与服务水平的整体情况与存在问题,归纳出需要改进的6个方面,并针对以上问题提出了相应的解决对策。本研究及其结论对饭店业提高无障碍设施配置与服务水平具有启发性和借鉴性作用,有助于改善饭店业无障碍环境建设,从而促进北京市饭店业的健康长远发展。

关键词: 无障碍设计;无障碍设施;服务水平;接待能力

[基金项目] 北京市旅游发展委员会委托课题"北京市住宿业发展报告"(2017)资助。
[作者介绍] 本报告作者排名次序不分先后。李朋波、朱志胜、张超、雷铭、王俞、吕勤,北京第二外国语学院酒店管理学院健康产业管理系教师;翁怡圆、胡泽扬,北京第二外国语学院酒店管理学院,硕士研究生。报告联系人,李朋波;联系方式:lpbup@sina.com。

一、调研背景

无障碍设计源于20世纪初的人道主义思想,这个概念最早出现在1974年联合国召开的"障碍者生活环境"专家会议上。残疾人口问题是全世界普遍存在的社会问题,他们的出行、住宿、生活实实在在地考验着每个国家和地区的社会生产、消费、积累、分配和相应的服务设施以及城市规划、建设和管理等。随着社会的发展和人类文明的进步,无障碍设计理念已成为城市建筑、道路、交通等建设的重要指导思想,也是社会精神文明和社会物质进步的重要标志。

第五次全国人口普查结果显示,中国65岁及以上的人口为8811万人,占总人口的6.96%,表明中国已经进入老龄化社会。随后的十几年中,老龄化速度不断加快,给中国的经济、社会、政治、文化带来了重大影响。截至2016年年底,全国60岁以上老年人口23 086万人,占总人口的16.7%,其中65岁及以上人口数量为15 003万人,占全国人口数量的10.8%。根据第二次全国残疾人口普查数据推算,全国各类残疾人总数达8296万人,占全国人口总数的6.34%。我国无障碍设施与服务起步晚、普及速度慢,其重要性还未被充分认识,但随着我国人口老龄化程度的加速,其重要性越发凸显。在这方面,酒店作为城市建筑的一部分以及人们出行、住宿的重要场所,其无障碍设施建设也越来越受到人们的重视。

酒店无障碍设施是保障残疾人士、老人、儿童等特殊群体在酒店内正常活动的重要设施,是完善酒店功能的重要一环,无障碍设施环境不但可以方便残障人士的出行与生活,而且对提高普通人群的生活质量也有着重要意义。因此,建设高质量的酒店无障碍设施,形成无障碍环境,是体现饭店业文明程度的重要标志,也是酒店完善服务功能、提升服务质量的迫切要求。随着社会和经济的发展,国内饭店业的规模、设施设备、产品功能的研发等都有显著的提升,但其无障碍设计还存在一些问题,尽管部分高星级酒店的无障碍设施相对完善,但大部分酒店对此没有引起足够的重视,未能完全满足残障人士的需求。

北京作为首都城市,其酒店无障碍进程起步早、发展快,无障碍环境建设在其饭店行业运营中发挥着重要的作用,对于提升北京市饭店行业服务水平有重要意义。然而,尽管北京市酒店无障碍环境建设进程较快,但是在实际运营中仍存在诸多问题,例如:无障碍设施建设水平参差不齐、地区和星级水平差异明显,无障碍设施配备不齐全、不合理,无障碍服务意识差等。饭店行业以上情况使饭店行业"以人为本"的服务理念大打折扣,也严重影响了北京市饭店行业的专业水准及行业形象，不利于北京市饭店行业的长远发展。因此，按照法律规范对建筑无障碍设计的要求以及饭店行业的自身需求，北京市旅游发展委员会联合北京第二外国语学院酒店管理学院于2017年底开始针对饭店行业无障碍环境建设水平开展调研活动。

酒店无障碍设施设备是酒店面向残障人士及老人、儿童提供服务的重要媒介，其建设、使用和维护环节都会对使用者产生影响。通过调研活动，可以发现酒店无障碍设施在具体实践过程中出现的问题，根据具体问题具体分析的原则，深入了解酒店无障碍设施的使用状况，切身体会无障碍设施缺失、损坏、设计不合理等问题给消费者带来的不便，从而得出有针对性的、真实准确的调研数据。此外，我国目前尚没有针对饭店行业设立的建筑无障碍设计规范，一些现有文件也不能完全适应饭店行业的建筑设计要求。通过调研活动，可以挖掘饭店行业特有的无障碍设施设计要求，贴合行业实际需求，为编制更符合饭店行业的无障碍设计规范提供参考。

总之，通过对北京市饭店业无障碍设施配备与无障碍接待能力现状进行调研，可以深入了解北京市饭店业无障碍配置和服务的现状及存在的问题，并且有针对性地提出改进的意见或建议，进而促进北京市饭店行业的健康长远发展，完善北京市饭店行业建设和服务规范，同时也有助于推动北京市的精神文明建设进程。

二、调研方法

由于该项目涉及的调研对象数量众多、地区分布广泛、调研内容复杂，为了切实了解北京市饭店无障碍设施配备及服务接待情况，保证调研和分析结果的准确性，该项目采用了问卷调研和实地调研相结合的方式进行研究。第一阶段为问卷调查阶段，项目团队设计了详细的调查问卷，并借助线上平台及邮件的形式进行问卷的发放和回收。第二阶段为实地调研阶段，调研团队选取了位于北京市不同地区的41家酒店进行深入走访，考察酒店无障碍设施设备及服务人员无障碍服务能力和意识，并对考察结果进行记录，以便后续的分析研究。

（一）阶段1：通过问卷调查了解北京市饭店业无障碍设施配置与服务水平情况

1. 调查问卷设计

研究团队首先对无障碍设计的相关文献、法律规范进行收集、整理、分析,并依据这些材料提炼出了建筑物无障碍硬件设施设计涉及的 8 个具体对象及其范围和相关要求,最后整理成完整的问卷表格(见表 1)。

调查问卷整体划分为三个部分:①酒店的基本信息,要求被调查对象填写"职务""从业年限""所在企业的地理区位、等级类型、房间数""无障碍设施使用率""无障碍设施维护及保养工作"等问题;②无障碍硬件设施配备情况调查,该部分将酒店中涉及的无障碍设施划分为酒店入口及正门、地面、走道、楼梯及电梯、无障碍洗手间、无障碍客房、无障碍停车位、无障碍标识等几部分内容;③软服务与接待能力调查,主要考察酒店接待残障顾客的频次、无障碍服务部门或岗位的设立、员工无障碍服务与接待培训、残障顾客投诉等内容。

表 1 本研究调查问卷中包含的酒店无障碍硬件设施分类

设施类别	具体要求
酒店入口及正门	1. 是否设有雨棚
	2. 是否设有供乘轮椅的残障顾客使用的升降平台
	3. 是否设有无障碍坡道
	4. 无障碍坡道两侧是否设有扶手
	5. 无障碍坡道坡面的防滑程度如何
	6. 酒店正门是否为自动门
	7. 酒店正门是哪种类型
	8. 酒店正门是否标有无障碍标识
	9. 酒店的正门是否方便乘轮椅的残障顾客正常回旋出入
	10. 酒店正门一侧是否另设有乘轮椅的残障顾客可使用的门
酒店的地面	1. 酒店地面的防滑程度如何
	2. 酒店地面的平整程度如何
酒店的走道	1. 走道的宽度是否方便乘轮椅的残障顾客正常出入
	2. 走道两侧是否设有扶手

续表

设施类别	具体要求
酒店的楼梯及电梯	1.客用步行梯的两侧是否设有扶手
	2.客用步行梯的扶手是否安装坚固、易于抓握,方便顾客使用
	3.酒店是否设有专门供残障顾客使用的无障碍电梯
	4.供残障顾客使用的电梯外侧是否设有无障碍标识
	5.供残障顾客使用的电梯轿厢是否够宽敞,可供轮椅回旋进出
	6.供残障顾客使用的无障碍电梯轿厢内是否设有扶手
	7.供残障顾客使用的无障碍电梯是否设有无障碍专用电梯按钮
无障碍洗手间	1.酒店的公共厕所是否设有专门的无障碍洗手间
	2.无障碍洗手间的门上是否安装有无障碍标识
	3.无障碍洗手间的面积是否够宽敞,可供轮椅回旋进出
	4.无障碍洗手间的门外是否安装有可紧急开启的门插销
	5.无障碍洗手间的坐便器两侧是否设有安全抓杆
	6.无障碍洗手间的洗手池两侧是否设有安全抓杆
	7.无障碍洗手间内是否设有紧急求助呼叫按钮
酒店无障碍客房	1.酒店有多少间无障碍客房
	2.酒店的无障碍客房位于几层
	3.酒店无障碍客房的门上是否标有无障碍标识
	4.无障碍客房的内部空间是否够宽敞,方便残障顾客进出
	5.无障碍客房内电器与家具位置和高度是否方便乘轮椅者靠近和使用
	6.无障碍客房内敏感区域(包括洗手间/洗澡间等)的安全措施及设备是否齐全
无障碍停车车位	1.酒店是否设有残疾人专用停车位
	2.残疾人专用停车位是否位于距酒店入口及车库最近的位置
	3.残疾人专用停车位是否设有无障碍标识
酒店无障碍标识	酒店的无障碍标识是否够清楚、显著,容易识别

2. 调查问卷发放及回收

调查问卷借助线上平台及邮件的形式进行问卷的发放和回收，回收周期为两周，最终获得398份有效问卷。从分析结果来看，此次问卷调查的样本涵盖了北京市的14个行政区（除平谷区和门头沟区），以市区最为集中，兼顾京郊地区冬奥会会场沿线区县。具体地区包括海淀区、朝阳区、东城区、西城区、丰台区、顺义区、大兴区、昌平区、石景山区、通州区、怀柔区、延庆区、密云区、房山区。

（二）阶段2：通过实地调研了解北京市饭店业无障碍环境建设的实际水平

1. 调研评分表制定及调研对象选取原则

首先，调研团队确定了调研对象的考察内容和星级范围。为科学、合理的制定实地调研评分表，调研团队整理并分析了我国现行的一些无障碍建筑设计标准，如《无障碍设计规范（GB50763-2012）》《旅馆建筑设计规范（JGJ62-2014）》等相关文件，提出了应考察的酒店无障碍设施的具体内容及其相关要求，主要包括以下部分：轮椅坡道、雨棚、无障碍停车位、门扇、走道和地面、楼梯与台阶、扶手、无障碍卫生间、无障碍电梯、无障碍客房、无障碍标识等。此外，根据中国星级酒店评定标准，三星级酒店及以上应该在门厅及主要公共区域设残疾人出入坡道、配备轮椅，能为残疾人提供必要的服务；四星级酒店及以上应该有残疾人专用卫生间或厕位。由上可知一般三星级及以上的酒店才对无障碍设施及服务有相关要求，因此该项目选择的调研对象主要为三星级以上级别的酒店及其他一些档次较高的酒店。

其次，调研团队按照课题委托单位提出的侧重于冬奥会与冬残奥会接待酒店的原则，并依据样本具有代表性和典型性的原则，在北京市多个区域抽取了41家各类各级酒店进行实地调研。酒店地区分布如下：东城区8家、西城区9家、朝阳区8家、延庆区6家、昌平区10家，其中五星级20家、四星级12家、三星级2家、其他类型7家。

2. 具体调研内容及调研对象名单

此次项目具体调研过程主要考察两部分内容：①无障碍硬件设施检查，调研人员依据建筑无障碍设计规范的相关要求，对酒店的设施设备进行考察，主要包括各酒店的入口、无障碍坡道、门扇设置、楼梯与台阶、无障碍电梯、无障碍厕所、无障碍客房、无障碍停车位以及无障碍标志系统等；②无障碍服务接待能力考察，主要通过对酒店服务人员进行询问来获取目标信息，对残疾人入住接待、无障碍客房使用、无障碍服务规范等情况进行挖掘，从而把握酒店整体的无障碍服务水平。实地调研酒店名单如表2所示。

表2 本研究中调研酒店名单及其基本信息

序号	酒店名称	酒店星级	酒店地址
1	北京饭店	五星级	东城区东长安街33号
2	北京贵宾楼饭店	五星级	东城区东长安街35号
3	北京国际艺苑皇冠假日酒店	五星级	东城区王府井大街48号
4	北京励骏酒店	五星级	东城区金宝街90-92号
5	北京王府半岛酒店	五星级	东城区王府井金鱼胡同8号
6	北京王府井希尔顿酒店	五星级	东城区王府井东大街8号
7	北京诺富特和平宾馆	四星级	东城区王府井金鱼胡同3号
8	北京北方佳苑饭店	四星级	东城区王府井大街218-1号
9	北京国贸大酒店	五星级	朝阳区建国门外大街1号
10	北京嘉里大酒店	五星级	朝阳区光华路1号
11	北京瑞吉酒店	五星级	朝阳区建国门外大街21号
12	北京新国贸饭店	五星级	朝阳区建国门外大街1号
13	北京长富宫饭店	五星级	朝阳区建国门外大街26号
14	中国大饭店	五星级	朝阳区建国门外大街1号
15	北京昆仑饭店	五星级	朝阳区新源南路2号
16	北京金茂威斯汀大饭店	五星级	朝阳区东三环北路7号
17	北京建国饭店	四星级	朝阳区建外大街5号
18	北京京伦饭店	四星级	朝阳区建国门外大街3号
19	北京国宾酒店	五星级	西城区阜成门外大街甲9号
20	北京金融街里兹卡尔顿酒店	五星级	西城区金融街金城坊东街1号
21	北京金融街威斯汀酒店	五星级	西城区金融大街丙9号
22	北京金融街洲际酒店	五星级	西城区金融街11号

续表

序号	酒店名称	酒店星级	酒店地址
23	北京民族饭店	四星级	西城区复兴门内大街 51 号
24	北京国谊宾馆	四星级	西城区文兴东街 1 号
25	北京西苑饭店	五星级	海淀区三里河路 1 号
26	北京辉煌假日度假酒店	五星级	延庆区张山营镇古龙路 66 号
27	北京圣世苑温泉大酒店	四星级	延庆区东外大街 69 号
28	北京中银宾馆	三星级	延庆区庆园街 12 号
29	北京八达岭华风温泉大城堡	三星级	延庆区庆园街 2 号
30	北京金隅八达岭温泉度假村	高档型	延庆区妫水北街 1 号
31	北京新华保险培训中心	舒适型	延庆区延庆镇湖南东路 16 号
32	北京九华山庄	五星级	昌平区小汤山沙顺路 75 号九华山庄
33	北京龙城温德姆酒店	五星级	昌平区昌平路 317 号
34	北京阳坊大都饭店	四星级	昌平区阳坊镇西贯市温南路
35	北京金隅凤山温泉度假村	四星级	昌平区蟒山路 10 号
36	北京昆泰嘉禾酒店	四星级	昌平区回龙观农场桥东 200 米
37	北京静之湖度假酒店	四星级	昌平区兴寿镇桃峪口
38	北京九华山庄贵宾楼大酒店	豪华型	昌平区小汤山马坊桥东 300 米
39	北京龙城华美达酒店	豪华型	昌平区昌平路 319 号
40	北京中国石化会议中心	高档型	昌平区水库路 21 号
41	北京蟒山会议中心	高档型	昌平区蟒山路 8 号

三、无障碍设施配置及服务水平问卷调查结果

为进一步了解北京市饭店无障碍设施配备及服务接待情况，在进行实地调研及访谈的同时，设计了便于线上发放和回收的调查问卷（具体内容见附件 A）。问卷的内容主要包括酒店的基本信息、无障碍硬件设施配备情

况、服务与接待能力三个方面，借助线上平台及邮件形式进行问卷发放和回收，回收周期为两周，问卷填写对象主要为工作年限在 1~5 年的主管和部门经理，最终获得 398 份有效问卷。

（一）酒店样本分布情况

从受访样本的区域分布来看，此次调查涉及北京市下辖 14 个行政区（除平谷区和门头沟区），其中以市区最为集中，同时覆盖京郊冬奥会会场沿线区县。如图 1 所示，样本的地区分布与北京市酒店的地理布局基本一致，以海淀区、朝阳区、东城区和西城区为中心向四周扩散，京郊地区的酒店数量明显减少，大致上呈阶梯状分布。

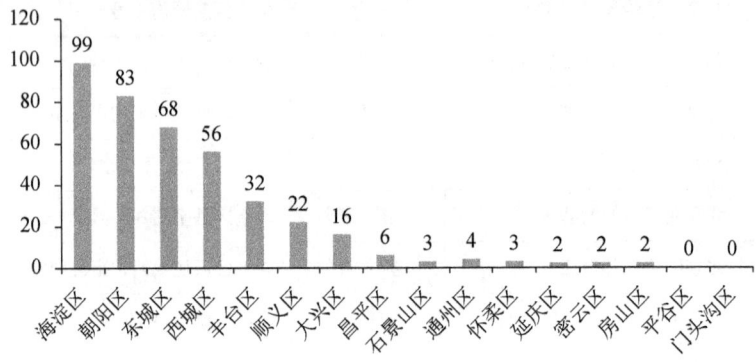

图 1　样本的地区分布

在酒店品牌分布上，考虑到酒店服务水平和设施设备配备的实际情况，此次调查以国际连锁品牌和国内连锁品牌中的星级酒店为主，尽可能保证调查样本的代表性，具体如图 2 所示。

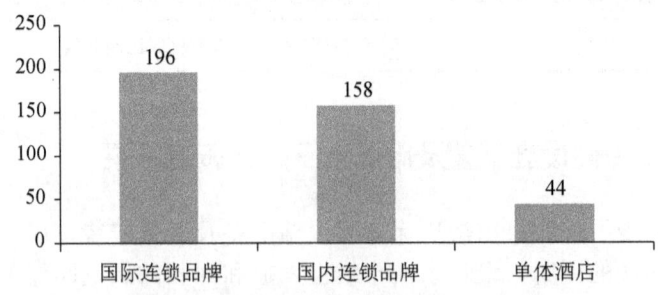

图 2　酒店的品牌分布

结合近几年国内酒店的发展情况，中高端酒店市场的发展形势利好，一些知名的经济型连锁品牌起家的酒店集团在其设备配备和服务水平上已经赶超四星级酒店甚至五星级酒店。因此，在酒店类型上，此次调查除星级酒店外，同时纳入了部分经济型酒店和精品主题酒店。由图3可知，此次受访样本中，星级酒店（四星级和五星级）占比39%，经济型连锁酒店占比19%，精品/主题酒店占比19%。

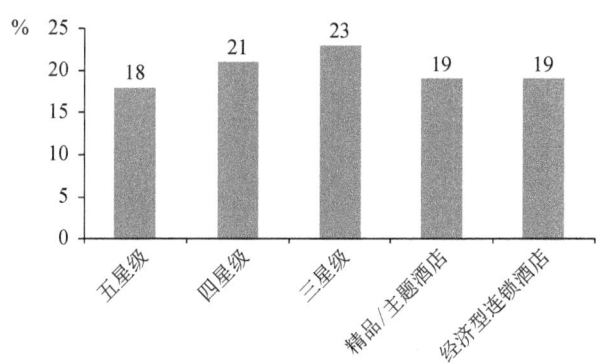

图3　酒店的类型分布

（二）酒店无障碍设施配置情况

关于无障碍设施的调研内容主要涉及一些对残障人士而言的敏感区域，包括酒店入口及正门、酒店的地面和走道、酒店的步行梯和电梯、无障碍洗手间、无障碍客房、无障碍停车车位以及酒店无障碍标识的布局情况等几个方面。

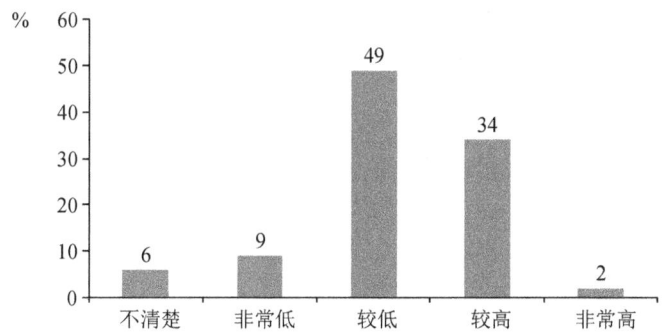

图4　酒店的无障碍设施使用率

总体来看，现阶段北京市内酒店设置的无障碍设施使用效率整体偏低。如图4所示，酒店的无障碍设施使用率处于较低水平的酒店占比达49%，甚至还有9%的酒店表示无障碍设施使用率非常低，使用效率非常高的比例仅占2%，较高水平占比34%。

尽管当前北京市内酒店的无障碍设施使用率偏低，但总体上，各受访酒店的无障碍设施设备维护和保养工作依然比较到位。由图5可知，近7成的受访酒店明确表示其无障碍设施的维护与保养工作处于较好水平，只有约6%的受访酒店表示其无障碍设施的维护与保养工作处于较差水平。

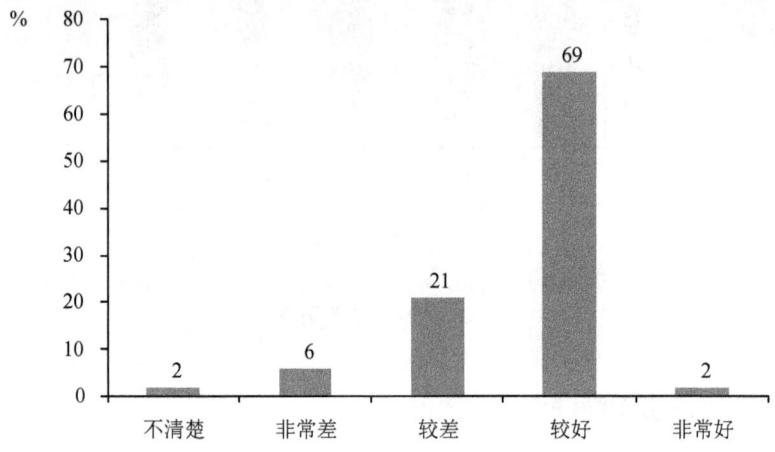

图5 酒店的无障碍设施维护与保养情况

1. 酒店入口及正门

酒店入口及正门是残障顾客抵达酒店后最先接触到的地方，该区域无障碍设施的完备性和使用的便利性对残障顾客的入住体验至关重要。

此次受访的酒店中，有约70%的酒店在入口处设置了雨棚，72%的酒店在入口两侧设置了坡道，但对于供乘轮椅的残障顾客使用的升降平台，则很少有酒店可以提供，其比例不到5%。

虽然受访酒店表示无障碍坡道坡面的防滑程度较好，但从图7所示结果不难看出，在设置了无障碍坡道的情况下，仅有37%的酒店在坡道两侧加装了可供乘轮椅的残障顾客使用的安全扶手，这会为使用轮椅的顾客带来一定的安全隐患，同时也增加了酒店服务人员在接待残障顾客时的工作量。

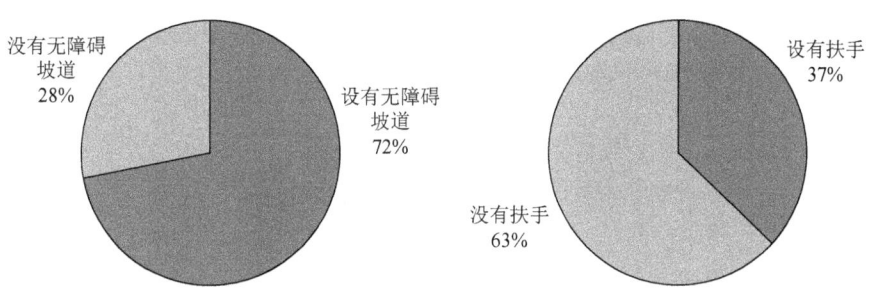

图 6　无障碍坡道设置情况　　　　图 7　无障碍坡道两侧扶手设置情况

就正门的设置情况来说，有 47% 的酒店安装了自动门，具体类型包括旋转门、推拉门和平开门，分别占比 57%、13%、30%。如图 8 所示，有超过 75% 的酒店表示酒店正门进出的便利性较方便甚至非常方便，酒店正门作为进入大厅的通道，其在很大程度上满足了残障顾客的需要。

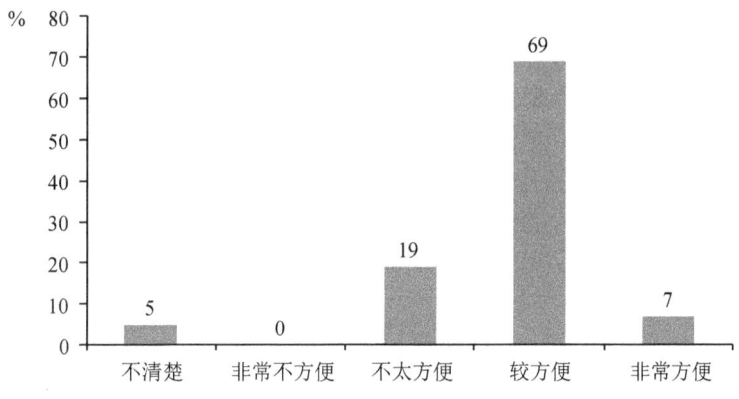

图 8　酒店正门进出的便利性

除正常进出的正门以外，有 39% 的酒店在正门的另一侧设置了可供乘轮椅的顾客使用的侧门，但是只有 27% 的酒店在正门上安装有无障碍标识，正门入口处无障碍标识的普及度较低。

2. 酒店的地面及走道

在实地调研中发现，大多数的受访酒店采用的是大理石地面，部分星级酒店在公共区域铺设了高级地毯。从问卷调查的样本总体看来，如图 9 所示，大多数酒店可以将地面的平整程度保持在较高水平，仅有占比 6% 的酒店表示地面不够平整，结合实地考察情况，造成此类情况的原因大多数是因为地面与地面之间的连接处衔接不够紧密,铺设地毯和未铺设地毯的地面之间有些许的水平差。

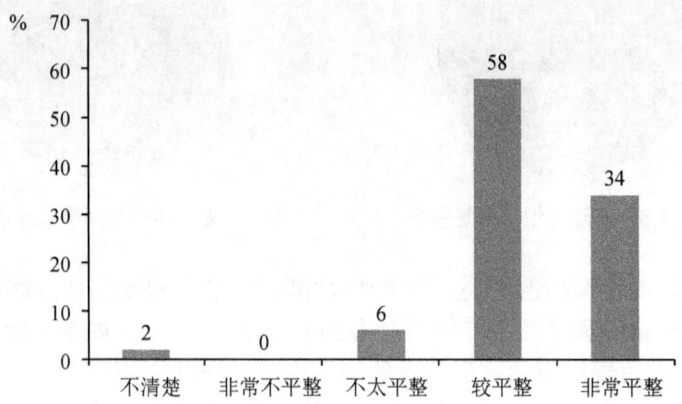

图9　酒店地面的平整程度

就地面的防滑程度来看,如图10所示,有29%的酒店表示地面不太防滑,较防滑和非常防滑的比例分别为57%、12%。结合实地考察情况来分析,主要是因为酒店习惯性在大厅铺设大理石地面,虽然看起来比较美观,但是缺乏对特殊群体的适用性和安全性的考虑,忽略了后期进一步的防滑处理。这意味着酒店在前期设计时应考虑到特殊顾客的特殊需求,谨慎选择建筑材料,同时也可以在后期进行适当的调整,以照顾到更多的客人,满足更多客群的需要。

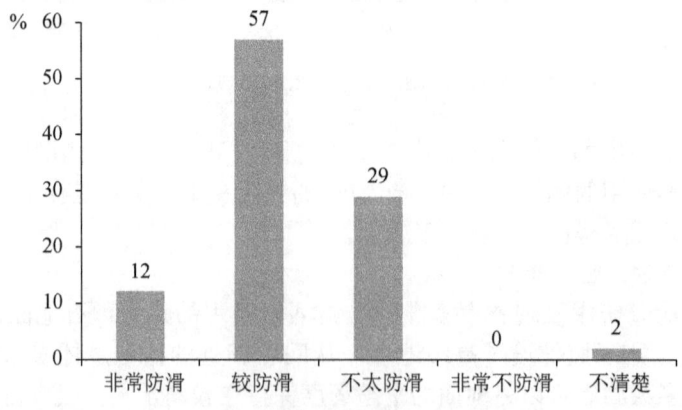

图10　酒店地面防滑程度

第三篇 热点与趋势专题

对于酒店走道，相关规定要求其宽度和两侧的扶手应保证残障顾客的正常进出，原则上应在客房区的走道两侧设置扶手，以方便残障顾客和行动不便的老人以及孕妇等特殊群体使用。从图11给出的数据来看，超过80%的受访酒店表示其走道的宽度可供乘轮椅的顾客正常进出，12%的受访酒店表示其走道不太方便乘轮椅的顾客使用。结合酒店的实际情况，尽管酒店出于安全性保障的考虑在公共区域安装了监控摄像，但是当紧急状况发生时，救援人员很难在第一时间赶到。与此同时，大多数酒店的走道两侧缺少可抓握的扶手，仅有占比23%的酒店在走道两侧安装了扶手。

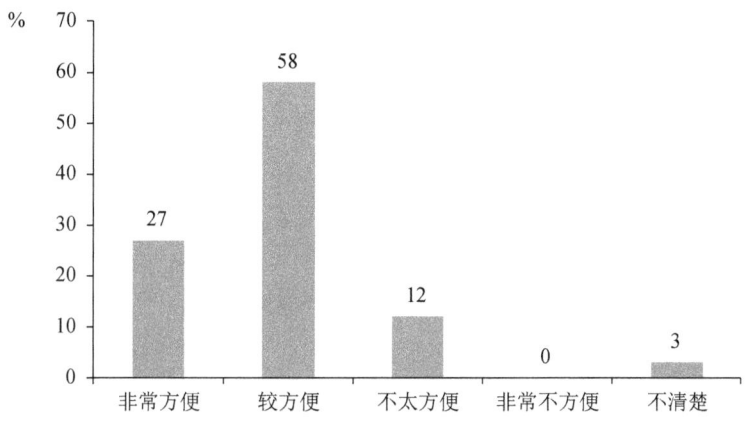

图11　酒店走道的便利程度

3. 酒店的楼梯及电梯

对于残障顾客来说，楼梯及电梯的可用性和便利性对于住客体验非常关键，楼梯台阶、台阶阶面以及无障碍电梯的正确设置，可以在很大程度上免去因楼层设置而给残障顾客带来的麻烦。就调查结果来看，大多数的酒店在步行梯两侧都设置了扶手，且扶手安装坚固、易于抓握，方便顾客使用。但台阶阶面的防滑效果不是很理想，残障宾客在使用过程中存在安全隐患。此外，只有不到10%的受访酒店会设置专门供残障顾客使用的无障碍电梯，大多数受访酒店（约76%）则是将无障碍电梯的功能整合到一般的客梯上。不难理解，这种做法一方面可以便于残障顾客使用电梯，方便其在酒店内的活动；另一方面还可以避免因无障碍电梯使用率低而给酒店带来的额外成本。

就可供残障顾客使用的电梯本身而言，多数受访酒店的电梯轿厢较为宽敞（见图12），可供乘轮椅的顾客正常回旋进出，轿厢内也设置了扶手，便于抓握和维持身体平衡。尽管这些电梯具备无障碍服务的功能，但超过50%的酒店缺少电梯外侧的无障碍标识，有69%的酒店其电梯轿厢内未设置无障碍专用电梯按钮，这给残障顾客正常使用电梯带来了不便。与此同时，数据显示，有8%的受访酒店表示并不清楚电梯的使用情况，这在一定程度上表明当前部分酒店关于无障碍设施使用的培训工作仍不够细致。

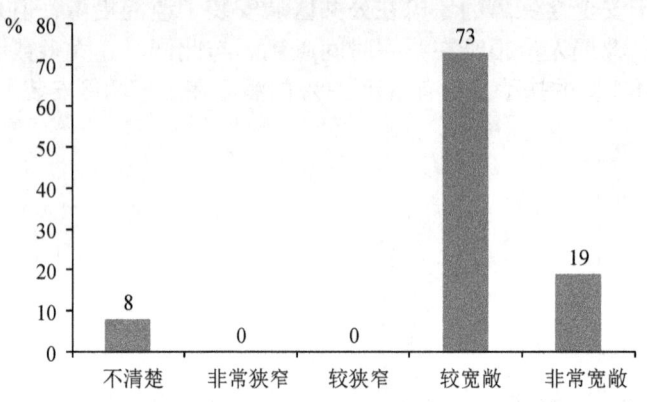

图12　电梯轿厢的宽敞程度

4. 无障碍洗手间

洗手间作为酒店内带有私密性质的公共场所，其安全性和便利性对于顾客来说非常重要，对于残障人士而言更是必不可少。此次受访的大部分酒店具备提供这方面无障碍服务的能力与意识，如图13所示，约有79%的受访酒店均在公共洗手间设置了专门供残障顾客使用的无障碍洗手间，69%的酒店在无障碍洗手间的门扇上设置了无障碍标识，91%的无障碍卫生间面积比较宽敞，可以使残障宾客自由进出，91%的酒店在坐便器两侧设置了安全抓杆。但同时也应看到，仍有相当数量的酒店没有上述设置，尤其是在洗手池两侧设置有安全抓杆的酒店占比仅为68%，无障碍标识的缺失会给残障顾客带来比较差的使用体验。同时从图14和图15可以看出，尽管大多数酒店的无障碍洗手间内部较为宽敞，坐便器和洗手池周围也安装安全栏杆，但是缺少紧急开启门插销、紧急求救按钮等必要的安全措施，当紧急状况发生时，极容易造成意想不到的后果，酒店的设施安全性及安全服务意识有待进一步提高。

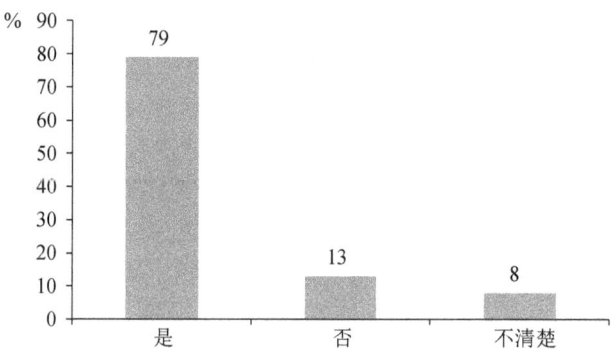

图13 酒店无障碍洗手间设置情况

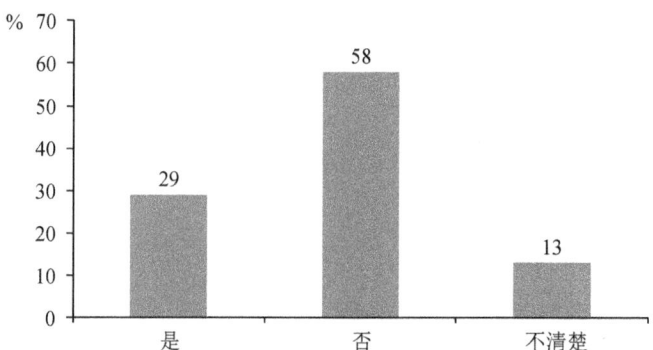

图14 无障碍洗手间可紧急开启门插销的设置情况

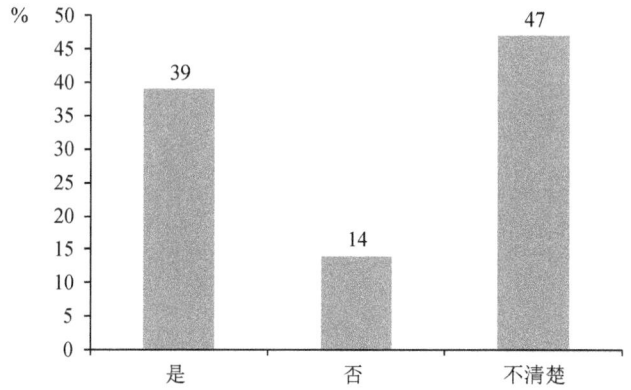

图15 无障碍洗手间紧急求助呼叫按钮设置情况

5. 酒店无障碍客房

对于住店客人而言，客房是停留最久的一个区域，在酒店入住评价中占有较高权重，其中无障碍客房的安全性和便利性设置尤为重要。客房位置的设置、内部家具电器的摆放、房间通道的宽窄以及卫生间内部设施的设置对残障宾客的使用有很大影响，对此饭店星级评定标准也有相应的要求。在实地调研的过程中，有不少酒店表示无障碍客房处于维修状态，无法提供相应服务。就问卷调查结果来看，有超过50%的酒店并未设置无障碍客房（见图16），有21%的酒店仅设置了1~2间无障碍客房；在设有无障碍客房的酒店中，仅有29%的酒店在门扇上设置了无障碍标识；大部分酒店将无障碍客房设在了一层，保证了使用上的便利性（见图17）。整体来说，酒店无障碍客房的设置仍存在很多问题，主要表现为无障碍客房的缺失以及无障碍客房的设置缺乏合理性，这在相当程度上也限制了酒店的无障碍接待能力。此外，当前无障碍客房的房间舒适性、安全设施设备的配置和使用等仍有可待改进之处。

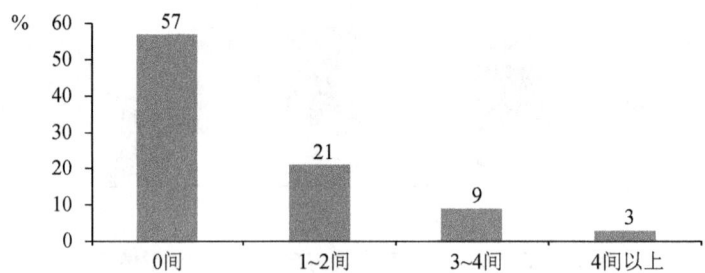

图16　酒店无障碍客房设置情况

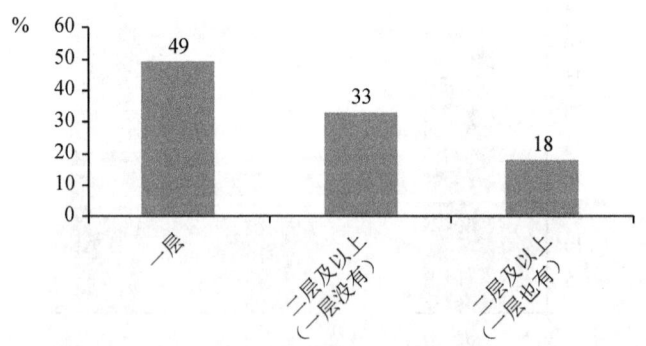

图17　酒店无障碍客房所在楼层

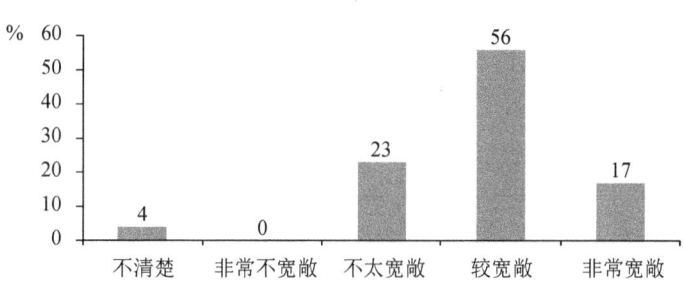

图 18　无障碍客房内部可活动空间

6. 无障碍停车车位

针对无障碍停车车位这一区域，主要从停车位设置情况、停车位所在位置以及停车位的无障碍标示牌安装情况等三个方面来考察，共设置了三个题目。在实地考察过程中，项目组发现大部分酒店并未专门设置可供残障顾客使用的无障碍停车车位，而且有部分酒店的工作人员（比如保安、门童）对酒店无障碍停车位的设置与否以及具体的位置并不清楚。从图19可以看出，超过65%的酒店没有设置无障碍停车车位，普通停车位狭窄的停车面积会给残障宾客上下车带来不便；有9%的调查对象表示不清楚所在酒店是否设有无障碍停车位；具体到停车位距离酒店入口和停车场的位置，大部分的酒店会在设计时考虑到残障顾客在使用上的便利性，如图20所示，超过80%的酒店将其设在了距离酒店入口和停车场最近的位置，且安装了便于识别的无障碍标识。总体上，当前北京市内酒店无障碍停车位的设置情况仍显不足，酒店对员工的相关培训不到位，酒店在无障碍停车位的设计和员工培训等方面依然有较大的提升空间。

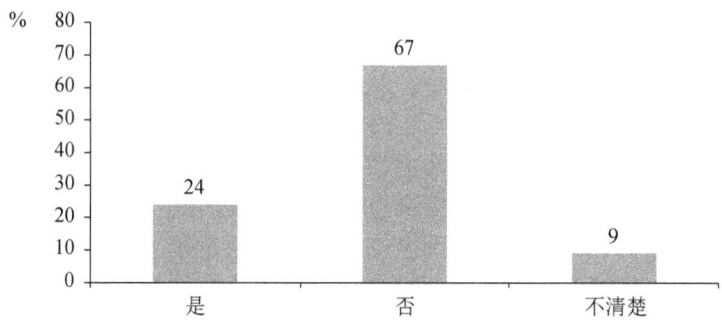

图 19　酒店无障碍停车车位设置情况

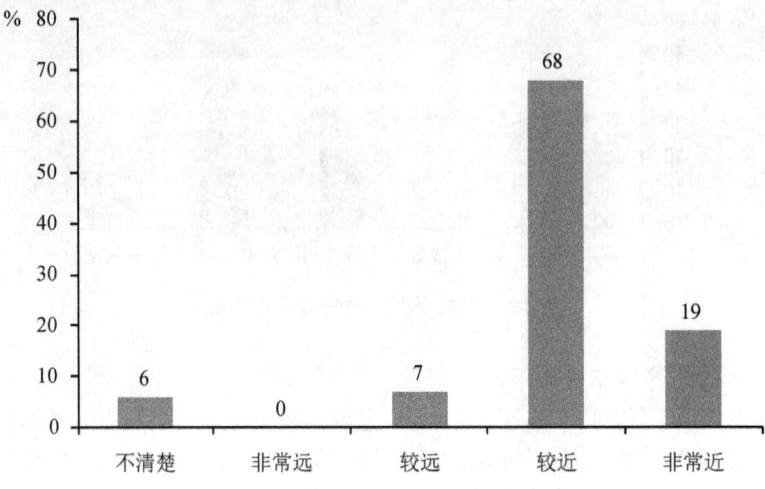

图 20　酒店无障碍停车车位的位置

综上，现阶段北京市范围内各类各级酒店的无障碍设施配备依然存在较多问题，此次调研涉及到的无障碍设施如电梯、无障碍洗手间、无障碍客房、无障碍停车位等的设置均未达到相关标准的要求。同时，酒店无障碍设施的细节设置也存在功能设计不当的问题，给残障宾客的使用带来了很多不便。此外，酒店服务人员对无障碍设施的使用情况不够熟悉，无障碍服务意识差，也无法为残障宾客提供高质量的服务。因此，就整体而言，现阶段北京市内酒店无障碍设施水平并不能很好地满足2022冬残奥会的入住需求。未来北京市内酒店无障碍硬件设施的配置亟待进一步完善，同时酒店也应加强对员工的无障碍服务知识与能力培训。

（三）无障碍服务与接待能力

根据中国残联统计的最新统计数据显示，目前中国各类残疾人总数已达8500万，约占中国总人口比例的6.21%。同时，伴随人口老龄化进程的不断加快，失能半失能老人群体的数量也逐年增加，可以预见，未来对于酒店无障碍设施及服务的需求将会进一步放大。因此，酒店能否关注到该特殊客群的需求，将直接关系到企业在市场中的竞争地位。尽管从调查结果来看，目前残障顾客在酒店顾客总量中所占比例依然较小，大部分酒店（约81%）只是偶尔会接待残障顾客，因此较少有酒店会设置专门的服务岗位接待残障顾客，此次受访酒店中仅有7%表示酒店主动设置了专门接待残障宾客的岗位。不仅如此，由图22可以看出，现阶段北京市内酒店针对残障顾客的服务培训工作严重缺失，相当部分酒店只是偶尔才会提供此类培训，有约 16% 的受访酒店从未曾安排过类似内容的培训，导致酒店的服务人员缺乏必要的无障碍服务知识和技能。究其原因，并不简单是因为酒店管理层对于酒店的无障碍服务与接待工作缺乏重视，由图 23 不难看出，超过半数（62%）的酒店比较重视无障碍接待与服务工作，但在具体的措施落地过程中存在着"雷声大、雨点小""上有政策、下有对策"等落地难困境，由此造成当前酒店无障碍接待与服务水平依然偏低。

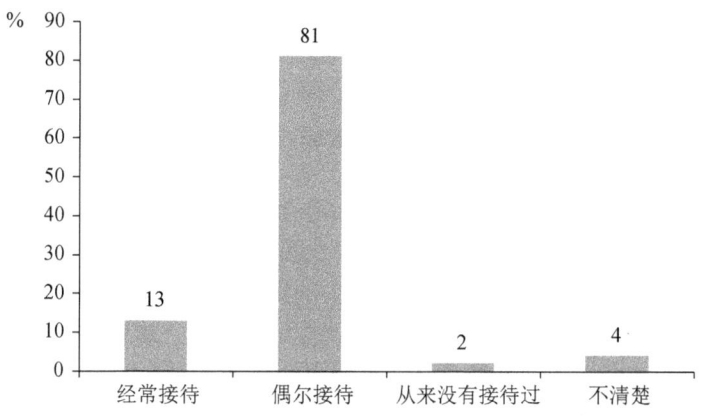

图 21　酒店残障顾客接待情况

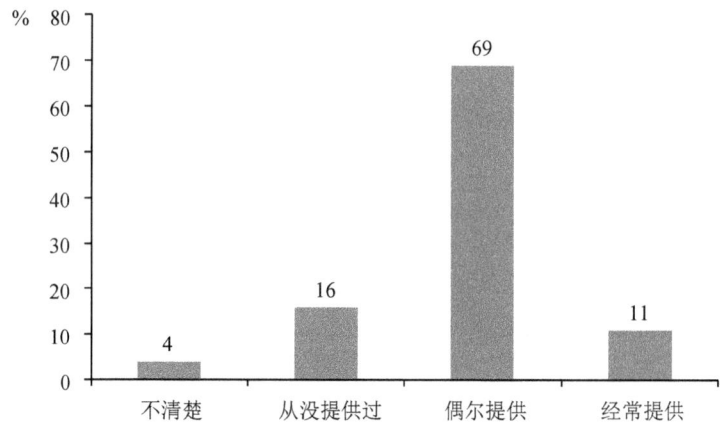

图 22　酒店无障碍服务培训情况

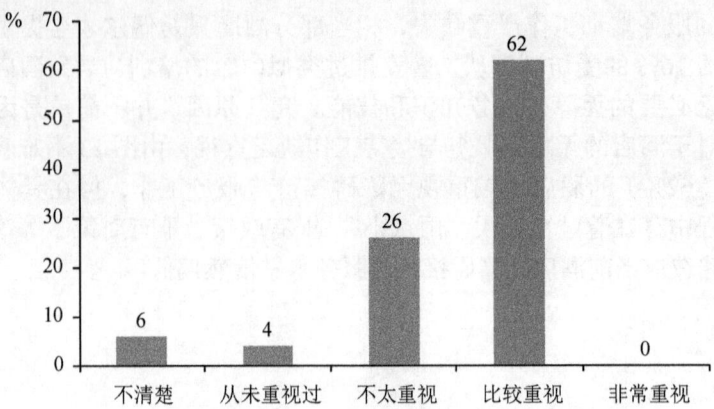

图 23　酒店对残障顾客的接待与服务工作的重视程度

虽然在调查中发现，大部分员工都自认为能够在平时接待残障顾客的过程中做到热情、友善、尊重顾客，但从图 24 中可以看出，依然有 25% 的酒店偶尔会收到残障顾客的投诉，这也从侧面反映出部分酒店在无障碍服务过程中存在一定的过失，且并未得到很好的处理。图 25 所示的调查结果也证实了这一点，当前北京市内酒店无障碍服务的专业程度总体不高，有 40% 左右的受访酒店选择"不太专业"（39%）和"非常不专业"（1%），应加强对这方面的关注。

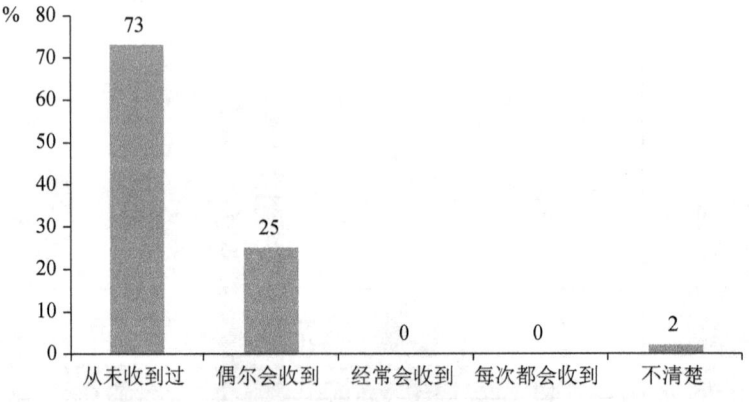

图 24　残障顾客投诉情况

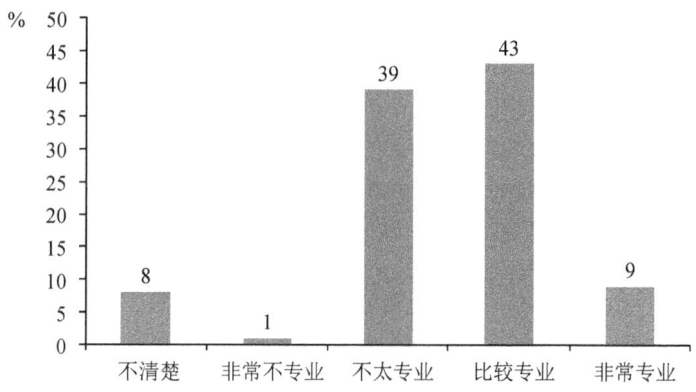

图25 酒店所提供无障碍服务的专业程度

总的来说，目前北京市酒店的无障碍服务与接待能力不高，有待进一步提升。这可能与酒店客群中残障顾客占比重较少，导致酒店对残障顾客的重视程度不够有关，因此酒店相应的服务培训体系也不够完善。酒店员工的无障碍服务与接待能力是考察酒店整体无障碍服务能力的重要指标，酒店应加强对其重视程度。建设高质量的酒店无障碍设施、形成无障碍的服务环境，是酒店文明程度的重要标志，也是酒店完善服务功能、提升服务质量的迫切要求。北京市酒店的无障碍建设需加快进程，从而满足日益增长的市场需求。

当然，由于受到调查方式和样本数量的限制，上述部分结论依然有待更深入地探讨，为此项目组专门对北京市范围内的41家酒店开展实地调研，以此佐证本文结论的准确性和可信度。

四、无障碍设施配置及服务水平实地调研结果

（一）调查设计和执行情况

为深入了解现阶段北京市饭店业无障碍设施的配置情况以及整体服务水平，课题组于2017年1月至2018年4月对北京市范围内的40余家酒店进行了实地调研。此次调研的酒店对象覆盖了北京市东城区、西城区、朝阳区、延庆区、昌平区等多个区域，遵照随机抽样的原则，课题组共抽取了41家各类各级酒店。其中，从地区分布来看，东城区8家、西城区9家、朝阳区8家、延庆区6家、昌平区10家；从星级分布来看，五星级20家、

四星级12家、三星级2家、其他类型7家[①]。总的来看，本次调研的样本具有较好的代表性，能够在一定程度上反映出北京市酒店无障碍设施和无障碍服务接待能力的真实情况。

依据我国现行的《无障碍设计规范（GB50763-2012）》《旅馆建筑设计规范（JGJ62-2014）》《旅游饭店星级的划分与评定（GB/T14308-2010）》等相关文件的标准规定，酒店的无障碍设施应主要包括以下几部分：轮椅坡道、雨棚、无障碍停车位、门扇、走道和地面、楼梯与台阶、扶手、无障碍卫生间、无障碍电梯、无障碍客房、无障碍标识等。因此，此次调研主要考察两部分内容。第一部分为无障碍硬件设施检查，调研人员主要考察了各酒店的入口、无障碍坡道、门扇设置、楼梯与台阶、无障碍电梯、无障碍厕所、无障碍客房、无障碍停车位以及无障碍标志系统等。并依据建筑无障碍设计规范的相关要求，对酒店的设施设备进行细致查看，检查其是否符合相关规范。第二部分为无障碍服务接待能力考察，调研人员以顾客的身份对酒店服务人员进行询问，对残疾人入住接待、无障碍客房使用、无障碍服务规范等情况进行挖掘，从而把握酒店整体的无障碍服务水平。

（二）北京市饭店业无障碍设施的配置情况

1. 出口

根据国际通用的无障碍设计标准，公共建筑的出入口、台阶的位置，都应铺设可以通行的坡道，坡道应设计成直线形、直角形或折返形。坡道坡度不应大于1/12，坡道两旁应设立高度为0.85m的抓杆，轮椅坡道应设置无障碍标志。此外，出入口的地面应平整、防滑，上方应设立雨棚等防雨设施。

在走访的41家酒店中，出入口主要存在以下几种问题：①虽然酒店入口设有无障碍坡道，但坡道设计不符合规范，甚至有些无障碍坡道只是一段斜坡；②大部分酒店的轮椅坡道都没有设置无障碍标志；③一些无障碍坡道坡度较陡，会给使用轮椅的残疾人的通行带来较大不便；④一些酒店坡道两侧未设置扶手栏杆等设施，在设计时未考虑到残疾人士、孕妇、老人等通行不便的特殊人群需要抓握扶手栏杆等支撑物。

---

① 根据中国星级酒店评定标准，三星级酒店及以上应该在门厅及主要公共区域设残疾人出入坡道、配备轮椅，能为残疾人提供必要的服务；四星级酒店及以上应该有残疾人专用卫生间或厕位。一般三星级及以上的酒店才对无障碍设施及服务有相关要求，因此本次选择的调研对象主要为三星级以上级别的酒店及其他一些高档酒店。

无障碍坡道是为残障宾客进出酒店设计的便利设施，不符合标准的坡道会给残障宾客的使用带来障碍。以北京静之湖度假酒店为例，该酒店是一家位于北京市昌平区的四星级度假酒店，酒店入口处设有坡道，但坡道的坡度较大，不是为残障人士专门设立的无障碍坡道，乘坐轮椅者无法靠自己的力量到达酒店门口。且坡道两侧未设有扶手栏杆等设施，不便于残障宾客借力、保持平衡，这在一定程度上会给残疾人士的通行造成不便。

上述问题同样也存在于部分发展历史较长的五星级饭店。在此次走访中，课题组同样发现，地处市中心东长安街33号、紧邻王府井商业街的北京饭店，尽管在出入口处设有台阶和行车坡道，但出入口前台阶数量较多，且并未设置专门的轮椅坡道或升降平台，进出酒店需要乘车至台阶上方的门扇处，显然，这种设计给部分乘坐轮椅的残疾人士出入酒店造成诸多不便。

（a）北京静之湖度假酒店　　　　　　（b）北京饭店

图26　典型的酒店无障碍出入口设置情况

2. 无障碍车位

无障碍设计标准中规定：酒店需要为残疾人士设置无障碍停车位，无障碍停车位应靠近入口处或醒目处，并在泊位后轮处设置车挡器，方便特需宾客停车。停车车位的地面，应涂有停车线、轮椅通道线和无障碍标志。

在调研的41家酒店中，近一半的酒店未设有无障碍停车位。在设置有无障碍停车位的酒店中，主要存在以下几个问题：①酒店的无障碍停车位数量较少；②无障碍停车位距离入口处较远，且缺乏醒目的无障碍标志，不方便寻找；③无障碍停车位设计不规范，缺少轮椅线、轮椅坡道等标志。在调研过程中，调研人员发现一些酒店的无障碍停车位已被普通车辆占用，使无障碍停车位无法发挥其作用。

以北京北方佳苑饭店为例，北京北方佳苑饭店是一家位于东城区的四星级酒店，酒店西邻北京王府井书店和"金街"王府井商业步行街，东近CBD商圈，地理位置优越，客流量也较大。然而，酒店没有专门的停车场，仅在饭店入口处设有若干个停车位，在酒店右侧入口内的墙壁上贴有一个"残疾人停车位"标志，但在标志处未发现停车线、轮椅线、轮椅通道等标志。酒店的无障碍车位设置不符合无障碍设计标准，有待进一步升级与改造。

上述问题同样也存在于部分发展历史较长的五星级饭店。位于建国门外商务区的北京瑞吉酒店，是一家设施设备较为齐全的五星级酒店。酒店设有残疾人专用停车位，便于残疾人出行，停车位地面平整，但缺乏停车线、轮椅线、轮椅通道等标识。此外，酒店的无障碍停车位存在经常被普通车辆占用的问题，使停车位无法被合理利用，给到访酒店的残疾人带来不便。

（a）北京北方佳苑饭店

（b）北京瑞吉酒店

图27　典型的酒店无障碍停车位设置情况

3.门扇的设置

根据国际通用的无障碍设计标准中的规定，建筑物主入口的门应尽量选用自动门、推拉门、折叠门或平开门，不应采用力度大的弹簧门。门的净宽不小于0.8米，方便轮椅通过，如使用旋转门，需要在旋转门上设置无障碍标志及按钮，并另外加设轮椅入口。

在走访的41家酒店中，大部分酒店的主门都由一扇360°旋转门和两组平开门构成，也有部分酒店设有自动感应门。对于残疾人士而言，使用自动感应门更为便捷，无须手动开门，进出大堂更加方便。酒店的门扇的设计主要存在以下问题：①部分设有旋转门的酒店未在其旋转门上设置方便残障宾客出入的降速按钮，旋转门转速较快，残障人士出入存在困难；②主门两侧的平开门间距较窄、门扇较难推开等问题，给进出酒店的残疾人士带来较大的不便。③部分酒店的平开门及其他非自动门存在暂停使用的情况。

门扇是进出酒店的重要工具，然而酒店门扇的无障碍设计总是存在各种问题，给残障宾客的使用增加障碍。以北京中银酒店为例，北京中银酒店位于延庆区，是一家历史较为悠久的涉外三星级酒店。北京中银酒店的主门由一扇360°旋转门和两组平开门构成，门与门、门与墙之间距离适宜，且旋转门上设有残疾人标志和按钮，但根据调研人员观察实验，酒店的平开门较难推开，且酒店门口没有门童值守，这会给使用轮椅进出酒店的残疾人士造成不便。

部分酒店在自动门和旋转门的设计上考虑到了残疾人士的需求，但却忽视了非自动门的设置是否能够方便残疾人士使用。以北京励骏酒店为例，北京励骏酒店是一家位于金宝街王府井大街附近的豪华五星级酒店。酒店设有旋转门和非自动门。酒店旋转门上设有残疾人按钮，按下按钮，旋转门旋转速度会变慢且门扇开启间距合适，能够确保轮椅正常进出，方便残疾人士进出酒店；然而，当时酒店的非自动门并未开放，因而所有宾客只能通过旋转门进入酒店大堂。

（a）北京中银酒店

（b）北京励骏酒店

图28　典型的酒店门扇设置情况

4. 走道、地面

一般来说，对于酒店走道、地面的建设有以下要求：酒店地面应平整、不光滑、不松动、不积水；使用不同材料的地面应相互取平；地面有高差时应设置栏杆和栏板等安全措施；在公共活动的楼层地面，如有阶梯的应设轮椅坡道；同楼层内的服务走道与客房层公共走道相连接处如有高差时，应采用坡度不大于1∶10的坡道。

在走访的41家酒店中，走道和地面主要存在以下几种问题：①酒店地面都比较平整，但地砖材质的防滑性能普遍都比较差，安全性低；②对一些地面存在高差的走道处理不到位，没有设置坡道、栏杆等辅助设施；此外，存在阶梯的空间地面没有设置轮椅坡道，不便于残障人士自由出入；③一些酒店在大厅、客房通道等地方铺设了地毯，虽然这种措施增加了地面的摩擦力，有效保障了行人行走的安全，但轮椅在地毯上行驶比较费力，这给乘轮椅者带来了不便，走访的这些酒店内部几乎都没有设置盲人道，无障碍坡道设置也较少。

总体来说，走道、地面存在的问题主要是高差处设计不合理、防滑性能差。以北京京伦饭店为例，酒店二层走廊相接处的地面存在高差，虽然酒店分别设置了台阶和坡道，但是在坡道两侧没有设置安全扶手，且坡道坡度大、宽度窄，安全性极差，残疾人通过时极为不便；此外，坡道使用的材质防滑性能较差，仅凭防滑线无法起到足够的防滑作用，不利于保障残障人士的安全。

图29　北京京伦饭店室内地面

5. 楼梯、台阶和扶手

一般来说，对于酒店楼梯、台阶以及扶手有以下要求：应采用有休息平台的直线形梯段和台阶，梯段宽位不应小于1.5米；踏面应平整、不光滑；距踏步起点与终点25~30cm处应设提示盲道；坡道、台阶及楼梯两侧应设高约0.85m的扶手，设两层扶手时，下层扶手高应为0.65m；扶手应安装坚固，形状易于抓握。

在走访的41家酒店中，楼梯、台阶、扶手的设置主要存在以下问题：①台阶踏面防滑效果差；②楼梯扶手设置情况较好，高度适宜，但扶手上很少设有盲文牌标志；③无障碍卫生间、客房等设施内的安全扶手设置情况不理想，存在设置不全面、设计不合理等问题。

酒店公共活动区域的地面无障碍处理对残障人士在酒店内的活动有很大影响。以北京国际艺苑皇冠假日酒店为例：在酒店一层的公共活动空间存在一处有高差的地面，酒店仅设置了两级阶梯，并没有设置无障碍坡道等设施，这给残障人士的自由行动造成了障碍。此外，酒店地面材质防滑性能较差，安全性低。

图30　北京国际艺苑皇冠假日酒店地面

扶手是残疾人在日常活动中的重要辅助设施，使其保持身体平衡并协助其行进，避免发生摔倒等意外情况，扶手的位置、高低和形状都将直接影响使用效果。以北京静之湖度假村为例：其电梯内没有设置安全扶手，残障宾客在乘坐电梯时无法借助扶手保持身体平衡，存在极大的安全隐患。

6. 无障碍卫生间

根据无障碍设计标准，酒店内应设无障碍卫生间，可设一个无障碍卫生间，也可以在男、女卫生间中分别设置。为确保使用人的安全，在专用厕位和无障碍卫生间内应设立报警装置。此外，在无障碍厕位两侧距地面700mm 处应设长度不小于 700mm 的示平安全抓杆，另一侧应设高 1.40m 的垂直安全抓杆。

在调研的 41 家酒店中，仅有少数酒店设有符合上述规定的无障碍厕位。无障碍卫生间的设计主要存在以下问题：①部分酒店未设置无障碍卫生间或无障碍厕位；②无障碍卫生间设计不达标，存在缺少安全抓杆、空间狭窄、无障碍标识不全等问题；③一些酒店虽设有无障碍厕位及相应的无障碍标志，但实质上这些厕位已暂停使用，无障碍厕位形同虚设。调研人员在与酒店员工沟通过程中了解到，这些无障碍厕位暂停使用的原因大多是设施出现故障，但酒店未对其进行维修。

卫生间涉及到的无障碍设施配件比较多，且是酒店常用设备，因此容易出现各种问题。以北京国际艺苑皇冠假日酒店为例，北京国际艺苑皇冠假日酒店是一家位于东城区王府井大街的五星级豪华酒店。酒店公共卫生间设有无障碍厕位，需要门锁进入，卫生间马桶处的一侧设有 L 型扶手栏杆，栏杆高约 0.75 米，和设计标准中规定的略有不符。

此外，部分酒店虽设有无障碍卫生间，但无障碍卫生间因故未能开放使用。以北京圣世苑温泉大酒店为例，北京圣世苑温泉大酒店是一家位于京郊夏都延庆县城中心的挂牌四星级酒店。酒店公共卫生间区域设有无障碍卫生间标志，但调研人员到访发现其无障碍厕位已停止使用，无障碍厕位的门已被锁，故无法打开。在询问工作人员后，调研人员了解到该厕位马桶存在故障，目前无法使用。

（a）北京国际艺苑皇冠假日酒店　　　　（b）北京圣世苑温泉大酒店

图 31　典型的酒店无障碍卫生间设置情况

7. 电梯

电梯是人们在酒店内的常用设施，其设置的好坏与否对残疾人存在很大影响。一般来说，对于无障碍电梯的设置有以下要求：当设有两台及以上客梯时，其中一台应为无障碍电梯。客梯的外召唤按钮不应高于0.9米，电梯门开启净宽应大于0.8米，轿厢面积不小于1.40×1.10米，轿厢正面和侧面设0.8米至0.85米高的扶手，方便轮椅在电梯内调整位置。另外，电梯内召唤按钮也应分为正常和残障人士专用两种，残障人士专用按钮不高于0.9米，带盲文标识，并添加到站报停装置，提醒特需宾客等。

在走访的41家酒店中，我们发现无障碍电梯的设置存在很多不足。主要包括以下几种情况：①酒店没有设置无障碍电梯，普通电梯内也完全不具备无障碍配件，残疾人只能乘坐普通电梯，极为不便；②酒店虽然设置了无障碍电梯，但存在电梯内部空间狭小、没有设置安全扶手、没有设置无障碍按钮，指示按钮没有设置盲文等各类问题；③酒店内无障碍电梯设置情况较好，无障碍标识清晰、无障碍设置到位，基本能满足残疾人的使用需求，但这类酒店数量极少，不到调研酒店总数的两成。基本上走访的全部酒店都没有在电梯出口处设置提示盲道和到站报停装置。此外，一些酒店的电梯候梯厅处灯光昏暗，视野受阻，影响行人进出。

总体来说，酒店的无障碍电梯设置还存在许多问题亟待解决。以王府井希尔顿酒店为例，酒店内没有设置无障碍电梯，残疾人只能乘坐普通电梯；电梯候梯厅处照明条件较差，光线比较昏暗，残障人士使用时安全性较差；且电梯内部没有设置扶手，不利于残疾人保持平衡；电梯内没有设置无障碍按钮，普通按钮处没有设置盲文，给残疾人的使用带来了很多障碍。

图32　王府井希尔顿酒店电梯设置情况

8. 无障碍客房

一般来说，对于酒店无障碍客房的设置有以下要求：宜设在酒店低楼层并靠近电梯，并有醒目标识，便于到达、进出和疏散；无障碍客房数量应根据酒店客房数量设置，符合标准；客房内部设施应便于残障宾客使用，空间应宽敞；应设置呼叫按钮。

在此次调研中，一些酒店因已有顾客入住、正在装修、不便查看等原因拒绝了调研人员的查看请求，因此调研人员目前仅掌握了 7 家酒店的无障碍客房的详细信息。酒店具体情况如下：①无障碍客房内部家具比较齐全，但客房内过道较狭窄，没有达到标准，不便于轮椅通行回转；②客房门扇大部分采用平开门，进出比较方便；③卫生间均设置了马桶、洗手台、淋浴房等设施，部分酒店的马桶、洗手台处没有设置安全扶手，有些虽设置了安全扶手但比较简陋；此外，还存在无障碍扶手陈旧的问题；④无障碍淋浴房地面防滑措施较差，求助呼叫按钮设置情况不理想，一些酒店仅设有淋浴式喷头，没有设置坐式沐浴器。总体来说，客房缺乏无障碍人性化设置，实用性较差。

无障碍客房是残障宾客入住酒店的关键性设施，客房内相关设备的配置直接影响到宾客的入住体验。然而就调研结果来看，无障碍客房的设计仍存在很多问题。以北京华风温泉大城堡为例，其无障碍客房内部空间比较狭小，客房走道狭窄，不便于残疾人进出活动；卫生间内灯光较暗，马桶、洗手台、淋浴盆处均设置了安全扶手，但设施陈旧，没有及时保养更新，卫生间内空间较小，不便于残疾人活动。此外，无障碍客房也有其人性化的一面，在靠近床一侧的墙壁上安装了 L 形扶手栏杆，便于残疾人借力起卧。

图 33　北京华风温泉大城堡无障碍客房卫生间

9. 无障碍标识

无障碍标志是告知特需宾客的必要设施，可以指导残疾人在酒店内更方便的活动。一般在无障碍通道、停车车位、无障碍入口、无障碍服务台、无障碍电梯、无障碍公共卫生间等设施处设置无障碍标志。标志的设置应合理选择位置，采用国际通用的颜色，需做到容易发现、标识清楚、符合国际惯例。

通过走访发现，酒店内的无障碍标识设置主要存在以下问题：①在一些必要设施如入口、电梯、卫生间处，部分酒店并没有设置无障碍标识，不便于残疾人的使用；②一些酒店内无障碍标识数量少，多方寻找才能发现无障碍指示标志，影响残疾人的使用体验；③无障碍标识分为视力残疾者无障碍标识和肢体残疾者无障碍标识，大部分酒店内的无障碍标识都是图标及文字，而针对视力残疾者设计的无障碍标识则很少，仅在电梯按钮的盲文设置上有所体现。总体来说，酒店的无障碍标识设置问题主要是分布不合理，数量少，类型单一。

（三）北京市饭店业无障碍服务水平

1. 酒店服务人员素养

（1）礼节礼貌。酒店服务人员接待残疾宾客时要谦虚有礼，遇见客人时要礼貌大方；与残疾宾客交谈时要专心、热情；日常服务时要尊重残疾宾客的习惯、信仰和忌讳，对客人的服饰、形貌、动作、语言不要品头论足，更不得讥笑、嘲讽、聚众围观或有其他怪样表情，也不得以高、矮、胖、瘦等相貌特征或身体的某些缺陷称呼残障客人或起绰号，加强个人礼貌和修养。

在走访过程中，酒店服务人员的礼节礼貌比较周到，能及时照顾到入店宾客的需要。但是对于残障宾客来说，要更加注重服务人员的服务礼节，在向服务人员问及对残障宾客的服务时，服务人员神情自然，没有表现出诧异、讥笑、嘲讽等不尊重残障宾客的行为。说明酒店服务人员在礼节礼貌方面的培训比较到位，具有服务残障宾客的能力。

（2）服务意识。酒店服务人员必须以客人为中心，以客人的需求为依据来设计酒店服务；尊重客人，尊重自我；对客人一视同仁；弘扬敬业爱岗的精神。

在接待残障宾客时，应更加关注残障宾客的特殊需求，时刻关注残障宾客在酒店内的行动，在客人遇到困难时及时提供帮助。同时要对残障客一视同仁，正确对待残障宾客的缺陷，以仁爱之心为客人提供服务，不歧视残疾宾客的缺陷，不漠视残疾宾客的困难。

在走访中，酒店服务人员的服务意识总体来说还存在很多不足。一些酒店的服务人员没有认识到无障碍设施的重要性，例如在询问到为何酒店没有设置无障碍电梯时，服务人员回答说"普通电梯与无障碍电梯都是一样的，残障宾客都能使用"，没有认识到无障碍按钮和声音播报等配件的缺失给残障宾客带来的不便。另外有很多酒店没有设置标准的无障碍轮椅坡道，大多都是以没有扶手的斜坡过渡地面的高差，服务人员认为残障宾客可直接使用斜坡，但实际上斜坡在安全性和便利性方面都存在很多不足。

（3）服务态度。首先，酒店服务人员要做到以客人为中心，设身处地地为客人着想。残疾人士由于行动不便，往往在进出酒店时需要服务人员提供更多的协助，服务人员应当及时发现其需求，为其提供周到全面的服务；其次，服务人员需要诚恳热情地对待客人。部分残疾人士由于生理上的不便可能会产生自卑心理，服务人员要以诚恳的态度一视同仁地对待残疾宾客，切忌态度冷漠、对残疾宾客的难处不闻不问、置若罔闻。

在本次调研过程中，大部分酒店服务人员的服务态度较好，能够在残疾宾客出入酒店时及时给予帮助，在服务过程中，服务人员的态度都较为谦和诚恳，体现出对残疾宾客的尊重。不足之处在于，在酒店入住高峰期时，酒店的服务人员可能无法顾及残疾宾客的需求，服务质量会有所下降。

（4）从业知识。服务人员要掌握丰富的文化知识，根据不同的情况为顾客提供差异化的服务；熟悉酒店设备设施情况，及时为顾客提供服务指导；清晰地了解自己的岗位及职责。

对于无障碍宾客服务人员来说，应对一些基本的残障常识有所了解，以便在接待残障宾客时能清楚地了解宾客的需求；此外，服务人员还应熟悉酒店内的无障碍设施配置情况并且能熟练使用，以便残障宾客有需求时能及时提供指导。

在走访过程中，项目组发现大多数酒店的服务人员对酒店内的无障碍设施配备情况不太了解，无法及时为残障宾客提供帮助。例如，一些服务人员无法辨别视力残疾、听力残疾、肢体残疾的宾客不同的需求，相关知识缺乏；在向服务人员咨询无障碍停车位的设置情况时，很多服务人员都不了解无障碍停车位具体是什么；此外，还存在一些人为关闭无障碍设施（以无障碍卫生间居多）的行为，服务人员不能深刻了解到无障碍卫生间的缺失给残障宾客造成的障碍。

总体来说，酒店服务人员的无障碍服务素质还存在很多不足，有很大的提升空间。

2. 酒店服务流程

（1）酒店预订环节服务

在前往目的地酒店调研前，调研人员曾通过网络、电话等途径对于酒店无障碍设施的相关情况进行了初步了解。在信息收集的过程中，调研人员了解到，很少有酒店在自身官网上的显著位置标注酒店无障碍客房的相关信息，这会给在官网上搜索和预订无障碍客房的残疾人士带来很大的不便。以北京王府半岛酒店为例，北京王府半岛酒店位于北京市中心，是一家在国内外都享有盛名的豪华五星级酒店，但在其官网上并未出现关于无障碍客房的信息。调研人员经实地调研了解到，北京王府半岛酒店共设有两间无障碍客房，如有残疾人宾客入住，则需提前预订。这也就意味着，残疾人士若要预订该酒店的无障碍客房，则只能通过拨打电话的方式来完成预订，且由于缺少信息来源，很多残疾人宾客可能会放弃预订该酒店，转而搜索其他酒店的无障碍客房信息。

此外，在通过电话对部分酒店的无障碍设施进行问询过程中，调研人员发现很多酒店的前台员工对酒店的无障碍设施知之甚少，在回答过程中有闪烁其词抑或态度冷漠等表现。

虽然残疾人群体仅仅是酒店业消费者群体中所占份额很小的细分市场，但酒店也应当对其予以重视。这不仅是为了履行企业的社会责任、展现对残障人士的关怀和包容，也是酒店提高客房出租率、增加经济收益的重要途径。根据调研结果显示，大部分五星级酒店都按照《旅游饭店星级的划分和评定》GB/T4308-2010中的标准配备有无障碍客房，部分三星级和四星级也设有无障碍客房，但这些无障碍客房的利用率普遍较低。其重要原因之一在于酒店未重视无障碍客房的预订，直接导致了部分残疾人士客源的流失。

（2）酒店入住环节服务

本次调研主要通过实地访谈的方式来了解酒店员工的无障碍服务水平。据调研人员观察发现，调研的酒店中普遍存在以下问题：首先，部分酒店的前台员工对本酒店的无障碍设施配置情况了解较少，存在无法准确描述酒店无障碍车位的位置、对无障碍客房的房间号不甚熟悉等现象。其次，在与酒店前台员工的交谈过程中，调研人员了解到部分员工对无障碍设施及接待的重视程度不高。例如，部分员工认为电梯间内的无障碍电梯按钮设置与否无关紧要。这也反映出部分酒店在无障碍服务流程方面对服务人员的培训工作不到位，员工的无障碍服务意识淡薄。

总的来说，酒店的无障碍服务流程还存在较多问题，酒店必须在各个环节找出问题症结，并对症下药，力求为残疾宾客提供更加贴心周到的服务。

五、北京市饭店业无障碍设施配置与服务水平提升对策

（一）基本结论

为深入了解和准确把握北京市饭店业无障碍设施配置情况和整体服务水平，做好2022北京冬残奥会的基础保障工作，课题组在系统梳理国内外无障碍设计法律规范发展历程和内容要点的基础上，于2017年1月至2018年4月对北京市范围内的41家酒店进行了实地调研，同时借助线上平台及邮件访问等形式在北京市范围内开展了较大规模的问卷调查。通过对调研酒店和问卷数据进行分析，课题组认为当前北京市饭店业无障碍设施配置及服务水平主要存在以下6个需要改进的方面。

1. 酒店无障碍接待的服务意识淡薄

课题组在实地调研和问卷调查中均发现，目前北京市酒店的无障碍设施配置更多出于外部相关设计规范、评价标准的倒逼，建设积极性和主动服务的内在动力严重不足。首先，在观念上，部分酒店员工对残疾人士等特殊顾客的需求关注度较低，服务意识较为淡薄，甚至有部分酒店的员工认为酒店没必要配置特殊的无障碍设施。其次，许多酒店缺少专门针对残障人士的咨询服务，且有不少酒店的员工培训工作缺少与无障碍服务相关的内容，导致员工对于酒店的无障碍设施了解不足，在为残障人士服务过程中易出现对残障人士的需求不了解、服务不到位等问题。

2. 设施配置普遍存在漏项缺项现象

目前我国现行酒店无障碍设计规范明确指出，酒店无障碍设施至少包括酒店出入口、坡道、走道和地面、门、楼梯和台阶、电梯、厕所和浴室、无障碍停车位、无障碍客房、无障碍标志及其他等11个方面，但课题组在调查中发现部分酒店的漏项缺项情况比较严重，无障碍设施配置不全现象普遍存在。例如，在走访的41家酒店中，大部分酒店的轮椅坡道均未设置无障碍标志。此外，部分酒店的无障碍卫生间缺少安全抓杆、酒店内未设置无障碍电梯，普通电梯内未配置无障碍配件。

3. 无障碍设施设计细节尚不规范

针对上述11个方面的酒店无障碍基础设施，我国现行酒店无障碍设计规范都有明确详细的细则规定，如对出入口的宽度、坡道的地面坡度、扶

手的高度等都有明确的要求。但调查中发现，部分酒店在无障碍设施的设计细节方面依然不规范，许多酒店存在坡道过陡、坡道两旁扶手过高、无障碍客房卫生间排水不畅、无障碍停车位标识不明显等问题，即使是在高星级酒店，这些问题同样存在。酒店无障碍设施设计细节的缺失容易造成安全隐患，必须得到重视。

4. 设施分布存在明显多重失衡问题

一是地区之间的分布失衡。通过比较发现，城六区的酒店无障碍设施配置情况和服务整体水平都要明显的好于京郊地区，这种差异在无障碍服务能力方面更为明显。二是不同星级酒店在无障碍设施配置和服务水平方面差异明显。总体上，星级酒店的无障碍设施配置情况和整体服务水平要好于经济型酒店，且酒店星级越高，其无障碍服务能力越好。

5. 重"配置"轻"维护"现象较为普遍

从调查情况来看，在相关法律规范和市场需求的共同作用下，目前北京市各大酒店基本上都已经面向残障人士设置了一定数量的无障碍设施。然而，由于无障碍设施的使用率不高，部分酒店对这些无障碍设施的维护与保养未引起足够重视。在调查中发现，许多酒店的无障碍设施已无法正常使用，部分酒店也存在将无障碍设施挪作他用，或为节约成本直接不投入使用等现象，缺乏及时维护和日常管理使得无障碍设施形同虚设。此外，在许多酒店，无障碍标识缺失、无障碍停车位标线模糊等现象较为普遍，这些容易被忽略的细节无形中会给使用无障碍设施的残障人士带来重重困扰。

6. 重"硬件"轻"软件"问题较为严重

经过多年的发展特别是2008年北京奥运会举办以来，北京市酒店无障碍的硬件设施建设已经有了一定基础。尽管在设施配置完善程度、设计规范性等方面依然存在局限，但相比而言，北京市酒店提供无障碍服务的"软件"能力更加薄弱。一方面，酒店服务人员面向残疾人士的服务意识、服务态度、服务能力等方面依然存在较大的提升空间，如何有效提升酒店的无障碍服务质量成为当前酒店需要关注的重点。另一方面，北京市酒店现有的预订渠道、预订环节、入住流程等都是面向一般客人设计的，在部分内容和环节上缺乏对残障人士的人性化考虑。首先，残障人士较难通过各种预订渠道获取酒店无障碍设施相关信息。其次，除了获取信息较为困难外，残障人士在预订客房过程中往往还需要与酒店进行电话确认，使得预订程序更为烦琐。此外，部分酒店仅在提前预订的情况下为残疾人士提供无障碍客房，这无疑会为临时入住的残障人士带来诸多不便。

（二）对策建议

针对当前北京市酒店在无障碍设施配置和无障碍服务能力方面存在的主要问题和不足，本报告提出如下对策建议。

1. 加强规范制定，健全和完善酒店无障碍设计规范

从现有的政策文本来看，目前我国尚没有专门面向酒店无障碍设计的规范文件，现有指导我国酒店无障碍设计的规范文件主要有《无障碍设计规范（GB50763-2012）》《旅馆建筑设计规范（JGJ62-2014）》《城市道路和建筑物无障碍设计规范（JGJ50-2013）》等。一方面，由于部分文件发布时间相对较早，相关条款已经不能完全适应新的要求；另一方面，尽管《旅馆建筑设计规范（JGJ62-2014）》中也有关于无障碍设施的设计要求，但内容相对较少且不够细致。因此，建议相关部门可以在现有文件的指导下，整合其中有关旅馆建筑设计规范和无障碍设计规范的相关内容，形成专门面向酒店的无障碍设计规范指导文件和实施细则。在整合无障碍设计规范时，可以以饭店星级划分为标准，制定不同星级饭店相对应的设计要求。

2. 拓宽管理视野，关注经济型酒店和非标住宿的无障碍设施配置

残疾人消费群体中有很大一部分因就业困难、收入有限等原因而无法入住高星级酒店，因此经济型酒店的无障碍设计规范显得尤为重要。由于成本原因，经济型酒店的无障碍设施无法如同高星级酒店一般尽善尽美，在制定无障碍规范时应当从实际出发，制定科学合理的无障碍设计规范，既保证残障人士能够方便入住酒店，又保障经济型酒店无须投入过高的配置与维护成本。

此外，有关民宿的行业标准中也应当加入相应的无障碍设计规范。随着共享经济时代的来临，民宿作为非标住宿的典型代表也成为诸多旅游者的住宿选择。在近年来涌现的大量民宿中，许多民宿门槛相对较低，水平参差不齐，且鲜少有民宿配备有方便残障人士使用的无障碍设施。目前，首个涉及民宿的国家行业标准《旅游民宿基本要求与评价》已于2017年10月1日正式生效，但涉及无障碍设计的内容较少，仍需升级与完善。

3. 强化过程管理，构建面向酒店无障碍设计的监管机制

从调研结果来看，目前北京市大多数酒店都已经设置了一定数量的无障碍设施，但在设施标准和后期维护方面略显浮于形式，课题组认为其中的一个重要原因就在于缺乏对酒店无障碍设施建设和服务过程的监管。因而，相关部门可以制定并出台具体的管理规定，加强部门间的合作，突出过程管理，通过定期和不定期的抽检等方式，加大对酒店无障碍设施的配

置和维护情况,以及无障碍服务质量等的监管力度。同时,充分发挥现有的多种监管渠道,如与酒店相关院校合作,采取走访或暗访等形式鼓励社会力量参与监督。

4.构建奖惩机制,发挥酒店提供无障碍服务的主体作用

酒店是提供无障碍设施和开展相关服务的主体,但目前酒店普遍存在认识不充分、主动服务意识不强的问题,其中一个重要原因在于酒店缺乏主动作为的动力和激励。建议相关部门研究制定适宜的奖惩机制,对于无障碍设施配备完整且无障碍服务质量较好的酒店,可以在现行的旅游业鼓励政策框架下给予一定数量的政策倾斜或物质激励,或者开发专项的鼓励性措施。而对于在无障碍设施建设和服务方面较差且没有切实措施改善的酒店,在现有的政策框架下可以设立一定的行政处罚措施,形成市场规范的刚性约束。

5.扩大宣传力度,营造主动服务残障人士的社会环境

部分酒店工作人员对于残障人士存在明显的偏见,甚至有酒店员工认为没有必要接待残障客人,除了个人素养因素之外,全社会缺乏"敬残、爱残、护残"的良好风气也是一个重要原因。首先,相关部门可以通过联合文宣等相关部门,面向酒店工作人员开展宣传活动,改变社会固有的有色思维,营造"敬残、爱残、护残"的社会氛围。其次,建议政府相关部门以宣传促教育,普及服务残疾人的基本知识,如面向聋哑人的基本手语、面向盲人设置盲文等,提升酒店工作人员服务残障人士的能力。此外,残疾人士消费群体属于弱势群体,为保障其合法权益,政府部门可以积极为其提供申诉渠道,并通过宣传与科普,提高其维权意识。酒店方则可以借助员工培训,宣传推广残疾人士服务相关内容,全面致力于提升无障碍服务质量,让入住的残疾人士能够享受到高品质的服务。

责任编辑：郭珍宏

图书在版编目（CIP）数据

北京旅游发展研究报告．2018／北京旅游发展研究基地编．－－北京：旅游教育出版社，2018.11
ISBN 978-7-5637-3863-2

Ⅰ．①北… Ⅱ．①北… Ⅲ．①旅游业发展－研究报告－北京－2018 Ⅳ．①F592.71

中国版本图书馆CIP数据核字(2018)第266383号

北京旅游发展研究报告2018
北京旅游发展研究基地 编

出版单位	旅游教育出版社
地　　址	北京市朝阳区定福庄南里1号
邮　　编	100024
发行电话	（010）65778403　65728372　65767462（传真）
本社网址	www.tepcb.com
E - mail	tepfx@163.com
排版单位	北京旅教文化传播有限公司
印刷单位	北京虎彩文化传播有限公司
经销单位	新华书店
开　　本	787毫米×1092毫米　1/16
印　　张	14
字　　数	194千字
版　　次	2018年11月第1版
印　　次	2018年11月第1次印刷
定　　价	45.00元

（图书如有装订差错请与发行部联系）